Meine Tage und Nächte auf dem Schlachtfeld

Charles Carleton Sarg

Writat

Diese Ausgabe erschien im Jahr 2024

ISBN: 9789359942858

Herausgegeben von
Writat
E-Mail: info@writat.com

Nach unseren Informationen ist dieses Buch gemeinfrei.
Dieses Buch ist eine Reproduktion eines wichtigen historischen Werkes. Alpha
Editions verwendet die beste Technologie, um historische Werke in der gleichen
Weise zu reproduzieren, wie sie erstmals veröffentlicht wurden, um ihre
ursprüngliche Natur zu bewahren. Alle sichtbaren Markierungen oder Zahlen
wurden absichtlich belassen, um ihre wahre Form zu bewahren.

Inhalt

EINLEITEND.

AN DIE JUGEND DER VEREINIGTEN STAATEN.

In meiner Kindheit, meine jungen Freunde, saß ich gern neben meinem Großvater und hörte seinen Geschichten von Bunker Hill und Saratoga zu – wie er und seine Kameraden auf diesen Feldern standen und für ihr Land kämpften. Ich konnte den Kampf fast sehen und das Dröhnen der Kanonen, das Rattern der Musketen und die Siegesrufe hören. Sie gewannen ihre Unabhängigkeit und errichteten die beste Regierung, die die Welt je gesehen hat. Aber es gibt Männer in diesem Land, die diese Regierung hassen, die gegen sie intrigiert haben und die den gegenwärtigen großen Aufstand heraufbeschworen haben, um sie zu zerstören. Ich habe einige der Schlachten miterlebt, die während dieses Krieges geschlagen wurden, obwohl ich kein Soldat war, wie mein Großvater, und ich werde in diesem Band versuchen, diese Szenen darzustellen und genaue Beschreibungen des Geländes, des Marschierens der Truppen, der Positionen, die sie einnahmen, und anderer Dinge zu geben, damit Sie verstehen, wie Ihr Vater oder Ihre Brüder oder Ihre Freunde für die liebe alte Flagge gekämpft haben.

KAPITEL I.

WIE ES ZUR REBELLION KAM.

Viele von Ihnen, meine jungen Leser, haben die Quellen gesehen, die die plätschernden Bäche an den Berghängen bilden. Wie klein sie sind. Man kann sie fast leer trinken. Aber im Tal werden die silbernen Fäden zu einem Bach, der sich zu einem Fluss ausweitet, der ins ferne Meer fließt. So ist es mit dem ewig fließenden Strom der Zeit. Die Dinge, die vor hundert Jahren unbedeutend waren, sind heute mächtige Kräfte. Große Ereignisse haben normalerweise nicht eine Ursache, sondern viele Ursachen. Um herauszufinden, wie es zu der Rebellion kam, wollen wir die Geschichte lesen.

Vor fast dreihundert Jahren, als Elisabeth Königin von England war, segelte Sir Walter Raleigh über den Atlantik, um den neu entdeckten amerikanischen Kontinent zu erkunden. Sir Walter war Seemann, Soldat und einer der Diener der Königin. Er war so höflich und galant, dass er einmal seinen mit Gold besetzten scharlachroten Mantel als Matte auf den Boden warf, damit die Königin ihren königlichen Fuß nicht in den Schlamm setzte. Damals war Amerika eine unerforschte Wildnis. Die alten Seefahrer waren entlang der Küsten gesegelt, aber die ruhigen Gewässer der großen Seen und Flüsse waren noch nie von den Rudern europäischer Bootsfahrer aufgewühlt worden.

Sir Walter fand ein wunderschönes Land, beschattet von großen alten Wäldern, sowie fruchtbare Felder, auf denen sich Korn und breitblättrige Pflanzen mit violetten Blüten im Wind wälzten, die die Indianer in Pfeifen aus Feuerstein und zinnoberrotem Stein rauchten, den sie von den Klippen des großen Missouri mitgebracht hatten.

Die Seeleute lernten zu rauchen, und als Sir Walter nach England zurückkehrte, pafften sie ihre Pfeifen auf den Straßen. Die Leute waren erstaunt und fragten sich, ob die Seeleute Feuer und Flamme waren. So begann man in England, Tabak zu rauchen. Das war im Jahr 1584. Wir werden sehen, dass ein wenig Tabakrauch, der vor fast dreihundert Jahren eingeatmet wurde, zur Entstehung des Aufstands beitrug.

Zwanzig Jahre vergingen. Londoner Kaufleute träumten von Reichtum, der in Virginia auf sie wartete. Eine Gesellschaft wurde gegründet, um das Land zu kolonisieren. Viele der Kaufleute hatten verschwenderische Söhne, die ebenfalls faul waren und schlechten Gewohnheiten anhingen. Diese jungen Leute hielten es für entwürdigend, zu arbeiten. In jenen westlichen Wäldern jenseits des Ozeans, entlang der großen Flüsse und auf den blauen Bergen sahen sie in ihrer Vorstellung ein wildes, unstetes, rücksichtsloses Leben. Sie konnten wilde Tiere jagen. Sie konnten ohne die Zwänge der Gesellschaft leben. Sie hatten wunderbare Geschichten von unerschöpflichen Gold- und Silberminen gehört. Dort konnten sie reich werden, und das war das richtige Land für sie.

Ein Schiff mit fünfhundert Kolonisten wurde ausgerüstet. Von den fünfhundert waren nur sechzehn an die Arbeit gewöhnt; die anderen nannten sich Gentlemen und Kavaliere. Sie ließen sich in Jamestown nieder. Sie fanden keine reichen Goldminen, und ohne Arbeit war auf den fruchtbaren Ebenen kein Reichtum zu erlangen. Da sie nicht wussten, wie man den Boden bebaut, und Arbeit hassten, hatten sie es schwer. Sie litten unter Nahrungsmangel. Viele starben an Hunger. Doch noch mehr von derselben trägen Klasse schlossen sich der Kolonie an – junge Männer, die in der Schule Streit mit ihren Privatlehrern gehabt und bei ihren nächtlichen Gelagen den Londoner Wachmännern die Köpfe eingeschlagen hatten. Ein Historiker jener Zeit sagt, dass „sie eher dazu geeignet waren, einen Aufruhr anzuzetteln, als eine Kolonie zu gründen."

Die Kaufleute erkannten, dass eine andere Klasse von Männern nötig war, um die Kolonie vor dem Ruin zu retten, und schickten arme Arbeiter herüber, die ihre Söhne in die Lehre gaben. So wurden die faulen Kavaliere vor dem Verhungern bewahrt. Anstatt selbst zu arbeiten, leiteten sie die armen, hart arbeitenden Männer an und steckten die Gewinne ein.

Rauchen kam in England langsam in Mode. Anwälte mit großen Perücken, Minister in schwarzen Gewändern, Kaufleute in ihren Kontoren, Damen in Seide und Satin – sie alle übernahmen diese Gewohnheit der nordamerikanischen Indianer. Tabak war gefragt. Jedes Schiff aus Amerika war damit beladen. Die purpurn blühende Pflanze wuchs üppig auf den Feldern Virginias, und so wurden die trägen Kavaliere durch die Arbeit der Armen reich.

Da es in der Kolonie keine Frauen gab, schickten einige der Kavaliere Frauen nach England und kauften sich Frauen. Sie zahlten hundert Pfund Tabak für eine Frau. Andere heirateten Indianerinnen.

Die Gefängnisse Londons waren vollgestopft mit Dieben und Landstreichern. Sie hatten Verbrechen begangen und ihre Freiheit verloren. Um sie loszuwerden, schickten die Richter mehrere Schiffsladungen nach Virginia, wo sie als Diener und Arbeiter an die Plantagenbesitzer verkauft wurden. So kam es, dass es in der Kolonie unterschiedliche Klassen gab – Männer mit Rechten und Männer ohne Rechte – Männer, die Arbeitskraft besaßen und Männer, die Arbeitskraft schuldeten – Männer mit Macht und Männer ohne Macht –, die alle etwas mit der Entstehung der Rebellion zu tun hatten.

Im August 1620 segelte ein holländischer Kapitän mit zwanzig Negern an Bord, die er aus Afrika gestohlen hatte, den James River hinauf. Die Plantagenbesitzer kauften sie nicht als Lehrlinge, sondern als Sklaven. Der Kapitän, der eine gewinnbringende Reise hinter sich hatte, segelte nach Afrika, um noch mehr zu stehlen. So begann der afrikanische Sklavenhandel in Amerika, der zur Hauptursache und zum Hauptgrund der Rebellion wurde.

Die Plantagenbesitzer von Virginia wollten große Plantagen. Einige von ihnen hatten Einfluss auf König James und erhielten riesige Ländereien mit Tausenden von Morgen Land zugesprochen. Gleichzeitig lernten die einfachen Leute Englands, Tabak zu rauchen, zu schnupfen und zu kauen, und jenseits des Ärmelkanals lernten die niederländischen Bürger, Hausfrauen und Bauern, ihre Pfeife zu rauchen. Ein Pfund Tabak war drei Schilling wert. Die Plantagenbesitzer wurden reicher, kauften mehr Land und mehr Sklaven, während die Lehrlinge, die kein Geld hatten und auch keine Möglichkeit, sich welches zu beschaffen, natürlich keine Landbesitzer werden konnten. So differenzierten sich die drei Klassen von Menschen – Plantagenbesitzer, arme Weiße und Sklaven – immer mehr.

Gemäß der Charta, die die Londoner Kaufmannsgesellschaft vom König erhalten hatte, war es nur den Grundbesitzern gestattet, bei der Verwaltung öffentlicher Angelegenheiten mitzureden. Sie konnten nur ein Amt bekleiden. Ein armer Mann hatte nichts mit der Verabschiedung oder Verwaltung der Gesetze zu tun. Ein Historiker schrieb 1705:

„Es gibt Männer mit großen Besitztümern, die dafür sorgen, die Armen mit Gütern zu versorgen, und die dafür sorgen, dass sie immer verschuldet und folglich abhängig bleiben. Aus dieser Zahl werden der Rat, die Versammlung, die Friedensrichter und andere Beamte ausgewählt, die sich zusammenschließen, um Macht auszuüben." [1]

Auf diese Weise verwalteten einige wenige reiche Männer alle Angelegenheiten der Kolonie. Sie konnten ihre Macht aufrechterhalten und diese Privilegien über Generationen hinweg an ihre Söhne weitergeben.

Zurzeit gibt es in Virginia viele Männer und Frauen, die sich als Angehörige der ersten Familien betrachten, weil sie Nachkommen derer sind, die das Land besiedelten. Die großen Ländereien sind aus dem Familiennamen verschwunden – vergeudet von den liederlichen und trägen Söhnen. Sie sind arm, aber sehr stolz und nennen sich selbst von edler Geburt. Sie blicken mit Verachtung auf einen Mann, der für seinen Lebensunterhalt arbeitet. Ich sah ein großes Anwesen, das einst einer dieser stolzen Familien gehörte, in der Nähe des Schlachtfeldes von Antietam, aber verschwenderische Söhne haben es vergeudet, und es ist nur wenig übrig geblieben. Das Land ist erschöpft, aber der Besitzer der verbleibenden Morgen – arm, aber stolz auf seine hohe Geburt, mit hochmütiger Verachtung auf Männer blickend, die arbeiten – wurde im Sommer 1860 Tag für Tag auf seinem Pferd sitzend gesehen, mit einem Regenschirm über dem Kopf, um sich vor der Sonne zu schützen, und *seine beiden Negerinnen beaufsichtigte, die Getreide hackten* !

Alle diese Quellen, die in Virginia ihren Ursprung hatten, prägten die Gesellschaft im ganzen Süden, gaben ihr Farbe und Farbe. Es gab große Ländereien, privilegierte Klassen, wenige reiche und viele arme Männer. Es gab Plantagenbesitzer, arme Weiße und Sklaven.

In jenen alten Zeiten segelten Piraten über die Meere, plünderten und zerstörten Schiffe. Sie schwärmten um die Westindischen Inseln herum und verkauften ihre Beute an die Menschen in Charleston, South Carolina. Dort rüsteten die Freibeuter mehrere Jahre lang ihre Schiffe um und wurden herzlich empfangen. Aber die Kriegsschiffe des Königs machten dem Geschäft ein Ende, und der Handel eroberte die Ozeane wieder in friedlicher Weise.

Diese Dinge gaben dem Strom eine Richtung und beeinflussten die Entwicklung und das Wachstum der Kolonien, die zu Staaten der Union wurden und sich 1861 abspalteten.

Während der holländische Kapitän 1620 in Jamestown seine Neger an die Plantagenbesitzer verhandelte, stach ein anderes Schiff vom Hafen Plymouth in England aus in See, um über den Atlantik zu reisen. Jahre zuvor hatte in der kleinen Stadt Scrooby ein Mann mit langem weißen Bart namens Clifton eine seiner Ansicht nach reine religiöse Lehre gepredigt. Diejenigen, die ihn hörten und glaubten, was er predigte, wurden bald Puritaner genannt. Die meisten von ihnen waren arme, hart arbeitende englische Bauern und Dorfbewohner. Es gab damals viele Diskussionen, Kontroversen, Bigotterie und Bitterkeit in der Religion, und diese armen Männer wurden von Grafschaft zu Grafschaft getrieben, bis sie schließlich gezwungen waren, nach Holland zu fliehen, um der Verfolgung zu entgehen und ihr Leben zu retten. König James selbst war einer ihrer erbittertsten Verfolger. Er erklärte, er werde „jeden einzelnen von ihnen aus England vertreiben". Nachdem sie mehrere Jahre in Holland geblieben waren, erhielten sie die Erlaubnis des Königs, nach Nordamerika zu segeln.

An einem Dezembermorgen lag das Schiff, nachdem es fünf Monate lang auf dem Meer gewütet hatte, im Hafen von Cape Cod vor Anker. Die Leute an Bord hatten keine Regierungsurkunde. Es waren keine Männer, die in London Mitternachtsgelage gefeiert hatten, sondern Männer, die in ihren Familien morgens und abends beteten und sich am Sabbat zum Gottesdienst trafen. Sie respektierten das Gesetz, liebten die Ordnung und wussten, dass es notwendig sein würde, eine Regierungsform in der Kolonie zu haben. Sie versammelten sich in der Kajüte des Schiffes und unterzeichneten nach dem Gebet ihre Namen mit der Verpflichtung, alle Regeln, Vorschriften und Gesetze zu befolgen, die von der Mehrheit beschlossen werden könnten. Dann wählten sie einen Gouverneur, wobei jeder Mann bei der Wahl eine Stimme hatte. Es war das, was man als die erste Bürgerversammlung in Amerika bezeichnen könnte. So nahmen in diesem Land demokratische Freiheit und christlicher Gottesdienst, unabhängig von den von Königen und Bischöfen festgelegten Formen, ihren Anfang.

Das Klima war kalt, die Jahreszeiten kurz, der Boden unfruchtbar, und so mussten die Siedler von Cape Cod hart arbeiten, um ihren Lebensunterhalt zu verdienen. Infolgedessen wurden sie und ihre Nachkommen aktiv, fleißig und tatkräftig. So legten sie den Grundstein für Sparsamkeit und Unternehmertum. Sie betrachteten Arbeit nicht als entwürdigend, sondern als erhebend. Sie erließen Gesetze, damit arbeitsfähige Menschen nicht untätig bleiben sollten. Sie waren nicht reich genug, um große Ländereien zu besitzen, aber jeder hatte seinen eigenen kleinen Bauernhof. Es gab daher keine Landaristokratie, wie sie in Virginia an Macht gewann. Sie konnten nicht in großem Umfang Arbeitskraft besitzen. Es gab ein paar Lehrlinge und einige Negersklaven, aber die sozialen und politischen Einflüsse waren alle anders als in den Südstaatenkolonien. Es kam die Zeit, als Lehrlinge aus dem Dienst entlassen und die Sklaven freigelassen wurden.

Diese hart arbeitenden Männer wollten nicht, dass ihre Kinder in Unwissenheit aufwuchsen. Damit jedes Kind ein intelligenter Bürger und Mitglied der Gesellschaft werden konnte, gründeten sie öffentliche Schulen und Colleges. 1640, nur zwanzig Jahre nach der Landung in Plymouth, hatten sie in Cambridge eine Druckerpresse.

Anstatt Schulen zu gründen, schickten die Kavaliere von Virginia ihre Söhne zur Ausbildung nach England und ließen die Kinder der armen Leute in Unwissenheit aufwachsen. Sie wollten nicht, dass sie eine Ausbildung erhielten. 1670, fünfzig Jahre nachdem der holländische Kapitän seine Neger gegen Tabak eingetauscht hatte – fünfzig Jahre nach der Wahl des ersten Gouverneurs durch das Volk in der Kajüte der Mayflower – ernannte der König Bildungskommissare, die zu diesem Thema Briefe an die Gouverneure der Kolonien richteten. Der Gouverneur von Connecticut antwortete, dass ein Viertel des gesamten Einkommens der Kolonie für den Unterhalt öffentlicher Schulen ausgegeben würde. Gouverneur Berkeley aus Virginia, der eine große Plantage und viele Sklaven besaß und die Regierung in den Händen der wenigen privilegierten Familien behalten wollte, antwortete:

„Ich danke Gott, dass es in dieser Kolonie weder freie Schulen noch Buchdruck gibt, und ich hoffe, dass wir das in den nächsten hundert Jahren auch nicht haben werden."

Alle Kolonien im Norden gründeten öffentliche Schulen und unterstützten sie großzügig, damit jedes Kind eine Ausbildung erhalten konnte. Die Kolonien im Süden schenkten der Bildung selbst als sie Staaten wurden nur wenig Aufmerksamkeit, und infolgedessen wurden die Kinder unwissender als ihre Väter. So kam es, dass in den nördlichen Staaten fast alle lesen und schreiben können, während es in den südlichen Staaten Hunderttausende gibt, die das Alphabet nicht kennen.

Im Jahr 1850 hatte der Staat Maine 518.000 Einwohner; von diesen konnten 2.134 weder lesen noch schreiben, während es im Staat North Carolina, wo 553.000 weiße Einwohner lebten, *80.000 gebürtige Weiße gab, die über zwanzig Jahre alt waren und nie eine Schule besucht hatten* !

In den sechs Neuenglandstaaten mit einer Bevölkerung von 2.705.000 konnten 1850 nur 8.000 Menschen weder lesen noch schreiben, während in Virginia, North Carolina, South Carolina, Georgia und Alabama – fünf Staaten mit einer Bevölkerung von 2.670.000 Weißen – *262.000 Menschen über 20 Jahre alt waren, die kein Wort lesen konnten* ! In den nördlichen Staaten nehmen die Bildungseinrichtungen rapide zu, während sie im Süden rapide abnehmen. 1857 gab es in Vermont 96.000 Schulkinder, und bis auf 6.000 besuchten alle eine Schule. South Carolina hatte im selben Jahr 114.000 Schulkinder; von diesen hatten *95.000 keine Schulberechtigung. Virginia hatte 414.000 Schulkinder; 372.000* von ihnen hatten keine Möglichkeit, das Alphabet zu lernen!

In einigen Bezirken Missouris wurden die vom Kongress geschenkten Schulgelände verkauft und das Geld unter den Menschen verteilt, anstatt es zum Wohle der Schulen zu investieren. Mit jeder Generation hat die Unwissenheit in den Südstaaten zugenommen. Es war die Absicht der Sklavenhalter, die armen weißen Männer in Unwissenheit zu halten. Dort sind die Nachbarn meilenweit voneinander entfernt. Es gibt riesige Landstriche, in denen die Einsamkeit nicht durch den Lärm der Arbeit unterbrochen wird. Schulen und Zeitungen können nicht gedeihen. Informationen werden mündlich weitergegeben. Die Menschen werden durch die Argumente und Geschichten der Wahlkampfredner zu politischem Handeln beeinflusst und nicht durch das Lesen von Zeitungen. Sie stimmen ab, wie es ihnen gesagt wird oder wie sie von den Geschichten beeinflusst werden, die sie hören. Als die führenden Verschwörer bereit waren, den Aufstand herbeizuführen, waren sie in der Lage, die unwissenden armen Männer durch falsche Angaben, List und Bosheit zu täuschen und sie dazu zu bringen, für den Austritt aus der Union zu stimmen.

Vor zweitausend Jahren stellten die Ureinwohner Indiens Stoffe aus den Fasern der Baumwollpflanze her, die wild in den Wäldern wuchs. Der alte Historiker Herodot sagt, dass die Bäume eine schneeweiße Wolle trugen. Ein Plantagenbesitzer aus Südkarolina erwarb einige der Samen und begann, die Pflanze anzubauen. 1748 wurden zehn Säcke Baumwolle nach Liverpool verschifft, aber damals hatte man in England noch nicht mit dem Baumwollspinnen begonnen. 1784 beschlagnahmten die Zollbeamten in Liverpool acht Säcke, die ein Plantagenbesitzer herübergeschickt hatte, mit der Begründung, dass man in Amerika nicht so viel anbauen könne. Die Herstellung von Baumwollwaren begann damals in England gerade, und Baumwolle war gefragt. Die Pflanze wuchs üppig auf den sonnigen Feldern des Südens, aber ein Neger brauchte einen Tag, um die Samen von einem Pfund zu trennen, und die Plantagenbesitzer verzweifelten daran, eine gewinnbringende Ernte daraus zu machen.

Ein paar Jahre bevor die Zollbeamten von Liverpool die acht Säcke beschlagnahmten, besuchte ein Junge namens Eli Whitney die Schule in Westboro, Massachusetts, und es war ihm bestimmt, den Plantagenbesitzern aus der Patsche zu helfen. Er baute Wasserräder, die in den Bächen am Straßenrand plätscherten, und Windmühlen, die sich auf der Scheune seines Vaters drehten. Er baute Geigen, die das Erstaunen und die Bewunderung aller Musiker erregten. Er eröffnete eine Werkstatt und stellte maschinell Nägel her und verdiente so während des Unabhängigkeitskrieges Geld. Als er kaum zwölf Jahre alt war, blieb er eines Sonntags allein von den Versammlungen zu Hause, nahm die Uhr seines Vaters auseinander und setzte sie so gut wieder zusammen, dass sie so gut lief wie zuvor. Es war jedoch nicht das richtige Geschäft für den Sonntag.

Als junger Mann ging er in den Süden, um dort als Lehrer zu arbeiten. Zufällig hörte er General Greene, den tapferen und edlen Mann, der Lord Cornwallis ebenbürtig gewesen war, sich eine Maschine zum Reinigen von Baumwolle wünschen. Er dachte darüber nach, machte sich an die Arbeit und hatte in kurzer Zeit eine Maschine, die heute mit einigen Verbesserungen die Arbeit von tausend Negern erledigt. Er baute sie im Geheimen, aber die Plantagenbesitzer bekamen Wind davon, brachen in sein Zimmer ein, stahlen seine Erfindung, bauten ihre eigenen Maschinen und betrog ihn um sein Eigentum.

Etwa zu dieser Zeit lebte in England ein armer Baumwollspinner, der glaubte, er könne eine Spinnmaschine erfinden. Er blieb bis spät in die Nacht auf und dachte darüber nach, wie er die Räder, Kurbeln und Riemen anordnen könnte. Zeitweise war er fast entmutigt, aber seine geduldige, fröhliche und liebevolle Frau ermutigte ihn, und schließlich gelang es ihm, eine Maschine zu bauen, die die Arbeit von tausend Spinnern erledigen konnte. Er nannte sie Jenny, nach seiner Frau, die so geduldig und fröhlich gewesen war, obwohl sie und die Kinder während der Zeit, in der er an der Erfindung arbeitete, manchmal kaum etwas zu essen hatten.

Die Entkörnungs- und die Jenny-Maschine machten Baumwollstoff viel billiger als zuvor. In England und den Neuenglandstaaten wurden viele Fabriken gebaut. Im Süden wurden mehr Hektar Baumwolle angebaut und mehr Neger aus Afrika gestohlen. Im Norden, entlang der Mühlbäche, hörte man das Klicken und Klappern von Maschinen. Es waren sehr viele Schiffe nötig, um die Baumwolle aus dem landwirtschaftlichen Süden zu den Fabriken des kommerziellen, fleißigen und handelsorientierten Nordens zu transportieren. Die Baumwollernte des Südens war 1784 nur ein paar hundert Dollar wert, aber die Ernte von 1860 war Hunderte Millionen wert, so groß war der Zuwachs gewesen.

Diese große Nachfrage nach Baumwolle beeinflusste Handel und Verkehr auf der ganzen Welt. Die Plantagenbesitzer bezogen fürstliche Einkünfte aus der Arbeit ihrer Sklaven. Einige von ihnen erhielten 50.000 bis 100.000 Dollar im Jahr. Sie sagten, Baumwolle sei König und regiere die Welt. Sie dachten, die ganze Menschheit sei von ihnen abhängig und könnten die ganze Welt zwingen, ihre Macht anzuerkennen, indem sie ihnen ein einziges Jahr lang ihre Baumwolle vorenthielten. Sie waren nur wenige — etwa dreihunderttausend auf dreißig Millionen Menschen. Sie nutzten alle möglichen Mittel, um ihre Macht auszuweiten und zu verewigen. Sie sahen, dass die Nordstaaten Bienenstöcke der Industrie waren und dass die Jungen, die aus den Schulen des Nordens strömten, Mechaniker, Bauern, Lehrer wurden und alle möglichen Berufe ausübten, und dass Wissen als Macht den Reichtum überwog.

Die Männer des Nordens gründeten die neuen Staaten des Westens, und die politische Macht im Kongress entglitt den Händen des Südens. Um diese Macht zu behalten, mussten sie weitere Sklavenstaaten in die Union aufnehmen. Sie forderten daher das Recht, ihre Sklaven in neue Territorien mitzunehmen. Die Schuljungen des Nordens, die zu Männern herangewachsen waren und in den fernen Westen gegangen waren, um sich Häuser zu bauen, konnten es nicht ertragen, dass ihre Kinder dessen beraubt wurden, was sie zu Männern gemacht hatte. Sie sahen, dass, wenn die Sklaverei eingeführt würde, die Schulen verschwinden müssten. Sie sahen, dass es dort, wo Sklaverei existierte, drei verschiedene Klassen in der Gesellschaft gab — die wenigen reichen, gewissenlosen, hartherzigen Sklavenhalter, die vielen armen, unwissenden, verkommenen weißen Männer und die Sklaven. Sie sahen, dass freie Arbeit und Sklavenarbeit nicht zusammen existieren konnten. Sie widersetzten sich daher zu Recht der Ausweitung der Sklaverei auf die Territorien. Aber die Sklavenhalter setzten sich durch. Der Norden wurde überstimmt und musste nachgeben.

Die Nachkommen der ersten Familien Virginias verdienten ihren Lebensunterhalt mit der Zucht von Sklaven. Schweine, Maultiere und Neger zu züchten, um sie in die südlicheren Staaten zu verkaufen – ihre eigenen Söhne und Töchter zu verkaufen – war zwar eine entwürdigende Arbeit, aber eine sehr ehrenhafte Art, seinen Lebensunterhalt zu verdienen. Ihre Väter kauften sich Frauen: Warum sollten sie nicht ihre eigenen Kinder verkaufen?

Es war sehr profitabel, Neger für den Markt zu züchten, und die Pfarrer des Südens erklärten am Sabbat von ihren Kanzeln, es sei ein christlicher Beruf. Sie legten die Bibel aus und zeigten die gütigen Absichten Gottes bei der Einführung der Sklaverei. Es war richtig. Es hatte die Billigung des Allmächtigen. Es war eine göttliche Missionseinrichtung.

Ihr politischer Erfolg, ihre große Macht, ihr Reichtum, den sie durch die unbezahlte Arbeit ihrer Sklaven und durch den Verkauf ihrer eigenen Söhne und Töchter erlangten, entwickelten ihre schlechten Charakterzüge. Sie wurden stolz, unverschämt, herrschsüchtig und ehrgeizig. Sie forderten nicht nur das Recht, die Sklaverei auf alle Territorien der Vereinigten Staaten auszudehnen, sondern auch das Recht, ihre Sklaven in die Freistaaten mitzunehmen. Sie forderten, dass niemand gegen die Sklaverei sprechen oder schreiben sollte. Sie sorgten dafür, dass der Kongress ein Gesetz verabschiedete, das es ihnen ermöglichte, ihre entlaufenen Sklaven einzufangen. Sie forderten, dass die Verfassung geändert werden sollte, um das Wachstum und die Ausweitung der Sklaverei zu fördern. Viele Jahre lang intrigierten sie gegen die Regierung und drohten, sie zu zerstören, wenn sie nicht bekommen könnten, was sie verlangten. Sie blickten mit äußerster Verachtung auf die hart arbeitenden Männer des Nordens. Sie waren entschlossen zu herrschen oder zu ruinieren. Jeder Nordstaatler, der im Süden lebte, wurde mit Argwohn betrachtet. Einige wurden geteert und gefedert, andere gehängt und viele wurden kaltblütig ermordet! Im Süden konnte kein Nordstaatler zu diesem Thema sprechen. Nordstaatler konnten nicht dorthin reisen. Der edle Astronom Mitchell, der tapfere General, der sein Leben für sein Land gelassen hat, war in Alabama von einem unwissenden, aufgebrachten Mob umringt, der bereit war, ihn zu hängen, weil er ihnen sagte, er sei für die Union. Aber Südstaatler, Redner und politische Redner wurden in den Norden eingeladen und von den denkenden, vernünftigen Menschen – den Schülern der öffentlichen Schulen – mit Respekt angehört.

Klima, Handel, Gewerbe, öffentliche Schulen und Industrie unterschieden den Norden vom Süden; doch diese Unterschiede trugen nichts dazu bei, den Krieg auszulösen.

Als die Sklavenhalter sahen, dass sie im Kongress ihre Macht verloren hatten, Gesetze zur Ausweitung der Sklaverei zu verabschieden, beschlossen sie, aus der Union auszutreten. Als der Norden einen Präsidenten wählte, der sich gegen die Ausweitung der Sklaverei aussprach, begannen sie den Krieg. Sie stahlen Festungen, Arsenale, Geld, Dampfschiffe – alles, was sie an staatlichem und privatem Eigentum in die Finger kriegen konnten, traten aus der Union aus, gründeten eine Konföderation, stellten eine Armee auf und feuerten den ersten Kanonenschuss ab.

Sie planten ein großes Reich, das sich im Süden bis zum Isthmus von Darien und im Westen bis zum Pazifischen Ozean erstrecken sollte, und machten die Sklaverei zu ihrem Eckpfeiler. Sie sprachen davon, den Norden zu erobern. Sie erklärten, dass die Zeit kommen würde, in der sie ihre Sklaven auf Bunker Hill versammeln würden, wo die Arbeiter des Nordens „mit dem Hut in der Hand demütig vor ihnen, ihren Herren, stehen würden." [2]

Sie belagerten Fort Sumter, feuerten auf die zur Hilfe gesandten Schiffe, bombardierten das Fort und eroberten es. Um ihr Land, ihre Regierung und alles, was ihnen lieb und teuer war, zu retten und ihre beleidigte, altehrwürdige Flagge zu schützen, griffen die Männer des Nordens zu den Waffen.

KAPITEL II.

DIE VERSAMMLUNG EINER GROSSEN ARMEE.

Die Rebellen begannen den Krieg, indem sie auf Fort Sumter schossen. Sie erinnern sich, wie verblüffend die Nachricht von der Kapitulation war. Sie konnten zunächst nicht glauben, dass sie auf die Stars and Stripes schießen würden – die Flagge, die überall auf der Erde respektiert und geehrt wird. Als es keinen Zweifel mehr daran gab, dass sie die Feindseligkeiten begonnen hatten, hätten Sie sich nicht schlechter fühlen können, als wenn Sie vom Tod eines sehr lieben Freundes gehört hätten. Aber als Sie darüber nachdachten und über die Bösartigkeit der so vorsätzlichen und schrecklichen Tat nachdachten, hatten Sie das Gefühl, dass Sie die Verräter gerne gehängt sehen würden; nicht, weil es ein Vergnügen wäre, Männer den Tod eines Schwerverbrechers sterben zu sehen, sondern weil Sie Ihr Land und seine Flagge mit ihren himmlischen Farben und ihrem azurblauen Sternenfeld liebten! Nicht, weil die Flagge an sich etwas ist, das geschützt, geehrt und verehrt werden sollte, sondern weil sie das Symbol der verfassungsmäßigen Freiheit und Unabhängigkeit ist, das Banner der besten, freiesten und edelsten Regierung, die jemals errichtet wurde. Sie hatte Leid und Blut gekostet. Könige, Aristokraten, Despoten und Tyrannen in der Alten und in der Neuen Welt hassten sie, aber Millionen von Menschen in anderen Ländern, die leiden, misshandelt und ihrer Rechte beraubt wurden, sahen in ihr das Banner ihrer Hoffnung. Als man daran dachte, wie es von Verrätern niedergestreckt worden war, als man hörte, dass der Präsident 75.000 Soldaten einberufen hatte, jubelte man aus voller Kehle und wünschte, man wäre alt und groß genug, um gegen die Rebellen zu kämpfen.

Die Trommeln dröhnten auf der Straße. Sie sahen, wie die Soldaten sich beeilten, ihre Plätze in den Reihen einzunehmen. Sie marschierten neben ihnen her und hielten Schritt mit der Musik. Das Sonnenlicht schimmerte von ihren Bajonetten. Ihre Standarten wehten im Wind, während Sie Trommel, Querpfeife, Signalhorn und Trompete wie nie zuvor begeisterten. Sie marschierten stolz und trotzig. Sie hatten das Gefühl, dass Sie den tapfersten Rebellen vernichten könnten. Sie folgten den Soldaten zum Eisenbahndepot und jubelten, bis der Zug, der sie wegbrachte, außer Sicht war.

Folgen wir ihnen nach Washington und sehen wir, wie sich eine große Armee versammelt. Die Rebellen haben gedroht, die Stadt einzunehmen und sie zu ihrem Regierungssitz zu machen, und sie muss gerettet werden.

Wir waren eine ruhige, friedliche Nation und hatten keine großen stehenden Armeen mit einer halben Million Mann. Wir wissen nur wenig über den Krieg. Die Nordstaaten sind auf den Krieg nicht vorbereitet. Präsident

Buchanans Kriegsminister Floyd hat sich als Dieb erwiesen. Er hat mehrere Hunderttausend Musketen und Tausende von Artilleriegeschützen gestohlen und sie aus den Arsenalen des Nordens in den Süden geschickt. Die Sklavenhalter haben viele Jahre lang den Aufstand geplant. Sie sind bewaffnet, wir nicht. Ihre Arsenale sind gut gefüllt, während unsere leer sind, weil Präsident Buchanan ein schwacher alter Mann war und Diebe und Verräter an Vertrauens- und Machtpositionen hielt.

Auf den Ruf des Präsidenten schickt jedes Dorf seine Soldaten, jede Stadt ihre Truppe. Wenn Sie der ergreifenden Musik der Kapelle lauschten und dem langen, gewundenen Zug zusahen, der mit den Truppen in der Ferne verschwand, bekamen Sie einen kleinen Einblick in die Kriegsmaschinerie, so wie Sie beim Vorbeifahren an einer großen Fabrik eine einzelne Riemenscheibe oder eine Reihe Spindeln durch ein Fenster sehen. Sie sehen nicht die Tausenden von Rädern, Riemen, Wellen, die Hunderttausend Spindeln, die Arme aus Eisen, die Finger aus Messing und die Federn aus Stahl und das gewaltige Rad, das alles in Bewegung versetzt, und so haben Sie nicht die große, komplizierte, weitreichende und mächtige Kriegsmaschinerie gesehen.

Aber überall ist Betriebsamkeit. Trommeln dröhnen, Männer versammeln sich, Soldaten marschieren und eilen in Regimentern vorwärts. Sie gehen ins Lager und schlafen auf dem Boden, in ihre Decken gehüllt. Es ist ein neues Leben. Sie haben keine Servietten, keine Tischdecken beim Frühstück, Mittag- oder Abendessen, keine Porzellanteller oder Silbergabeln. Jeder Soldat hat seinen Blechteller und seine Tasse und bereitet eine herzhafte Mahlzeit aus Rindfleisch und Brot zu. Es ist hartgebackenes Brot. Sie nennen es Schiffszwieback , weil man es statt auf Schindeln auf das Dach eines Hauses heften könnte. Sie haben auch Cincinnati- *Huhn* . Zu Hause nennen sie es Schweinefleisch; Geflügel ist selten und Schweinefleisch gibt es im Lager im Überfluss, also tun sie so, als sei es Hühnchen!

Es wird in Trupps, Kompanien, Bataillonen und Regimentern exerziert. Einige stehen tagsüber Wache rund um das Lager, andere gehen nachts auf Posten, um nach dem Feind Ausschau zu halten. Das ist das Leben beim Militär. Alles geschieht auf Befehl. Wenn Sie Soldat werden, können Sie nicht kommen und gehen, wie es Ihnen beliebt. Gefreite, Leutnants, Hauptleute, Oberste, Generäle, alle unterliegen den Befehlen ihrer Vorgesetzten. Alle müssen dem kommandierenden General gehorchen. Sie marschieren, exerzieren, essen, schlafen, gehen zu Bett und stehen auf Befehl auf. Bei Sonnenaufgang hören Sie den Weckruf und um neun Uhr abends den Zapfenstreich. Dann muss die Kerze, die in Ihrem Zelt mit einem Bajonett als Leuchter gebrannt hat, ausgeblasen werden. Mitten in der Nacht, während Sie tief schlafen und von zu Hause träumen, hören Sie den Trommelschlag.

Es ist der lange Wirbel. Es knattert Musketen. Die Posten sind dabei. Jeder Mann springt auf seine Füße.

„Raus, raus!", ruft der Oberst.

„Antreten! Antreten!", ruft der Kapitän.

Im ganzen Lager herrscht Verwirrung – Getrappel und lautes, hastiges Reden. In Ihrer Eile ziehen Sie Ihre Stiefel falsch an und schnallen Ihre Patronentasche verkehrt herum zu. Sie rennen in die Dunkelheit hinaus, achten nicht auf Ihre Schritte und bleiben in den Zeltseilen hängen. Sie stolpern kopfüber und bringen das Bohnenfrühstück für morgen um. Sie stellen sich in die Reihen, nervös, aufgeregt und zitternd vor niemandem. Das Regiment rennt auf das Feuer zu, das plötzlich aufhört. Ein Offizier reitet in der Dunkelheit heran und sagt, es sei ein Fehlalarm! Sie marschieren zurück zum Lager, jetzt ruhig und gefasst, und murren über die Dummheit des Wachpostens, der einen Busch sah, dachte, es sei ein Rebell, sein Gewehr abfeuerte und das ganze Lager alarmierte.

Im Herbst 1861 zählte die Potomac-Armee, die um Washington lagerte, etwa zweihunderttausend Mann. Bevor sie auf das Schlachtfeld marschiert, wollen wir uns ansehen, wie sie organisiert ist, wie sie aussieht, wie sie ernährt wird; wollen wir einen Einblick in ihre Maschinerie gewinnen.

Steigen Sie in den Ballon, den Sie von Georgetown aus über den Potomac in der Luft hängen sehen, und blicken Sie auf diese große Armee herab. Die ganze Umgebung ist mit weißen Zelten übersät – einige auf offenen Feldern und einige halb verborgen zwischen den Bäumen des Waldes. Wenn Sie nach Nordwesten blicken, sehen Sie den rechten Flügel. Arlington ist das Zentrum und Alexandria der linke Flügel. Sie sehen Männer in Reihen, in Linien, in langen Linien, in Massen, die hin und her ziehen, marschieren und Gegenmarsch machen und lernen, wie man eine Schlacht schlägt. Es gibt Tausende von Wagen und Pferden; es gibt zwei- bis dreihundert Artilleriegeschütze. Wie lang wäre die Linie, wenn alle auf dem Marsch wären! Männer, die in Linien marschieren, sind etwa einen Meter voneinander entfernt. Ein Wagen mit vier Pferden nimmt fünfzehn Meter ein. Wenn sich diese Armee mit vier Kavalleristen nebeneinander und Männern in Viererreihen mit der gesamten Artillerie, den Munitionswagen, Versorgungszügen, Krankenwagen und der gesamten Ausrüstung auf einer schmalen Landstraße bewegen würde, würde sie von Boston nach Hartford oder von New York City nach Albany eine Distanz von 150 Meilen zurücklegen!

Um eine solche Menge zu bewegen und Ordnung in das Chaos zu bringen, braucht es ein System, einen Plan und eine Organisation. Regimenter werden daher zu Brigaden zusammengefasst, wobei eine Brigade normalerweise etwa vier Regimenter umfasst. Drei oder vier Brigaden bilden eine Division und drei oder vier Divisionen ein Armeekorps. Ein Korps besteht bei voller Stärke aus 25.000 bis 30.000 Mann.

Wenn eine Armee in Bewegung gerät, erteilt der General, der sie befehligt, seine Befehle an die Generäle, die die Korps befehligen; diese erteilen ihre Befehle an die Divisionskommandeure, die Divisionskommandeure an die Brigadegeneräle, diese an die Obersten, die Obersten an die Hauptleute und die Hauptleute an die Kompanien. Wie das große Rad in der Fabrik alle Maschinen antreibt, so bewegt ein Geist die ganze Armee. Der Oberbefehlshaber muss den Weg bestimmen, den jedes Korps nehmen soll, die Zeit, wann es marschieren soll, wohin es marschieren soll und manchmal auch die Stunde, zu der es an einem bestimmten Ort ankommen muss. Die Korpskommandeure müssen anordnen, welche ihrer Divisionen zuerst marschieren sollen, welche Wege sie nehmen sollen und wo sie nachts ihr Lager aufschlagen sollen. Die Divisionskommandeure bestimmen, welche Brigaden zuerst marschieren sollen. Kein Korps-, Divisions- oder Brigadekommandeur kann einen anderen Weg als den ihm zugewiesenen nehmen, ohne Verwirrung und Verzögerung zu verursachen.

Die Armee muss regelmäßig Nahrung bekommen. Überlegen Sie, wie viel Nahrung man braucht, um die Stadt Boston oder Cincinnati täglich zu versorgen. Und doch gibt es hier genauso viele Männer wie Einwohner in diesen Städten. Es gibt in der Armee viel mehr Pferde als in den Ställen dieser beiden Städte. Alle müssen gefüttert werden. Es muss eine ständige Versorgung mit Rindfleisch, Schweinefleisch, Brot, Bohnen, Essig, Zucker und Kaffee, Hafer, Mais und Heu geben.

Die Armee muss auch über ihre Bekleidungsvorräte, ihre Stiefel, Schuhe und Mäntel verfügen. Sie muss über Munition verfügen, über Millionen Patronen verschiedener Art, denn es gibt in den Regimentern eine große Anzahl von Waffenarten – Springfield- und Enfield-Musketen, französische, belgische, preußische und österreichische Gewehre, die eine große Anzahl verschiedener Munitionsarten erfordern. Es gibt eine große Anzahl verschiedener Kanonenarten. Es darf keinen Munitionsmangel geben und bei der Verteilung darf es keine Fehler geben. Deshalb gibt es die Quartiermeisterabteilung, die Proviantabteilung und die Artillerieabteilung. Der Quartiermeister bewegt und kleidet die Armee ein, der Proviant verpflegt sie und der Artillerieoffizier versorgt sie mit Munition. Der Oberbefehlshaber hat einen Generalquartiermeister, einen Oberproviantmeister und einen Oberartillerieoffizier, die ihre Befehle an die Oberoffiziere ihrer Abteilungen erteilen, die jedem Korps zugeordnet sind. Sie erteilen ihre Befehle an ihre Untergebenen in den Divisionen und die Divisionsoffiziere an ihre Untergebenen in den Brigaden.

Dann gibt es einen Generalarzt, der alle Krankenhausoperationen leitet und dafür sorgen muss, dass alle Kranken und Verwundeten versorgt werden. Es gibt Lagerärzte, Divisions-, Brigade- und Regimentsärzte. Es gibt Krankenhausschwestern und Krankenwagenfahrer, die alle den Anweisungen des Arztes unterliegen. Kein anderer Offizier kann sie anleiten. Jede Abteilung ist in sich abgeschlossen.

Der Aufbau dieser großartigen Maschinerie hat viel Überlegung, Arbeit und Geld gekostet. In ihre Erschaffung flossen viel Überlegung, Energie, Entschlossenheit und Arbeit; und es muss ständig vorausschauend über zukünftige Bedürfnisse, Notwendigkeiten und Eventualitäten nachgedacht werden, wann, wohin und wie man vorgehen muss. Die Armee existiert nicht aus eigenem Antrieb, sondern durch ständige, unablässige Anstrengung.

Das Volk des Landes war entschlossen, die Verfassung, die Union und die Regierung, die ihnen seine Väter hinterlassen hatten, zu bewahren. Es ermächtigte den Präsidenten, eine große Armee aufzustellen. Der Kongress bewilligte Geld und Soldaten. Der Präsident, der als Vertreter des Volkes und als Oberbefehlshaber handelte, ernannte Soldaten, die alle Materialien zusammenbrachten und die Armee organisierten. Sehen Sie sich an, was nötig war, um diese gewaltige Maschinerie aufzubauen und am Laufen zu halten.

Erstens die Hunderttausende von Männern; die Tausenden von Pferden; die Tausenden von Fässern mit Rindfleisch, Schweinefleisch und Mehl; Tausende von Oxhoft mit Zucker, Essig, Reis, Salz, Säcke mit Kaffee und riesige Vorräte an anderen Dingen. Tausende Tonnen Heu, Säcke mit Hafer und Mais. Wie viele Männer und Frauen waren bei der Arbeit, um jeden Soldaten für das Feld vorzubereiten. Er hat Stiefel, Kleidung und Ausrüstung. Der Gerber, der Striegel, der Schuhmacher, der Fabrikant mit seinen schnell fliegenden Weberschiffchen, der Weber an seinen Webstühlen und Spinnmaschinen, der Schneider mit seinen Nähmaschinen, der Büchsenmacher, der Geschirrmacher, der Schmied – alle Berufe und Berufe waren beschäftigt. Es gibt Sättel, Zaumzeug, Rucksäcke, Feldflaschen, Schöpfkellen, Teller, Messer, Öfen, Kessel, Zelte, Decken, Medikamente, Trommeln, Schwerter, Pistolen, Gewehre, Kanonen, Pulver, Zündhütchen, Kugeln, Schrot, Granaten, Wagen – alles.

Gehen Sie gemächlich durch die Lager, beobachten Sie die kleinen und die großen Dinge, sehen Sie die Männer auf dem Marsch. Gehen Sie dann in das Heeres- und Marineministerium in Washington, in die Backsteingebäude westlich des Präsidentenhauses. In diesen Räumen finden Sie Vermessungen, Karten, Pläne, Papiere, Seekarten des Ozeans, der Küste, der Strömungen, Sandbänke, Untiefen, des Steigens und Fallens der Gezeiten. Im Topografischen Amt sehen Sie Karten von allen Teilen des Landes. Es gibt das Waffenamt mit allen möglichen Gewehren, Gewehren, Musketen, Karabinern, Pistolen, Schwertern, Granaten, gezogenen Schrotkugeln und Zündern, die die Erfinder mitgebracht haben. Es gibt sehr viele Büros mit riesigen Stapeln von Papieren und Bänden, die Experimente über die Festigkeit von Eisen, Erprobungen von Kanonen, Gewehren, Mörsern und Schießpulver enthalten. Es wurden Experimente durchgeführt, um zu bestimmen, wie viel Pulver verwendet werden sollte, ob es so fein wie Senfkörner oder so grob wie Zuckerstücke sein sollte, und die Ergebnisse sind alle hier aufgeführt. Alle Mittel der Wissenschaft, Industrie und Kunst werden eingesetzt, um daraus die beste Armee zu machen, die die Welt je gesehen hat.

Es ist Aufgabe der Regierung, das Material zusammenzutragen, und Aufgabe der Generäle, es in Brigaden, Divisionen und Korps zu organisieren, die Zahl der Kavallerie und Artilleriebatterien festzulegen, schwaches Material an den richtigen Stellen zu platzieren und das stärkste dort, wo es am dringendsten benötigt wird.

Der kommandierende General muss einen Operationsplan haben. Napoleon sagte, Krieg sei wie ein Schachspiel und ein Kommandant müsse sein Spiel machen. Er müsse es im Voraus durchdenken und zwar so, dass der Feind gezwungen sei, es auf seine Weise zu spielen und besiegt zu werden. Der Oberbefehlshaber muss das Ende von Anfang an voraussehen, so wie Napoleon, als er seine Europakarte mit Stecknadeln vollstopfte, beschloss, er könne die Österreicher bei Austerlitz und die Preußen bei Jena besiegen. Das ist genial. Der Oberbefehlshaber erstellt seinen Plan unter der Annahme, dass alle seine Befehle umgehend befolgt werden, dass sich niemand der Verantwortung entziehen wird und dass niemand aus der riesigen Menge seine Pflicht versäumen wird.

In der Nacht vor der Schlacht bei Waterloo schickte Napoleon einem Offizier den Befehl, einen kleinen Hügel einzunehmen, auf dem ein Bauernhaus stand, das die Ebene überblickte. Der Offizier dachte, es wäre genauso gut, wenn er es bis zum Morgen in Ruhe ließe, aber am Morgen hatten die Engländer den Ort in Besitz genommen, und infolge der Nachlässigkeit dieses Offiziers verlor Napoleon wahrscheinlich die große Schlacht, seine Armee und sein Reich. Große Ereignisse hängen oft von kleinen Dingen ab, und bei militärischen Operationen ist es von größter Wichtigkeit, ihnen Beachtung zu schenken.

Wenn nicht jeder Mann, vom kommandierenden General bis zum einfachen Soldaten, seine Pflicht erfüllt, besteht von Anfang bis Ende die Gefahr des Scheiterns.

So ist die Armee organisiert und wird durch ihre Organisation zu einem disziplinierten Korps. Statt eine ungeordnete Masse aus Männern, Pferden,

Maultieren, Kanonen, Artilleriewagen, Wagen und Ambulanzen zu sein, ist sie ein Korps, das geteilt, unterteilt, durch kilometerlanges Land getrennt, hierhin und dorthin geschickt, auf den Feind losgeschickt und durch einen Federstrich, ein Wort oder das Klicken eines Telegrafen wieder zusammengeführt werden kann.

Wenn eine Schlacht ausgetragen werden soll, muss der Oberbefehlshaber nicht nur einen Plan haben, wie er die große Masse der Männer auf das Schlachtfeld bringt, sondern auch einen Plan für die Bewegung auf dem Schlachtfeld. Jedem Korps muss seine Position zugewiesen werden. Es muss eine Schlachtlinie geben. Es ist keine durchgehende Linie von Männern, sondern es gibt große, vielleicht meilenweite Abstände zwischen den Korps, Divisionen und Brigaden. Hügel, Schluchten, Flüsse, Sümpfe, Häuser, Dörfer, Büsche, ein Zaun, Felsen, Weizenfelder, Sonnenlicht und Schatten – all das muss berücksichtigt werden. Batterien müssen auf Hügeln oder in beherrschenden Stellungen aufgestellt werden, um das ganze Land rundherum abzudecken. Infanterie muss in Massen in der Mitte oder an einem der Flügel gesammelt oder je nach den Umständen eingesetzt und getrennt werden. Sie müssen geschützt werden. Sie müssen hierhin oder dorthin geworfen werden, je nachdem, ob sie benötigt werden, um den Feind aufzuhalten oder zu vernichten. Sie müssen stillstehen und von Kugeln und Granaten durchpflügt werden oder in das dichteste Gefecht stürmen, ganz wie es ihnen befohlen wird. Sie dürfen den Befehl nicht in Frage stellen.

„Es ist nicht ihre Aufgabe, zu antworten.
Es ist nicht ihre Aufgabe, zu überlegen, warum. Es ist ihre Aufgabe, zu handeln und zu sterben."

Es gibt schlaflose Nächte im Zelt des Oberbefehlshabers. Wenn alle anderen außer den Wachposten schlafen, untersucht er Karten und Pläne, berechnet Entfernungen, schätzt die Stärke seiner Armee ab und fragt sich, ob es ausreicht, den Feind anzugreifen oder ob er in der Defensive bleiben soll. Kann man sich bei einem verzweifelten Angriff auf diese Brigade verlassen? Wird diese Division den Feind in Schach halten? In solchen Momenten wird der gute Name, die Tapferkeit und die Tapferkeit der Truppen und der Offiziere, die sie befehligen, überprüft. Er wägt den Charakter ab. Er weiß, wer zuverlässig und wer ineffizient ist. Er studiert, prüft Papiere, konsultiert Berichte, stellt Berechnungen an, sitzt geistesabwesend da, geht nervös umher und legt sich hin, um immer wieder von allem zu träumen.

Das Wohl des Landes, Tausende von Leben und vielleicht das Schicksal der Nation liegen in seinen Händen. Wie soll er sein Korps aufstellen? Sollen die Truppen in der Mitte zusammengezogen werden oder soll er sie an den Flügeln konzentrieren? Soll er den Feind mit einer oder zwei Divisionen absuchen oder wie eine Lawine auf ihn losgehen? Kann der Feind ihn umgehen oder ihm in den Rücken fallen? Was, wenn die Rebellen seine Munition und seine Versorgungszüge überfallen? Wie ist die Position des Feindes? Wie groß ist seine Streitmacht? Wie viele Batterien hat er? Wie viel Kavallerie? Was berichten die Späher? Kann man den Spähern glauben? Einer sagt, der Feind ziehe sich zurück, ein anderer, er rücke vor. Wie hoch sind die Wahrscheinlichkeiten? Tausend Fragen tauchen auf, die beantwortet werden müssen. Die Erfolgsaussichten müssen sorgfältig berechnet werden. Menschenleben müssen unerbittlich in die Waagschale geworfen werden. All die Sorgen und Tränen der Frauen, Mütter, Väter, Brüder und Schwestern in der Ferne, die um die Toten trauern werden, müssen vergessen werden. Er muss alle zärtlichen Gedanken verdrängen und ein eiserner Mann werden. Ach, vielleicht ist es doch nicht so schön, General zu sein, wie Sie sich das vorgestellt haben!

Sie haben einen unvollständigen, unvollkommenen und unbefriedigenden Blick auf die Maschinerie einer großen Armee geworfen. Aber Sie können sehen, dass eine sehr kleine Sache den besten Plan eines jeden Befehlshabers durchkreuzen kann. Die Feigheit eines Regiments, das Versäumnis eines Offiziers, seine Pflicht zu erfüllen, nicht zur vereinbarten Zeit am Ort zu sein, die Fehlleitung von Befehlen, hundert Dinge, die Ihnen einfallen, können einen Sieg in eine Niederlage verwandeln. Sie können sehen, dass eine große Schlacht eine großartige und schreckliche Angelegenheit sein muss; aber obwohl Sie all Ihre Vorstellungskraft einsetzen können, um sich die Positionen der Truppen vorzustellen – wie sie aussehen, wie sie handeln, wie sie inmitten des schrecklichen Sturms stehen, den Tod schreien, wie sie in das dichteste Feuer stürmen, wie sie wie die dürren Blätter des Herbstes fallen –, werden Sie mit Ihren Vorstellungen von dem Konflikt scheitern. Sie müssen ihn sehen und mittendrin sein, um zu wissen, was er ist.

KAPITEL III.

DIE SCHLACHT VON BULL RUN.

Die erste große Schlacht des Krieges wurde in der Nähe von Bull Run in Virginia geschlagen. Es hatte Scharmützel entlang des Potomac in West Virginia und Missouri gegeben, aber an den Ufern dieses gewundenen Flusses wurde eine Schlacht geschlagen, die für immer unvergesslich bleiben wird. Die Rebellen nennen sie die Schlacht von Manassas. Sie wurde auch die Schlacht von Stone Bridge und die Schlacht von Warrenton Road genannt.

Bull Run ist ein träger, träge Fluss, ein Seitenarm des Occoquan River, der in den Potomac mündet. Er entspringt in den Bull Run Mountains und fließt südöstlich durch Fairfax County. Gleich hinter dem Fluss, wenn man von Washington aus nach Westen fährt, liegen die Ebenen von Manassas — ebenes Land, das vor Jahren von Mais und Tabak überflutet war, aber die Felder wurden vor langer Zeit durch die verschwenderische Landwirtschaft der Sklavenhalter erschöpft und sind jetzt mit Dickichten aus Kiefern und Eichen überwuchert.

Auf den Ebenen treffen zwei Eisenbahnstrecken aufeinander, eine verläuft nordwestlich durch die Gebirgsschluchten ins Shenandoah-Tal, die andere von Alexandria nach Richmond, Culpepper und in den Südwesten. Der Knotenpunkt wurde daher zu einem wichtigen Ort für militärische Operationen der Rebellen. Dort versammelte General Beauregard im Juni 1861 seine Armee, die die Unionsarmee besiegen und Washington einnehmen sollte. Die Zeitungen in Richmond berichteten, dass diese Armee nicht nur Washington einnehmen, sondern auch die Friedensbedingungen am Ufer des Hudson diktieren würde. Hitzköpfige Männer, die durch den Einfluss von Sklaverei und Sezession ihre Vernunft verloren zu haben schienen, hielten die Südstaatentruppen für unbesiegbar. Sie waren überzeugt, dass ein Südstaatler fünf Yankees besiegen könnte. Die Damen jubelten ihnen zu, nannten sie ritterliche Söhne des Südens und feuerten sie aufs Schlachtfeld an.

Doch statt auf Washington vorzurücken, erwartete General Beauregard einen Angriff der Unionsarmee. Er machte Bull Run zu seiner Verteidigungslinie, errichtete Brustwehren, fällte Bäume und brachte seine Männer unter dem dichten Dickicht der immergrünen Kiefern in Schutz.

Die Armee der Union, die Potomac-Armee, versammelte sich in Arlington Heights und Alexandria. General McDowell wurde zum Oberbefehlshaber ernannt. Die Hälfte seiner Soldaten waren Männer, die sich für drei Monate verpflichtet hatten und auf Ruf des Präsidenten plötzlich ihre Heimat verlassen hatten. Ihre Dienstzeit war fast abgelaufen. Die Männer mit der Dreijahrespflicht waren erst seit wenigen Tagen im Lager. Militärische Pflichten waren neu für sie. Sie kannten keine Disziplin, aber sie waren zuversichtlich, den Feind zu besiegen und nach Richmond weiterzuziehen. Nur wenige dachten an die Möglichkeit einer Niederlage.

Gehen wir das Tal des Bull Run hinauf und betrachten wir seine Furten, seine bewaldeten Ufer, die verstreuten Bauernhäuser und die wogenden Getreidefelder. Zehn Meilen vom Occoquan entfernt kommen wir zur Eisenbahnbrücke. Eine Meile weiter oben liegt McLean's Ford; eine weitere Meile bringt uns zu Blackburn's und eine weitere Meile bringt uns zu Mitchell's. Darüber liegen Island Ford, Lewis Ford und Ball's Ford. Drei Meilen oberhalb von Mitchell's gibt es eine Steinbrücke, wo die Mautstraße, die von Centreville nach Warrenton führt, den Fluss überquert. Zwei Meilen weiter oben liegt ein Ort namens Sudley Springs – eine Ansammlung von Häusern, eine kleine Steinkirche, eine Schmiede. Der Fluss dort ist zu einem Bach geschrumpft und gurgelt über ein felsiges Bett.

Wenn Sie zur Steinbrücke zurückkehren und auf ihrem Geländer stehen, können Sie nach Osten auf das etwa vier Meilen entfernte Centreville blicken. Das Dorf liegt wunderschön auf einem hohen Landrücken, ist aber ein sehr alter, verfallener Ort, wenn Sie dort ankommen. Wenn Sie von der Brücke nach Westen gehen, sehen Sie auf Ihrer rechten Seite eine Landanhöhe und eine weitere auf Ihrer linken Seite, südlich der Mautstraße. Ein Bach plätschert am Straßenrand entlang. Wenn Sie die Mautstraße verlassen und den Bergrücken auf der Nordseite hinaufsteigen, sehen Sie, dass es in Richtung Sudley Springs weitere Landanhöhen mit Weizenfeldern, Zäunen, vereinzelten Bäumen und Kiefern- und Eichenhainen gibt. Wenn Sie hinüber zum Hügel südlich der Mautstraße blicken, eine halbe Meile entfernt, sehen Sie auf dem höchsten Hügel das Haus von Mr. Lewis und westlich davon das von Mrs. Henry. Mrs. Henry ist eine alte Dame, die in ihren Jahren so weit fortgeschritten ist, dass sie hilflos ist. Wenn Sie eine Meile von der Brücke entfernt die Mautstraße hinauffahren, kommen Sie zur Mautstelle, die von Mr. Mathey bewacht wird. Eine Querstraße kommt von Sudley Springs herunter und führt nach Süden in Richtung Manassas Junction, sechs Meilen entfernt. Verlassen Sie die Mautstraße noch einmal und fahren Sie eine halbe Meile nach Nordwesten. Dann kommen Sie zur Farm von Mr. Dogan. In der Nähe seines Hauses gibt es Schuppen und Heuhaufen.

Dieses Gelände, von Dogan bis zum Hügel östlich der Mautstelle, über die Mautstraße und den plätschernden Bach bis zu Mr. Lewis und Mrs. Henry, ist das Schlachtfeld. Sie sehen es – die Landrücken, die Häuser, Heuhaufen, Zäune, Hügel, Schluchten, Weizenfelder, die Mautstraße und Eichen- und Kiefernhaine – ein Gebiet von etwa drei Kilometern.

Am Samstag, dem 20. Juni, traf General Johnston mit fast der gesamten Rebellenarmee des Shenandoah in Manassas ein. Als Vorgesetzter von General Beauregard übernahm er das Kommando über alle Truppen. Er hatte etwa dreißigtausend Mann.

Am Donnerstag kam es bei Blackburn's Ford zu einem Gefecht zwischen General Richardsons Brigade aus General McDowells Armee und General Longstreets Brigade. Die Rebellen nennen dies die Schlacht am Bull Run, während sie die Schlacht am 21. die Schlacht von Manassas nennen. General Beauregard erwartete, dass der Angriff entlang der Furten wieder aufgenommen würde, und postierte seine Männer entsprechend.

Wenn wir zur Eisenbahnbrücke hinuntergehen, sehen wir General Ewells Brigade der Rebellenarmee am Westufer, die den Übergang bewacht. General Jones' Brigade befindet sich bei McLean's Ford. Bei Blackburn's Ford befindet sich General Longstreets Brigade und bei Mitchell's Ford die von General Bonham. In der Nähe von Bonhams Brigade befinden sich General Earleys, General Bartows und General Holmes' Brigade. General Jacksons Brigade befindet sich hinter General Bonhams Brigade. Bei Island Ford befinden sich General Bees und Colonel Hamptons Legion sowie Stuarts Kavallerie. Bei Ball's Ford befindet sich General Cockes Brigade. Oben, bei der Stone Bridge, befindet sich der äußerste linke Flügel der Rebellenarmee, General Evans' Brigade. General Elzeys Brigade der Shenandoah-Armee ist in den Waggons unterwegs und wird voraussichtlich das Schlachtfeld erreichen, bevor der Kampf endet. General Johnston verfügt über zwischen fünfzig und sechzig Artilleriegeschütze und etwa tausend Kavalleristen.

General McDowell verfügte außerdem über etwa dreißigtausend Mann und neunundvierzig Artilleriegeschütze. Seine Armee bestand aus vier Divisionen: General Tylers, General Hunters, General Heintzelmans und General Miles. Je eine Brigade der Divisionen von General Tyler und General Miles wurde in Centreville zurückgelassen, um einen Scheinangriff auf den Feind bei Blackburns und Mitchells Fords zu starten und die Nachhut der Armee vor einem Angriff der Generäle Ewell und Jones zu schützen. Die anderen Divisionen der Armee – fünf Brigaden mit achtzehntausend Mann und sechsunddreißig Kanonen – marschierten kurz nach Mitternacht, um bei Sonnenaufgang am Sonntagmorgen zum Angriff bereit zu sein.

General Tyler marschierte mit der Brigade von General Keyes, General Sherman und General Schenck die Turnpike hinunter zur Stone Bridge, wo General Evans Wache hielt. General Tyler verfügte über zwölf Artilleriegeschütze – zwei Batterien unter dem Kommando von Ayer und Carlisle.

Es ist Sonnenaufgang, als sie sich der Brücke nähern – ein ruhiger, friedlicher Sabbatmorgen. Die Truppen verlassen die Mautstraße, marschieren in ein Maisfeld und erklimmen einen Hügel, von dem aus man die Brücke überblicken kann. Wenn man dort zwischen den mit Quasten geschmückten Stängeln steht, sieht man den Bach unter den Steinbögen plätschern und am anderen Ufer Brustwehren aus Erde und umgestürzten Bäumen. Halb verborgen unter den Eichen und Kiefern stehen die Rebellenregimenter, deren Gewehrläufe und Bajonette im Morgenlicht blitzen. Jenseits der Brustwehren auf den Hügeln liegen die Bauernhäuser von Mr. Lewis und Mrs. Henry.

Captain Ayer, der in Mexiko Kämpfe erlebt hat, bringt seine Kanonen auf den Hügel, rollt sie in Stellung und zielt auf die Brustwehren. Es gibt einen Blitz, eine Rauchwolke, ein Schreien in der Luft, und dann bricht über dem Fluss eine Handvoll Wolken über den Rebellenlinien hervor. Die Granate ist explodiert. Die Rebellentruppen bewegen sich plötzlich. Es ist der erste Kanonenschuss des Morgens. Und jetzt, zwei Meilen den Run hinunter, bei Mitchell's Ford, rollen, hallt und widerhallt weiteres Donnern durch die Wälder. General Richardson hat ungeduldig auf das Signal gewartet. Er soll einen Angriff vortäuschen. Sein Kanonenfeuer soll mit aller Macht beginnen. Er hat sechs Kanonen, und alle sind in Stellung und schießen Vollkugeln und Granaten in den Wald, in dem Longstreets Männer liegen.

Ayers gesamtes Gewehr ist im Einsatz und schleudert gezogene Schüsse und Granaten, die wie ein unsichtbarer Dämon schreien, während sie über das Kornfeld, über die Wiesen und zu den Wäldern und Feldern jenseits des Bachs fliegen.

General Hunter und General Heintzelman haben mit ihren Divisionen die Mautstraße zwei Meilen von Centreville entfernt an der Cub Run-Brücke verlassen, einer wackeligen Holzkonstruktion, die knarrt und zittert, wenn die schweren Kanonen darüber donnern. Sie marschieren in Richtung Nordwesten, entlang einer schmalen Straße – ein Umweg nach Sudley Springs. Es ist ein langer Marsch. Sie sind um zwei Uhr aufgebrochen und haben noch nicht gefrühstückt. Sie haben drei Stunden in Cub Run gewartet, während General Tylers Division den Fluss überquerte, und liegen daher drei Stunden hinter der vereinbarten Zeit. General McDowell hatte berechnet und beabsichtigt, sie um sechs Uhr in Sudley Springs zu haben, aber jetzt ist es neun. Sie halten eine halbe Stunde an der Flussüberquerung, um ihre Feldflaschen aus dem gurgelnden Bach zu füllen.

Wenn man von der kleinen Steinkirche nach Süden blickt, sieht man Staubwolken über den Bäumen des Waldes schweben. Die Rebellen haben die Bewegung entdeckt und marschieren in aller Eile, um dem bevorstehenden Angriff Widerstand zu leisten. General Evans hat einen Teil seines Kommandos bei Stone Bridge zurückgelassen und eilt mit dem Rest zum zweiten Höhenrücken nördlich der Mautstraße. Er postiert seine Artillerie auf dem Hügel und versteckt seine Infanterie in einem Kieferndickicht. General Bee ist auf dem Marsch, ebenso General Bartow und General Jackson, alle im Laufschritt. Rebellenoffiziere reiten wie wild und brüllen ihre Befehle. Die Artilleristen treiben ihre Pferde zum Laufen an. Auch die Infanterie ist auf der Flucht, schwitzend und keuchend in der heißen Sonne. Lärm und Verwirrung nehmen zu. Das Dröhnen im Tal wird lauter, denn noch weiter unten, bei Blackburn's Ford, feuert Hunts Batterie auf die Männer von Longstreet, Jones und Ewell.

Die Unionstruppen bei Sudley Springs überqueren den Fluss. General Burnsides Brigade ist im Vormarsch. Die Infanterie des Zweiten Rhode-Island-Regiments wird hinausgeworfen und als Plänkler eingesetzt. Die Männer stehen fünf Schritte voneinander entfernt. Sie bewegen sich langsam, vorsichtig und nervös durch die Felder und Dickichte.

Plötzlich erklingt aus Büschen, Bäumen und Zäunen ein Gewehrgeknatter. General Evans' Schützen feuern. Es gibt Flammen- und Rauchstrahlen und ein seltsames Summen liegt in der Luft. Es gibt ein weiteres Knattern, ein Rollen, eine Salve. Die Kanonen mischen sich. Die erste große Schlacht hat begonnen. General Hunter eilt zum Ort des Geschehens, wird fast bei der ersten Salve verwundet und muss das Feld verlassen. Der Kampf wird plötzlich erbittert. Die Jungs aus Rhode Island drängen in nähere Gefilde, und die Rebellen unter General Evans weichen von einem Dickicht zu einem Zaun, von einem Zaun zu einem Hügel.

General Bee kommt mit seiner Brigade, um General Evans zu helfen. Man sieht, wie er sich westlich von Evans in Linie aufstellt, in Richtung der Heuhaufen bei Dogans Haus. Er befindet sich in einer so guten Position, dass er den Jungs aus Rhode Island, die Evans bedrängen, auf die Flanke feuern kann. Es ist ein loderndes Feuer, und die tapferen Kerle werden von den Schüssen aus den Heuhaufen niedergemäht. Sie sind fast überwältigt. Doch Hilfe ist in Sicht. Das 71. New York, das 2. New Hampshire und das 1. Rhode Island, alle zu Burnsides Brigade gehörend, bewegen sich auf die Heuhaufen zu. Sie richten ihre Gewehre auf sie, und das Rattern und Rollen beginnt. Es gibt Flammenstrahlen, lange Lichtlinien, weiße Wolken, die sich entfalten und ausdehnen, immer wieder rollen und über die Baumwipfel aufsteigen. Der Aufruhr ist wilder. Männer fallen und werfen ihre Arme um sich; einige springen in die Luft, andere stürzen kopfüber zu Boden und fallen wie Holzscheite oder Bleiklumpen. Einige taumeln, taumeln und purzeln; Andere legen sich sanft hin, als wollten sie eine Nachtruhe einlegen, ohne auf den Lärm, die Aufregung und den Aufruhr zu achten. Sie bluten, sind zerrissen und verstümmelt. Beine, Arme, Körper sind zerschmettert. Sie sehen nichts. Sie können nicht sagen, was passiert ist. Die Luft ist voller furchtbarer Geräusche. Ein unsichtbarer Sturm zieht vorbei. Die Bäume sind zersplittert, zerquetscht und zerbrochen, als ob sie von Blitzen getroffen worden wären. Zweige und Blätter fallen zu Boden. Es gibt Rauch, Staub, wildes Reden, Schreien, Zischen, Heulen, Explosionen. Für die Soldaten beider Armeen ist es eine neue, seltsame, unerwartete Erfahrung, ganz anders, als sie es erwartet hatten.

In weiter Ferne läuten Kirchenglocken die Stunde des Sabbatgottesdienstes, und in vielen Sonntagsschulen singen Kinder süße Lieder. Seltsam und schrecklich dieser Kontrast! Sie können es nicht ertragen, die schreckliche Szene anzusehen. Wie schrecklich diese Wunden! Der Boden ist purpurrot vom Blut. Sie sind bereit, sich abzuwenden und die Szene für immer aus Ihrem Blickfeld zu verschließen. Aber die Schlacht muss weitergehen, und der Krieg muss weitergehen, bis die bösen Männer, die ihn begonnen haben, vernichtet sind, bis die Ehre der guten alten Flagge gerechtfertigt ist, bis die Union wiederhergestellt ist, bis das Land gerettet ist, bis der Sklavenhalter seiner Macht beraubt ist und bis der Sklave seine Freiheit erlangt. Es ist schrecklich mit anzusehen, aber Sie erinnern sich, dass der größte Segen, den die Welt je empfangen hat, mit Blut erkauft wurde – dem Blut des Sohnes Gottes. Es ist schrecklich mit anzusehen, aber es gibt schlimmere Dinge als Krieg. Es ist schlimmer, wenn die Rechte der Menschen in den Staub getreten werden; schlimmer, wenn Ihr Land zerstört wird, wenn Gerechtigkeit, Wahrheit und Ehre verletzt werden. Du solltest lieber getötet und von Kanonenschüssen in Stücke gerissen werden, als deine Männlichkeit zu verlieren oder das aufzugeben, was dich zu einem Mann macht. Es ist besser zu sterben, als dieses reiche Erbe aufzugeben, das uns unsere Väter hinterlassen und das wir mit ihrem Blut erkauft haben.

Die Schlacht geht weiter. General Porters Brigade kommt Burnside zu Hilfe und bewegt sich auf Dogans Haus zu. Jacksons Rebellenbrigade ist dort, um ihn zu treffen. Arnolds Batterie ist im Einsatz – die Kanonen feuern einen ständigen Strom von Kugeln und Granaten auf die Rebellenlinie ab. Die Washingtoner Artillerie aus New Orleans antwortet vom Hügel südlich von Dogans. Andere Rebellenbatterien schneiden Burnsides Brigade in Stücke. Die Männer sind fast bereit, sich vor dem schrecklichen Sturm zurückzuziehen. Burnside schickt zu Porter um Hilfe – er bittet um die tapferen alten Soldaten, die Stammsoldaten, die der Flagge ihres Landes treu geblieben sind, während viele ihrer ehemaligen Offiziere sich als Betrüger erwiesen haben. Sie sind schon lange im Dienst und haben auf den westlichen Ebenen viele erbitterte Kämpfe mit den Indianern geführt. Sie sind so treu wie Stahl. Captain Sykes befehligt sie. Er führt den Weg. Sie sehen sie in festen Reihen am Waldrand östlich von Dogans Haus. Sie haben nach Südwesten geblickt und wenden sich jetzt nach Südosten. Sie durchqueren den Kiefernhain und betreten das offene Feld. Sie werden von einem

Volltreffer durchbohrt, Granaten explodieren um sie herum, Männer fallen aus den Reihen, aber das Bataillon lässt sich nicht bremsen. Es marschiert dicht an die Flammen- und Rauchwolke heran, die vom Hügel nördlich der Mautstraße aufsteigt. Ihre Musketen kommen in Deckung. Ein Klicken, Klicken, Klicken entlang der Linie ist zu hören. Eine breite Flammenwand, eine weiße, schwefelige Wolke, ein tiefes Rollen wie das wütende Grollen eines Donners. Die Reihen der Rebellen geraten plötzlich ins Taumeln. Männer wirbeln herum und fallen zu Boden. Die Linie gerät ins Wanken und bricht zusammen. Sie rennen den Hügel hinunter, über die Täler zu einem anderen Hügel. Dort sammeln sie sich und halten eine Weile ihre Stellung. Hamptons Legion und Cockes Brigade kommen ihnen zu Hilfe. Flüchtlinge werden von den Offizieren zurückgebracht, die wütend über das Feld reiten. Es herrscht eine Ruhepause, dann geht der Kampf mit ratterndem Musketenfeuer und anhaltendem Kanonendonner weiter.

General Heintzelmans Division war hinter General Hunters Division auf dem Marsch. Als die Schlacht begann, waren die Truppen mehrere Meilen von der Sudley Church entfernt. Sie waren ausgetrocknet vor Durst, und als sie den Bach erreichten, hielten auch sie an und füllten ihre Feldflaschen. Burnsides und Porters Brigaden waren zwei Stunden vor dem Eintreffen von Heintzelmans Division im Kampf. Acht Regimenter hatten die Rebellen aus ihrer ersten Stellung vertrieben.

General Heintzelman marschierte westlich von Dogans Haus auf die Rebellen zu. Die Rebellenbatterien befanden sich auf einem Hügel, nicht weit von der Mautstelle entfernt. Griffin und Ricketts eröffneten das Feuer mit ihren gezogenen Geschützen. Dann kam eine große Rauchwolke. Es war ein Rebellenmunitionswagen, der von einer von Griffins Granaten in die Luft gesprengt worden war. Es war ein anhaltendes, stetiges Artilleriefeuer. Die Kanonenschützen der Rebellenbatterien wurden von der unfehlbaren Zielgenauigkeit von Griffins Kanonenschützen weggefegt. Sie wechselten immer wieder ihre Position, um dem Schuss auszuweichen. Mit dem ständigen Krachen der Kanonade vermischte sich ein unregelmäßiges Musketenfeuer, wie das Prasseln von Regentropfen auf einem Dach. Manchmal gab es ein schnelleres Rattern und schweres Rollen, wie der Einsturz eines großen Gebäudes.

General Wilcox schwenkte seine Brigade auf Jacksons Flanke. Der Rebellengeneral musste zurückweichen oder wurde abgeschnitten, und er fiel zur Mautstelle zurück, zur Autobahn, über sie hinweg, in Verwirrung, zum Grat bei Mrs. Henry. Evans', Bees, Bartows und Cockes Brigaden, die versucht hatten, ihre Stellung gegen Burnsides und Porters Brigaden zu halten, wurden durch diese Bewegung ebenfalls zurück zu Mr. Lewis' Haus gedrängt. Die Rebellen kehren nicht alle zurück. Hunderte, die am Morgen in aller Eile herbeigeeilt waren, liegen blutend, zerrissen, verstümmelt auf den bewaldeten Hängen. Einige sind Gefangene.

Ich sprach mit einem Soldaten eines der Virginia-Regimenter. Wir waren in der Nähe der Steinbrücke. Er war ein großer, athletischer junger Mann, gekleidet in eine graue Uniform mit gelben Borten.

„Wie viele Soldaten haben Sie im Einsatz?", fragte ich.

"Neunzigtausend."

„Kaum so viele, schätze ich."

„Ja, Sir. Wir haben Beauregards und Johnstons Armeen. Johnston kam gestern und noch viel mehr aus Richmond. Wenn Sie uns heute verprügeln, verprügeln Sie fast hunderttausend."

„Wer hat das Kommando?"

„Jeff Davis."

„Ich dachte, Beauregard hätte das Kommando."

„Das war er, aber Jeff Davis ist jetzt auf dem Schlachtfeld. Ich weiß es, denn ich habe ihn gesehen, kurz bevor ich gefangen genommen wurde. Er saß auf einem weißen Pferd."

Während wir redeten, pfiff eine Granate über unsere Köpfe hinweg und fiel in den Wald. Die Rebellenbatterien hatten erneut das Feuer auf unsere Stellung eröffnet. Eine weitere Granate kam und wir waren gezwungen, den Ort zu verlassen.

Der Gefangene war vielleicht ehrlich mit seinen Aussagen. Es erfordert viel Urteilsvermögen, große Armeen richtig einzuschätzen. Er hatte recht, als er sagte, dass Jeff Davis dort war. Er war vor Ort und beobachtete den Verlauf der Schlacht, nahm aber nicht daran teil. Er kam rechtzeitig, um das Ende des Kampfes mitzuerleben.

Nachdem Burnside und Porter Evans, Bee und Bartow über die Mautstraße getrieben hatten, überquerten General Sherman und General Keyes den Bull Run oberhalb der Stone Bridge und marschierten geradewegs den Fluss hinunter. Schencks Brigade und die Batterien von Ayer und Carlisle blieben zurück, um die Nachhut zu bewachen.

Vielleicht hatten Sie einen Bruder oder Vater im Zweiten New Hampshire oder im 71. New York oder in einem anderen Regiment; oder vielleicht möchten Sie nach Kriegsende die Stelle besuchen und sich das Gelände ansehen, auf dem die erste große Schlacht geschlagen wurde. Sie werden sehen wollen, wo genau sie standen. Wenn Sie also auf ein Uhr die Linie entlang blicken, sehen Sie am nächsten am Fluss General Keyes' Brigade, bestehend aus dem Ersten, Zweiten und Dritten Connecticut-Regiment und dem Vierten Maine. Als nächstes kommt Shermans Brigade, bestehend aus der 69. und 79. New Yorker Miliz, dem Dreizehnten New Yorker Freiwilligenregiment und dem Zweiten Wisconsin. Zwischen diesen und der Mautstelle sehen Sie in westlicher Richtung zuerst Burnsides Brigade, bestehend aus der Ersten und Zweiten Rhode Island-Batterie, der 71. New Yorker Miliz, dem Zweiten New Hampshire und der Zweiten Rhode Island-Batterie; bis zum Mauthaus erstreckt sich Porters Brigade. Er hat Sykes' Bataillon regulärer Truppen, das 8. und 14. Regiment der New Yorker Miliz und Arnolds Batterie. Wenn man die Straße überquert, die von Sudley Springs herunterkommt, sieht man General Franklins Brigade, zu der die Fünfte Miliz von Massachusetts, die Ersten Freiwilligen aus Minnesota und die Vierte Miliz von Pennsylvania gehören. Als nächstes kommen Sie zu den Männern aus Maine und Vermont, der Zweiten, Vierten und Fünften Miliz aus Maine und der Zweiten aus Vermont, General Howards Brigade. Dahinter, ganz rechts, steht General Wilcox mit dem Ersten Michigan- und dem Elften New Yorker-Regiment. Griffins und Ricketts Batterien sind ganz in der Nähe. Es gibt 24 Regimenter und 24 Artilleriegeschütze. Außerdem gibt es zwei Kavalleriekompanien. Wenn wir zum Haus von Mr. Lewis hinübergehen, finden wir General Johnston und General Beauregard in eifriger Beratung. General Johnston hat in höchster Eile Offiziere zur Verstärkung ausgesandt. Brigaden treffen außer Atem ein – die von General Cocke, Holmes, Longstreet und Earley. Aufgelöste Regimenter, Kompaniesplitter und Nachzügler werden gesammelt und in Formation gebracht. General Bonhams Brigade wird gerufen. Alle außer General Ewells und General Jones müssen General Miles daran hindern, bei Blackburn's Ford überzusetzen und die Rebellenarmee im Rücken anzugreifen. General Johnston spürt, dass dies ein kritischer Moment ist. Er ist fast drei Kilometer weit zurückgedrängt worden. Seine Flanke wurde umgangen. Seine Verluste waren sehr groß und seine Truppen beginnen entmutigt zu werden. Sie haben ihre Meinung über die Yankees geändert.

General Johnston verfügt über Barleys Brigade, bestehend aus dem Siebten und Vierundzwanzigsten Virginia- und dem Siebten Louisiana-Bataillon; Jacksons Brigade, bestehend aus dem Zweiten, Vierten, Fünften, Siebenundzwanzigsten und Dreiunddreißigsten Virginia- und dem Dreizehnten Mississippi-Bataillon; Bees und Bartows Brigaden vereinigt, bestehend aus zwei Kompanien des Elften Mississippi-, Zweiten Mississippi-, Ersten Alabama-, Siebten und Achten Georgia-Bataillons; Cockes Brigade, das Achtzehnte, Neunzehnte und Achtundzwanzigste Virginia-Bataillon, sieben Kompanien des Achten und drei des Neunundvierzigsten Virginia-Bataillons; Evans' Brigade, bestehend aus Hamptons Legion, dem Vierten South Carolina-Bataillon und Wheats Louisiana-Bataillon; Holmes' Brigade, bestehend aus zwei Regimentern Virginia-Infanterie, dem Ersten Arkansas-

und dem Zweiten Tennessee-Bataillon. Zwei Regimenter von Bonhams Brigade und Elzeys Brigade wurden herangezogen, bevor der Konflikt vorüber war. Wenn man die abgetrennten Kompanien in Regimenter aufteilt, besteht Johnstons gesamte Streitmacht in diesem letzten Kampf aus 35 Infanterieregimentern und etwa 40 Artilleriegeschützen, die alle von Mr. Lewis und Mrs. Henry auf dem Bergkamm versammelt waren.

Regimenter marschieren hin und her. Es herrscht keine große Ordnung. Die Regimenter sind verstreut. Die Linien sind nicht gleichmäßig. Dies ist die erste Schlacht, und Offiziere und Soldaten sind unerfahren. Auf beiden Seiten gibt es viele Nachzügler; wahrscheinlich mehr aus den Reihen der Rebellen als aus McDowells Armee, denn bisher ist die Schlacht gegen sie verlaufen. Sie sind über die Felder verstreut, jenseits von Mr. Lewis.

Der Kampf geht weiter. Die Artillerie kracht lauter als zuvor. Es ist ein anhaltendes Gewehrgeknatter zu hören. Es klingt wie das Brüllen eines Hagelsturms. Sherman und Keyes bewegen sich zum Fuß des Hügels hinunter, in die Nähe von Mr. Lewis. Burnside und Porter marschieren über die Mautstraße. Franklin, Howard und Wilcox, die nach Süden vorgerückt sind, wenden sich nach Südosten. Es kommt zu verzweifelten Nahkämpfen. Kanonen werden erobert und zurückerobert. Kanonenschützen auf beiden Seiten werden beim Laden ihrer Geschütze erschossen. Hunderte fallen, und weitere Hunderte verlassen die Reihen. Die Wälder in Richtung Sudley Springs sind voller Verwundeter und Flüchtlinge, schwach, durstig, hungrig, erschöpft, zermürbt vom langen Morgenmarsch, Schlafmangel, Mangel an Nahrung und der Aufregung der Stunde.

Auf der anderen Seite der Ebene, in Richtung Manassas, sind andere Menschenmengen zu sehen – enttäuschte, kleinmütige, besiegte Soldaten, die um ihr Leben fliehen.

„Wir sind besiegt!"

„Unsere Regimenter sind in Stücke gerissen!"

„General Bartow ist verwundet und General Bee ist getötet!"

So rufen sie, während sie nach Manassas eilen. [3] Offiziere und Soldaten in den Reihen der Rebellen haben das Gefühl, dass die Schlacht so gut wie verloren ist. Offiziere und Soldaten der Union haben das Gefühl, dass sie fast gewonnen ist.

Der rechte Flügel der Rebellen, weit draußen auf der Mautstraße, wurde in die Mitte zurückgezogen; die Mitte wurde auf den linken Flügel getrieben und der linke Flügel wurde hinter Mr. Lewis' Haus zurückgedrängt. Griffins und Ricketts Batterien, die vom Bergrücken westlich der Mautstelle aus feuerten, wurden auf den Hügel vorbeordert, von dem die Rebellenbatterien vertrieben worden waren.

„Es ist zu weit im Voraus", sagte General Griffin.

„Die Feuer-Zuaven werden Sie unterstützen", sagte General Barry.

„Es ist besser, sie vorausgehen zu lassen, bis wir in Position sind; dann können sie zurückfallen", antwortete Griffin.

„Nein, Sie müssen zuerst los, das ist der Befehl. Die Zuaven müssen schon im Laufschritt folgen."

„Ich werde gehen, aber merken Sie sich meine Worte: Sie werden mich nicht unterstützen."

Die Batterie galoppierte über die Felder, stieg den Hügel hinab, überquerte die Schlucht und rückte bis zur Hügelkuppe in der Nähe von Mrs. Henry vor, gefolgt von Ricketts Batterie, den Fire Zouaves und dem 14. New Yorker Regiment. Vor ihnen, etwa vierzig oder fünfzig Ruten entfernt, befanden sich die Rebellenbatterien, unterstützt von Infanterie. Griffin und Ricketts gingen in Position und eröffneten ein so schreckliches und zerstörerisches Feuer, dass die Rebellenbatterien und die Infanterie über den Hügelkamm hinausgetrieben wurden.

Das Feld war fast gewonnen. Lesen Sie, was General Johnston sagt: „Der lange Kampf gegen eine fünffach überlegene Übermacht und schwere Verluste, insbesondere unter den Feldoffizieren, hatten die Truppen von General Bee und Colonel Evans stark entmutigt. Die Lage war kritisch."

Der Korrespondent des Charleston Mercury schreibt: „Als ich um zwei Uhr das Schlachtfeld betrat, war die Lage des Tages düster. Die schwer verletzten und verwundeten und erschöpften Reste der Regimenter gaben beim taumelnden Abmarsch ein düsteres Bild der Szenerie ab. Wir konnten vielleicht nicht besiegt werden, aber es ist fraglich, ob uns ein Sieg beschieden war."

Der Korrespondent des Richmond Despatch schreibt: „Stundenlang kämpften unsere Männer unter der sengenden Sonne, ohne dass ein Tropfen Wasser in der Nähe war. Die Leistung unserer Männer war unübertroffen. Doch die menschliche Ausdauer hat ihre Grenzen *und es schien, als wäre alles verloren* ."

Die Schlacht tobt um das Haus von Mrs. Henry. Sie liegt dort inmitten des Donnerns. Rebellen-Scharfschützen nehmen es in Besitz und schalten Ricketts Kanonenschützen aus. Er richtet seine Gewehre auf das Haus. Krach! Krach! Krach! Es ist mit Kartätschen und Scharfschützen durchsiebt. Wände, Dach, Türen und Fenster sind durchbohrt, zerbrochen und zersplittert. Die Bettwäsche ist in Lumpen geschnitten und die alte Frau auf der Stelle tot. Die Rebellenregimenter lösen sich auf. Der Strom der Flüchtlinge nach Manassas wird dichter. Johnston hat mehr Männer und mehr Geschütze im Einsatz als McDowell, aber er wird stetig zurückgedrängt. Doch Rebellen-Verstärkungen treffen aus unerwarteter Richtung ein – General Smiths Brigade aus dem Shenandoah. Sie kommt vor Wilcox zum Einsatz. Es sind 2.000 bis 3.000 Mann. General Smith wird fast beim ersten Feuer verwundet und Colonel Elzey übernimmt das Kommando. General Bonham schickt zwei Regimenter, das Zweite und das Achte South Carolina. Sie halten sich südlich von Mrs. Henry und marschieren weiter, bis sie in Position sind, um fast auf die Rücken von Griffins und Ricketts Kanonenschützen zu schießen. Sie marschieren durch ein Waldstück, erreichen die Spitze des Hügels und stellen sich in Linie auf. Captain Imboden von der Rebellenbatterie, der Griffin antwortet, sieht sie. Wer sind sie? Er denkt, es seien Yankees, die ihn flankieren. Er holt seine Kanonen und ist bereit, sie mit Kartätschen und Kartätschen niederzumetzeln. Captain Griffin sieht sie und holt seine Kanonen. Noch ein Augenblick und er wird sie wegfegen. Er glaubt, es seien Rebellen. Seine Kanonen laden mit Kartätschen und Kartätschen.

„Schießen Sie nicht auf sie. Sie unterstützen Sie!“, ruft Major Barry, der heranreitet.

„Nein, Sir, sie sind Rebellen.“

„Das sind Ihre Stützen, gerade bestellt.“

„So sicher wie die Welt, sie sind Rebellen.“

„Sie irren sich, Captain. Es sind Ihre Unterstützer.“

Die Kanonenschützen stehen bereit, die Seile zu ziehen, die dann einen Tornado durch die Reihen schicken werden.

„Nicht schießen!“, schreit der Kapitän.

Die Kanonen werden erneut in Richtung Mrs. Henrys gebracht und die vermeintlichen Stützpfeiler werden vor der Zerstörung durch Captain Griffin gerettet.

Bevor Captain Imboden seinen Männern befiehlt, auf die vermeintlichen Yankees zu schießen, galoppiert er näher an sie heran, um zu sehen, wer sie sind. Er sieht, wie sie ihre Gewehre heben. Es gibt einen Blitz, ein Rasseln und Rollen. Griffins und Ricketts Männer und ihre Pferde gehen augenblicklich zu Boden! Sie stürmen mit einem Schrei weiter. Es folgt scharfes, heißes, entschlossenes Gefecht. Musketenschüsse und Säbelhiebe aus nächster Nähe. Männer werden von den zappelnden Pferden niedergetrampelt.

Es erschallen Rufe und Hurrarufe. Die wenigen Soldaten, die noch übrig sind, um Griffin und Rickett zu unterstützen, schießen auf die vorrückende Rebellenbrigade, aber der Kampf ist ungleich; sie sind nicht in der Lage, die dreitausend frischen Soldaten in Schach zu halten. Sie fallen zurück. Die Waffen sind in den Händen der Rebellen. Der Tag ist verloren. Im Augenblick des Sieges wird die Front durchbrochen. In einem Augenblick ist alles anders. Gerade noch sind wir weiter vorgerückt, aber jetzt fallen wir zurück. Fast so schnell wie der Blitzschlag kommt die Wende. Alles nur durch einen Fehler! So hängen große Ereignisse manchmal von kleinen Dingen ab.

Die unerwartete Salve, der plötzliche Angriff, der heftige Angriff, das Zurückweichen verursachen Verwirrung in den Reihen der Union. Offiziere und Mannschaften, Generäle und Soldaten sind gleichermaßen verwirrt. Aus einem gemeinsamen Impuls heraus beginnen sie, über die Mautstraße zurückzuweichen. Unerklärlich für sich selbst und für die nach Manassas strömenden Rebellenflüchtlinge verlieren sie Kraft und Mut. Das Zurückweichen wird zum Rückzug, zu einer plötzlichen Panik und Flucht. Regimenter brechen auseinander und vermischen sich mit anderen. Soldaten lassen ihre Gewehre und Patronenkästen fallen und stürmen nach hinten.

Ich hatte den Verlauf der Schlacht den ganzen Tag über beobachtet. Alles verlief günstig. Die Hitze war intensiv und ich war durstig. Ein Soldat kam mit einem Rücken voll frisch gefüllter Feldflaschen vorbei.

SCHLACHTFELD VON **B**ULL **R**UN , **21. Juli 1861.**

1 Steinbrücke.

2 Sudley Springs.

3 Mautstelle wird von Herrn Mathey bewacht.

4 Das Haus von Herrn Dogan.

5 Von Frau Henry.

6 Von Herrn Lewis.

7 Wilcox', Howard's und Franklin's Brigaden.

8 Porters und Burnsides Brigaden.

9 Shermans und Keyes' Brigaden.

10 Griffins und Ricketts Batterien.

11 Rebellenverstärkungen, die feuerten

auf Griffin.

14 Position der Rebellenarmee bei der

Die Gewerkschaftslinie gab nach.

13 Der Grat, auf dem die Schlacht begann.

„Wo hast du das Wasser gefunden?"

„Dort drüben im Wald, im Rücken von Schencks Brigade."

Ich kam an der Brigade vorbei. Ayers' und Carlisles Batterien waren dort. Ich fand die Quelle hinter einem kleinen Hügel. Während wir tranken, herrschte plötzlich Verwirrung in Schencks Brigade. Es wurde laut geredet, Kanonen- und Musketenfeuer wurde abgefeuert und plötzlich rasten Pferde. Eine Schwadron Rebellenkavallerie fegte wenige Ruten von der Quelle entfernt vorbei und griff Schencks Brigade an. Die Panikwelle war nach hinten hereingerollt. Ayers trieb seine Pferde zum Galopp an, um die Cub Run-Brücke zu erreichen. Es gelang ihm, sie zu überqueren. Er brachte sich in Position, um den Rebellen das Feuer zu eröffnen und ihre Verfolgung aufzuhalten. Die Straße war mit Wagen blockiert. Verängstigte Fuhrleute ließen ihre Pferde los und ritten davon. Soldaten, Offiziere und Zivilisten flohen nach Centreville, erschrocken vor nichts. Blenkers Brigade wurde von Centreville zur Brücke zurückgeworfen und die Flucht wurde gestoppt. Die Rebellen waren zu erschöpft und zu erstaunt über das plötzliche und unerklärliche Aufbrechen und Fliehen von McDowells Armee, um ihren Vorteil auszunutzen. Sie folgten bis zur Cub Run-Brücke, wurden jedoch durch ein paar Kanonen- und Musketenschüsse zur Stone Bridge zurückgedrängt.

Doch bei Blackburn's Ford überquerte General Jones den Fluss, um die zurückweichenden Truppen anzugreifen. General Davies besetzte mit vier Regimentern und Hunts Batterie die Kuppe eines Hügels mit Blick auf die Furt. Die Rebellen marschierten durch die Wälder am Ufer des Flusses, wanden sich am Hang entlang, durchquerten einen Bauernhof und machten in einer Senke Halt, eine Viertelmeile von General Davies' Kanonen entfernt.

KAMPF BEI BLACKBURN'S FORD , 21. Juli 1863.

1 Blackburns Ford.   4 Davies' Brigade und Batterien.

2 Mitchells Ford.   5 Richardsons Brigade.

3 Rebellentruppen.

„Legt euch hin", sagte der General, und die vier Regimenter warfen sich auf den Boden. Nur die sechs Kanonen und die Kanonenschützen waren zu sehen.

„Warten Sie, bis sie über den Hügelkamm kommen; warten Sie, bis ich das Zeichen gebe", sagte der General zu Captain Hunt.

Die Männer stehen reglos neben ihren Geschützen. Die lange Kolonne der Rebellen bewegt sich weiter. Ein Offizier sitzt auf seinem Pferd und gibt Anweisungen. Die lange dunkle Linie wirft im schwindenden Sonnenlicht ihre länger werdenden Schatten nach oben, auf die schweigenden Kanonen zu.

„Jetzt lasst es sie haben!" Die Gewehre schweigen nicht mehr. Sechs Lichtblitze und sechs Schwefelwolken werden auf die sich bewegende Masse gespuckt. Kartätschen und Kartätschen fegen sie nieder. Der Offizier stürzt von seinem Pferd, und das Pferd taumelt zu Boden. Plötzlich gibt es Lücken in den Reihen. Sie bleiben stehen. Offiziere rennen hierhin und dorthin. Noch ein gnadenloser Sturm, noch einer, noch einer. Achtzehn Blitze pro Minute aus diesen sechs Geschossen! Wie Gras vor dem Rasenmäher wird die Rebellenlinie niedergemäht. Die Männer fliehen in die Wälder, völlig vernichtet.

Der Versuch, den Rückzug abzuschneiden, schlug fehl. Es war der letzte Versuch der Rebellen, ihren mysteriösen Sieg fortzusetzen. Die Nachhut blieb bis zum Morgen in Centreville und holte fünf Kanonen zurück, die in Cub Run zurückgelassen worden waren und die die Rebellen nicht gesichert hatten, und zog sich dann nach Arlington zurück.

Die Schlacht wurde also gewonnen und verloren. Die Hoffnungen der Unionssoldaten verwandelten sich in plötzliche, unerklärliche Angst, und die Angst vor den Rebellen verwandelte sich in grenzenlose Jubelstimmung.

Die Sonne war hinter den Blue Mountains untergegangen, und die Kampfwolken hingen dick und schwer über dem gewundenen Fluss, wo der Kampf gewütet hatte. Es war eine traurige Nacht für uns, die wir mit so großen Hoffnungen losgezogen waren, die wir gesehen hatten, wie der Sieg fast errungen und so plötzlich verloren war. Viele unserer Verwundeten lagen noch da, wo sie gefallen waren. Es war eine schreckliche Nacht für sie. Ihre Feinde, einige von ihnen, waren hartherzig und grausam. Sie schossen in die Krankenhäuser auf hilflose Männer. Sie verweigerten ihnen Wasser, um ihren brennenden Durst zu löschen. Sie verhöhnten sie in ihrer Stunde des Triumphs und überhäuften sie mit den bittersten Flüchen. Sie waren außer sich vor Freude über den Erfolg und behandelten ihre Gefangenen mit wilder Barbarei. Jeder, der den Gefangenen oder Verwundeten Freundlichkeit entgegenbrachte, wurde mit Argwohn betrachtet. Ein englischer Offizier im Dienst der Rebellen sagt:— [4]

„Ich machte es mir zur Aufgabe, die Verwundeten aufzusuchen und zu versorgen, und zwar umso mehr, als ich feststellte, dass viele derer, deren Pflicht es war, die Arbeit zur Linderung ihrer Leiden mit offensichtlichem Widerwillen und mangelndem Eifer verrichteten. Ich betrachtete die armen Kerle nur als leidende Mitmenschen, als Brüder, die Hilfe brauchten, und machte keinen Unterschied zwischen Freund und Feind; ja, ich muss gestehen, dass ich dazu veranlasst wurde, letzteren den Vorzug zu geben, weil einige unserer Männer die Aufmerksamkeit ihrer Verwandten und Freunde erregten, die in Scharen auf das Schlachtfeld geströmt waren, um sie zu sehen. Aber dabei stieß ich auf Widerstand und wurde von einigen sogar mit gemurmelten Flüchen als Verräter an der Sache der Konföderation bezeichnet, weil ich den verdammten Yankees überhaupt Aufmerksamkeit schenkte."

Trotz der unmenschlichen Behandlung, die sie von ihren Entführern erfuhren, gab es auf diesem Schlachtfeld Männer, die nie zurückschreckten – Männer mit einem so glühenden, tiefen und unstillbaren Patriotismus, dass sie sich freudig in den Todesschlaf legten. Dieser Offizier im Dienst der Rebellen ging auf das Schlachtfeld, wo der Kampf am heftigsten tobt. Es war Nacht. Um ihn herum waren Sterbende und Tote. Da war ein junger Offizier der Union, dem beide Füße von einem Kanonenschuss zerquetscht worden waren. Tränen liefen ihm über die Wangen.

„Nur Mut, Kamerad!", sagte der Offizier und beugte sich über ihn. „Der Tag wird kommen, an dem Sie sich an diese Schlacht als an etwas Vergangenes erinnern werden."

„Machen Sie mir keine falschen Hoffnungen, Sir. Es ist alles vorbei mit mir. Es schmerzt mich nicht, dass ich sterben muss, denn mit diesen Stümpfen werde ich nicht mehr lange leben."

Er zeigte auf seine verstümmelten Füße und fügte hinzu: „ *Ich weine um mein armes, verzweifeltes Land. Hätte ich ein zweites Leben, würde ich es bereitwillig für die Sache der Union opfern!* "

Seine Augen schlossen sich. Ein Lächeln erhellte sein Gesicht, als sähe er am Rande einer anderen Welt noch einmal die Menschen, die ihm auf Erden oder im Himmel am liebsten waren. Er richtete sich krampfhaft auf und rief: „Mutter! Vater!"

Er war tot.

Er schläft an der Stelle, an der er fiel. Sein Name ist unbekannt, aber seine Hingabe an sein Land wird für immer wie ein Stern am Himmel leuchten!

Als die Unionslinie nachgab, waren einige Soldaten durch die plötzliche Veränderung so verblüfft, dass sie sich nicht mehr bewegen konnten und gefangen genommen wurden. Unter ihnen war ein Zuave in roten Hosen. Er war ein großer, edler Kerl. Obwohl er gefangen war, ging er aufrecht und fühlte sich durch seine Gefangenschaft nicht beschämt. Ein Virginianer verspottete ihn und beschimpfte ihn mit harten Schimpfwörtern.

„Herr", sagte der Zuave, „ich habe gehört, dass Ihr Volk von Edelleuten ist, aber Ihre Beleidigung kommt von einem Feigling und Schurken. Ich bin Ihr Gefangener, aber Sie haben kein Recht, mich zu verfluchen, denn ich bin unglücklich. Von den beiden halte ich mich für den Edelmann." [5]

Der Virginianer ließ schweigend den Kopf hängen, während andere Rebellensoldaten dem tapferen Kerl versicherten, dass er sich nicht noch einmal beleidigen lassen sollte. Tapferkeit, wahrer Mut und Männlichkeit verschaffen sogar den Respekt der Feinde.

Es liegen keine genauen Angaben über die Zahl der in dieser Schlacht getöteten und verwundeten Männer vor; vermutlich verloren jedoch beide Seiten zwischen 1.500 und 2.000 Mann.

Es war eine Schlacht, die in der Geschichte dieser Rebellion immer einen denkwürdigen Platz einnehmen wird, denn nach ihrem Sieg glaubten die Sklavenhalter, sie könnten den Norden erobern. Sie wurden stolzer und unverschämter. Sie zeigten ihren schrecklichen Hass durch die unmenschliche Behandlung der Gefangenen. Sie bestatteten die Toten unanständig. Die Rebellensoldaten gruben die Knochen der toten Unionsmänner aus und schnitzten daraus Schmuck, den sie ihren Frauen und Liebsten nach Hause schickten. Ein Mädchen schrieb an ihren Geliebten, er solle ihr „unbedingt Old Lincolns *Skelp*" (Skalp) mitbringen, sodass der Hass sowohl der Frauen als auch der Männer grimmig wurde. Ich habe den Brief gesehen, der bei einem Gefangenen gefunden wurde.

Der Norden ließ sich trotz seiner Niederlage nicht entmutigen. Es gab keinen Gedanken daran, den Kampf aufzugeben, aber wie Sie sich erinnern, kam es zu einem großen Volksaufstand, der beschloss, den Krieg so lange fortzusetzen, bis die Rebellion niedergeschlagen war.

KAPITEL IV.

DIE EINNAHME VON FORT HENRY.

Tennessee schloss sich der Konföderation der Südstaaten an, doch Kentucky widerstand allen Überredungskünsten, Drohungen und Plänen der Anführer der Rebellion. Einige Einwohner Kentuckys sprachen davon, neutral zu bleiben und sich nicht an der großen Schlacht zu beteiligen, doch das war nicht möglich. Die Rebellen drangen in den Staat ein, indem sie den Mississippi hinaufsegelten und Columbus einnahmen, eine Stadt zwanzig Meilen unterhalb der Mündung des Ohio. Sie rückten auch von Nashville nach Bowling Green vor. Dann entschied sich der Staat für die Union, an der alten Flagge festzuhalten, bis die Rebellion niedergeschlagen wäre.

Die Rebellen errichteten zwei Forts an der Nordgrenze von Tennessee. Auf der Karte sieht man, dass die Flüsse Cumberland und Tennessee dort, wo sie in den Staat Kentucky münden, nahe beieinander liegen. Sie sind nicht mehr als zwölf Meilen voneinander entfernt. Das Fort am Tennessee River hieß Fort Henry, das am Cumberland Fort Donelson. Durch die Wälder zwischen ihnen wurde eine gute Straße geschlagen, so dass Truppen und Vorräte leicht von einem zum anderen transportiert werden konnten. Fort Henry lag am Ostufer des Tennessee und Fort Donelson am Westufer des Cumberland. Für die Rebellen waren dies sehr wichtige Orte, denn bei Hochwasser im Winter sind die Flüsse für die größten Dampfschiffe schiffbar – der Cumberland bis Nashville und der Tennessee bis Florence im Norden Alabamas – und es wäre sehr einfach gewesen, eine Armee vom Ohio River bis ins Herz der Südstaaten-Konföderation zu transportieren. Die Forts wurden gebaut, um jegliche derartige Bewegung der Unionstruppen zu verhindern.

DIE FESTUNGEN.

Die Steilküste des Mississippi bei Columbus ist 60 Meter hoch. Dort errichteten die Rebellen starke Batterien und stellten schwere Kanonen auf, mit denen sie den Mississippi weit flussaufwärts durchkämmen und mit ungehinderter Zielgenauigkeit auf jedes herankommende Kanonenboot schießen konnten. Wegen seiner Stärke nannten sie es Gibraltar. Sie sagten, es könne nicht eingenommen werden und der Mississippi sei für die Schifffahrt gesperrt, bis die Unabhängigkeit der Südstaaten anerkannt sei.

Schon zu Beginn des Krieges wurde klar, dass auf den Flüssen im Westen eine Flotte von Kanonenbooten benötigt werden würde, und Kapitän Andrew H. Foote von der Marine wurde mit deren Bau beauftragt. Sie wurden in Cincinnati und St. Louis gebaut und nach Kairo gebracht, wo sie ihre Bewaffnung, Besatzung und Ausrüstung erhielten.

Sie haben von Kairo gehört. Ich meine nicht die antike Stadt am Ufer des Nils, sondern die moderne Stadt auf der Landzunge an der Mündung des Ohio. Charles Dickens hat den Ort in einem seiner wunderbaren Bücher beschrieben – Martin Chuzzlewit. Als Mark Tapley dort lebte, war es ein Wald mit ein paar Blockhütten, und alle Menschen litten an Fieber und

Schüttelfrost. Heute ist es eine Stadt mit mehreren tausend Einwohnern. Im Frühjahr ist die Stadt manchmal überfüllt, und die Menschen befahren die Straßen mit Booten und Flößen. Schweine schauen aus den Zimmerfenstern, und zu solchen Zeiten leben Hunde, Katzen und Hühner auf den Dächern der Häuser.

Sehen wir uns den Ort an, wie er am 1. Februar 1862 aussah. Stellen Sie sich mit mir auf den Deich und blicken Sie den breiten Ohio hinauf – „la belle rivière", wie die Franzosen ihn nannten. Fünfzig bis hundert Dampfschiffe liegen am Ufer, aus deren hohen Schornsteinen dicke schwarze Rauchwolken aufsteigen und Dampfwölkchen in der Luft verschwinden. Darunter sind Kanonenboote – eine Kreuzung zwischen einem schwimmenden Fort, einer Baggermaschine und einem Schlammskow. Die Matrosen, die in stattlichen Schiffen aufs Meer geworfen wurden, nennen sie Schlammtürkise . Auf den Dampfschiffen und am Ufer befinden sich Tausende von Soldaten, die auf die Abfahrt der Expedition warten, die eine Lücke in der Verteidigungslinie der Rebellen schlagen soll. Tausende von Menschen sind fleißig wie Bienen damit beschäftigt, die Dampfschiffe zu be- und entladen und Fässer und Kisten zu rollen.

Als Mark Tapley und Martin Chuzzlewit hier waren, war es schlammig, und es ist auch heute noch schlammig. Es gibt feinen, dünnen, klebrigen, schleimigen, spritzigen, dicken, schweren, schmutzigen Schlamm. Tausende von Männern und Tausende von Maultieren und Pferden treten ihn zu Mörtel. Er ist mit Schlamm aus den Häusern und Stroh aus den Ställen vermischt. Man fühlt sich an den Sumpf der Verzweiflung erinnert, den Bunyan in „Die Pilgerreise" beschreibt – ein Ort für allen Schmutz, alle Sünde und allen Schlamm dieser Welt. Christian steckte dort fest, und Pliable verlor beinahe sein Leben. Wenn Bunyan Kairo gesehen hätte, hätte er das Bild vielleicht noch anschaulicher gestaltet. Es gibt alte Häuser, Hütten, Schuppen, Ställe, Schweineställe, Holzstapel, Karren, Wagen, Fässer, Kisten und alle alten Dinge, die man sich nur vorstellen kann. Schweine leben auf den Straßen, und es gibt unbändige Konflikte zwischen ihnen und den Hunderten von Hunden. Wasserkarren, Karren, Feldwagen und Artillerie versinken bis zu den Füßen im Schlamm. Pferde zerren und strampeln, bäumen sich auf, treten und zappeln. Fuhrleute verlieren den Halt. Soldaten waten bis zu den Beinen durch die Straße. Es gibt zwar Bürgersteige, aber sie sind rutschig, gefährlich und trügerisch.

Es ist Sonntag. In Friedenszeiten ein schöner Ruhetag, aber im Krieg wird der Sabbat nicht besonders beachtet. Es ist Hochwinter, aber ein Südwind weht den Mississippi hinauf, so mild und lau, dass die Blaumeisen und Rotkehlchen draußen sind. Die Dampfschiffe sind voll mit Truppen, die auf den Befehl zum Auslaufen warten, sie wissen nicht wohin. Gruppen stehen auf dem obersten Deck. Einige liegen ausgestreckt im warmen

Sonnenschein. Die Kapellen spielen, die Trommeln schlagen. Schlepper tanzen, keuchen und schnaufen im Strom und huschen von Kanonenboot zu Kanonenboot.

Die Geschäfte sind geöffnet und die Soldaten kaufen Krimskrams – Tabak, Pfeifen, Papier und Stifte, um Briefe an ihre Lieben in der Ferne zu schicken. An einem Lebkuchenstand essen ein halbes Dutzend Soldaten zu Mittag. Die Austernbuden sind überfüllt. Jungen schreien nach ihren Zeitungen. Es gibt lächerliche und feierliche Szenen. Dort drüben ist das Krankenhaus. Eine Reihe Soldaten steht wartend auf der Straße. Ein Sarg wird herausgebracht. Die Querpfeife beginnt ihre traurige Melodie, die Trommel ihren gedämpften Schlag. Die Prozession zieht ab und trägt den toten Soldaten in sein stilles Heim.

Vor ein paar Monaten war er noch Bürger und bewirtschaftete seinen Bauernhof in der Prärie, pflügte, säte und erntete. Doch nun hat ihn der große Schnitter, der Tod, eingeholt. Er hatte nicht daran gedacht, Soldat zu werden; doch er war ein Patriot, und als sein Land ihn rief, eilte er ihm zu Hilfe. Er gab der Krankheit nach, aber nicht dem Feind. Er war weit weg von zu Hause und seinen Freunden, und nur Fremde konnten sich um seine Bedürfnisse kümmern, ihn trösten und ihm von einer besseren Welt als dieser erzählen. Er gab sein Leben seinem Land.

Obwohl die Vorbereitungen für die Abfahrt der Flotte in vollem Gange sind, gibt es einige, die nicht vergessen, dass Sonntag ist, und die Zeit finden, zu beten. Die Kirchenglocken läuten die Stunde. Sie stecken Ihre Hosen in die Stiefel und bahnen sich Ihren Weg durch die rutschigen, schleimigen Straßen. Es gibt ein paar Damen, die sich in zum Gehen geeigneten Stiefeln durch den Schlamm wagen. Stiefel, die seit zwei Wochen nicht geputzt wurden, glänzen noch genauso wie die, die vor einer Stunde geputzt wurden. An der Kirchentür machen Sie es wie alle anderen: Sie nehmen einen Splitter und kratzen den Schlamm ab.

Die Hälfte der Gemeindemitglieder sind Angehörige der Armee und der Marine. Commodore Foote ist dort, ein frommer Gläubiger. Bevor er zur Kirche kam, besuchte er jedes Kanonenboot seiner Flotte, rief die Mannschaften zusammen, las ihnen seine allgemeinen Befehle vor, dass am Sabbat keine unnötige Arbeit verrichtet werden solle, und legte den Kommandanten die Pflicht auf, Gottesdienst zu halten und vor den Männern einen hohen moralischen Charakter zu bewahren.

Nehmen wir am Montag die freundliche Einladung von Commodore Foote an, gehen wir an Bord der Benton, seines Flaggschiffs, und inspizieren wir das seltsam aussehende Schiff. Es ist anders als alles, was Sie jemals in Boston oder New York gesehen haben. Es ist wie eine große Kiste auf einem Floß. Die Seiten sind geneigt, aus kräftigem Eichenholz gefertigt und mit Eisen verkleidet. Sie steigen durch ein Bullauge ein, wo Sie Ihre Hand auf die eisernen Lippen eines großen Geschützes legen können, das eine Kugel von neun Zoll Durchmesser abfeuert. Es gibt vierzehn Geschütze mit kräftigen Eichenlafetten. Die Männer bewegen sich, üben die Geschütze – führen die Bewegungen des Ladens und Abfeuerns aus. Wie sauber der Boden ist! Er ist so weiß, wie Seife und Sand ihn nur machen können. Sie dürfen hier keinen Tabaksaft ausspucken, denn wenn Sie das tun, wird der höfliche Offizier sagen, Sie verstoßen gegen die Regeln. In der Mitte des Bootes, unter dem Geschützdeck im Rumpf, befinden sich die Maschinen und Kessel, teilweise geschützt vor Schüssen, die durch ein Bullauge eindringen oder die Seiten – durch das Eisen und die Eiche – durchschlagen könnten. Nahe der Mitte befindet sich das Steuerrad. Der obere Teil der Kiste oder Kasematte , wie sie genannt wird, besteht aus Eichenholz und bildet das Oberdeck. Das Steuerhaus befindet sich auf diesem Oberdeck, vor der Mitte. Es hat die Form eines nach unten gestülpten Tunnels. Es ist mit dickem Eisen verkleidet. Dort wird in der Stunde des Gefechts der Steuermann sein, der durch schmale Löcher hinausschaut, das Steuerrad mit den Händen umklammert und das Schiff steuert.

Seine Kanonen, die die Seeleute Batterie nennen, sind sehr stark. Es gibt zwei Neun-Zoll-Kanonen und auch zwei gezogene 64-Pfünder am Bug. Am Heck gibt es zwei 42-Pfünder und an der Seite zwei 32- und 24-Pfünder. Es gibt Räume für die Offiziere, aber die Mannschaften schlafen in Hängematten. Sie nehmen ihre Mahlzeiten auf den Lafetten sitzend oder mit gekreuzten Beinen wie Türken auf dem Boden ein.

Kapitän Foote ist der Kommodore der Flotte. Er zeigt Ihnen den *heiligen Ort* des Schiffes, eine abgeschiedene Ecke, wo jeder aus der Mannschaft, der gern in der Bibel liest und heimliche Andacht pflegt, dies tun kann, ohne gestört zu werden. Er hat der Mannschaft eine Bibliothek mit guten Büchern geschenkt und sie davon überzeugt, dass es für sie besser ist, auf ihren Grog zu verzichten, als ihn zu trinken. Er geht unter den Männern umher und hat für alle ein freundliches Wort, und sie betrachten ihn als ihren Vater. Sie vertrauen ihm. Wie freudig jubeln sie ihm zu! Werden sie unter einem solchen Kommandanten nicht tapfer kämpfen?

Am Montagnachmittag, dem 2. Februar, stachen die Kanonenboote Cincinnati, Essex, St. Louis, Carondelet, Lexington, Tyler und Conestoga von Cairo aus in See, begleitet von mehreren Flussdampfern mit zehn Regimentern Truppen. Sie fuhren den Ohio hinauf nach Paducah und erreichten bei Einbruch der Dunkelheit den Tennessee River. Am nächsten Morgen ankerten sie gegen Tagesanbruch einige Meilen unterhalb von Fort Henry. Commodore Foote machte die Cincinnati zu seinem Flaggschiff.

Eine Gruppe von Kundschaftern ging an Land und besuchte ein Bauernhaus. „Ihr werdet Fort Henry nie einnehmen", sagte die Frau, die dort lebte.

„O ja, das werden wir; wir haben eine Flotte gepanzerter Kanonenboote", sagte einer der Späher.

„Ihre Kanonenboote werden in die Luft gesprengt, bevor sie das Fort erreichen."

„Ach, wie das?"

Die Frau merkte, dass sie ein Geheimnis preisgab und verstummte. Die Späher trauten ihr nicht, dass sie etwas wusste, was für sie interessant sein könnte, und teilten ihr mit, dass sie als Gefangene mit ihnen gehen müsse, wenn sie nicht alles verriet, was sie wusste. Sie erschrak und teilte ihnen mit, dass der Fluss voller Torpedos sei, die die Kanonenboote in die Luft jagen würden.

Die Kundschafter meldeten sich bei Kommodore Foote. Der Fluss wurde mit Enterhaken abgesucht und sechs Höllenmaschinen wurden geborgen. Sie waren jedoch mangelhaft konstruiert und keine von ihnen explodierte.

Wenn Sie vom Deck eines der Kanonenboote von Commodore Foote den Fluss hinaufblicken, sehen Sie Panther Island, eine Meile vom Fort entfernt. Es ist eine lange, schmale Sandbank, die mit einem Weidendickicht bedeckt ist. Am Ostufer liegt das Fort. Sie sehen einen unregelmäßigen Erdhaufen, etwa fünfzehn Fuß über dem Fluss, mit Schießscharten für Sandsäcke, die Sie auf den ersten Blick für Steinblöcke halten, aber es sind mit Sand gefüllte Getreidesäcke. Sie zählen die Kanonen, insgesamt siebzehn. Eine 10-Zoll-Columbiade, eine 60-Pfünder-Kanone, zwölf 32-Pfünder-Kanone, eine 24-Pfünder-Kanone und zwei 12-Pfünder-Kanone. Sie sind fast alle schwenkbar, so dass sie flussabwärts auf die Boote oder landeinwärts auf die Truppen gerichtet werden können. Der Fluss ist fast eine halbe Meile breit, und am gegenüberliegenden Ufer liegt ein weiteres Fort, das noch nicht fertiggestellt ist. Rund um Fort Henry sehen Sie Schützengräben und Brustwehren, die zwanzig oder dreißig Morgen umschließen. Oberhalb und unterhalb des Forts verlaufen Bäche. Die hohen Bäume werden gefällt, um den Weg zu versperren oder einen sogenannten *Abatis zu bilden* . Es wird nicht leicht sein, das Fort von der Landseite aus einzunehmen. Innerhalb dieser Verschanzungen befindet sich das Rebellenlager – Blockhütten und Zelte mit Unterkünften für mehrere tausend Mann.

Commodore Foote hat einen Plan, wie er das Fort einnehmen könnte. Er ist überzeugt, dass er die Rebellen genauso niederschießen kann, wie man Ratten aus einem Fass oder einer Kiste verprügeln kann, und wenn General

Grant sich von hinten einschleicht und seine Chance nutzt, werden sie alle gefangen.

General Grant landet zwei Brigaden Truppen auf der Westseite des Flusses und drei Brigaden auf der Ostseite, etwa vier Meilen unterhalb des Forts. Die Brigaden auf der Westseite sollen nach Rebellen Ausschau halten, die sich in oder um das unfertige Fort herum aufhalten, während die Brigaden auf der Ostseite unter General McClernand sich ihren Weg durch die Wälder bahnen, um die Rückseite des Forts zu erreichen. Dies ist der Befehl an General McClernand:

„Die besondere Aufgabe dieses Kommandos besteht darin, jegliche Verstärkung von Fort Henry zu verhindern oder von dort zu entkommen. Außerdem muss es in Bereitschaft gehalten werden, um Fort Henry sofort nach Erhalt eines Befehls anzugreifen und im Sturm einzunehmen.“

General Grant und Commodore Foote waren sich einig, dass die Kanonenboote um zwölf Uhr mit dem Angriff beginnen sollten.

„Ich werde das Fort in etwa einer Stunde einnehmen“, sagte der Kommodore. „Ich werde das Feuer eröffnen, sobald ich die Spitze von Panther Island erreiche, und ich werde etwa eine Stunde brauchen, um das Fort zu erreichen, da ich langsam Dampf ablassen werde. Ich fürchte, General, die Straßen sind so schlecht, dass die Truppen nicht rechtzeitig kommen werden, um den Feind gefangen zu nehmen. Ich werde das Fort einnehmen, bevor Sie in Stellung gehen.“

General Grant war anderer Meinung, doch die Straßen waren sehr schlammig und als das Gefecht begann, waren die Truppen weit von den Orten entfernt, an denen sie hätten sein sollen.

Commodore Foote hatte seine Anweisungen an die Offiziere und Mannschaften der Kanonenboote schon mehrere Tage zuvor vorbereitet. Sie waren kurz und klar.

„Die vier Panzerdampfschiffe – die Essex, Carondelet, St. Louis und Cincinnati – bleiben in Linie. Die Conestoga, Lexington und Tyler folgen den Panzerdampfschiffen und werfen Granaten auf die vorausfahrenden Schiffe.“

Zu den Kommandanten sagte er:

„ Mach es genauso wie ich! “

An die Besatzungen gerichtet sagte er:

„Feuern Sie langsam und gezielt. Es gibt drei Gründe, warum Sie nicht schnell schießen sollten. Beim schnellen Schießen geht immer Munition verloren. Ihre Reichweite ist unzureichend und Ihre Schüsse verfehlen das

Ziel, was den Feind ermutigt. Außerdem ist es wünschenswert, die Waffen nicht zu erhitzen. Wenn Sie langsam und gezielt schießen, bleiben Sie selbst kühl und jeder Schuss trifft."

Mit solchen Anweisungen und allem Drum und Dran – die Decks waren kampfbereit, die Kanonen waren ausgefahren, Schüsse und Granaten waren aus den Magazinen geholt und an Deck gestapelt – wartete er die festgesetzte Stunde ab, voller Vertrauen auf seinen Erfolg und entschlossen, das Fort einzunehmen oder unterzugehen.

Die Kanonenboote fahren langsam gegen die Strömung, damit die Truppen Zeit haben, hinter den Rebellen-Verschanzungen Stellung zu beziehen. Sie nehmen den Kanal auf der Westseite der Insel. Die Essex liegt rechts der Schlachtlinie, der Insel am nächsten. Ihr Kommandant ist William D. Porter, der aus gutem Hause stammt. Sein Vater war es, der die Essex im Krieg mit Großbritannien 1813 kommandierte und im Hafen von Valparaiso tapfer gegen eine überlegene Streitmacht kämpfte – zwei britische Schiffe, die Phebe und die Cherub.

Als nächstes kommt die Essex, die Carondelet, dann die Cincinnati – das Flaggschiff mit dem tapferen Kommodore an Bord – und am nächsten an der Westküste die St. Louis. Sie alle sind am Bug mit Eisenplatten verkleidet. Achtern liegen die Lexington, die Conestoga und die Tyler.

Die Boote erreichen die Spitze der Insel und das Fort ist in voller Sicht. Es ist vierunddreißig Minuten nach zwölf. Es gibt einen Blitz und eine große cremige Rauchwolke am Bug der Cincinnati. Eine 20 cm große Granate pfeift durch die Luft. Die Kanonenschützen beobachten ihren Kurs. Ihre geübten Augen verfolgen ihren fast unsichtbaren Flug. Ihre [Seite 81-2] Uhr tickt fünfzehn Sekunden, bevor Sie etwas davon hören. Sie sehen eine Rauchwolke, eine Sandwolke, die im Fort aufgewirbelt wird, und hören dann die Explosion. Die Kommandeure der anderen Boote erinnern sich an die Anweisungen: „Machen Sie es genau so wie ich!" und von jedem Schiff wird eine Granate abgefeuert. Alle fallen innerhalb des Forts oder im Lager dahinter, das in Sicht ist. Sie können die Zelte, die Blockhütten und den hohen Fahnenmast sehen. Das Fort nimmt die Herausforderung an und sofort sind die zwölf Kanonen in Position, um den Fluss auf die vorrückenden Boote zu säubern. Die Kugeln und Granaten pflügen Furchen in den Strom und schleudern Wassersäulen hoch in die Luft.

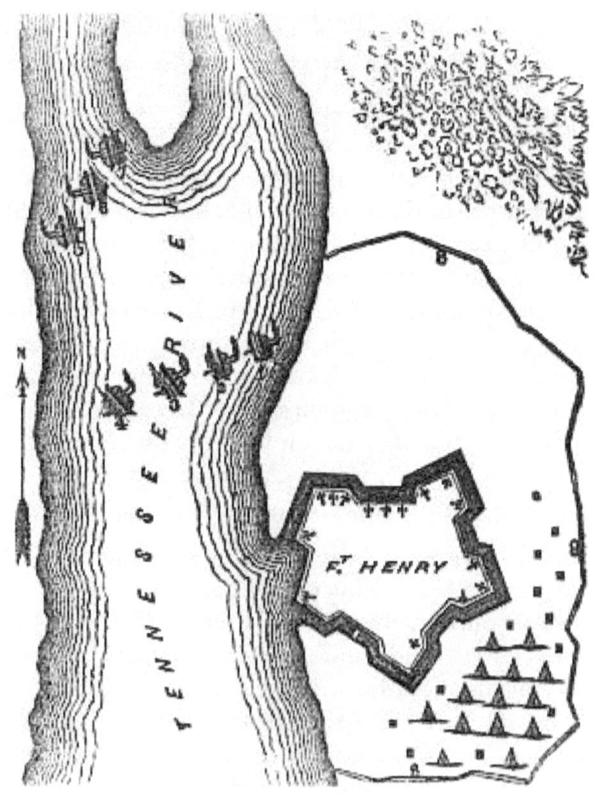

FORT HENRY.

1 Essex.

2 Carondelet.

3 Cincinnati.

4 ^ "St. Louis - Die wunderbare Welt des
   Friedens".

5 Lexington.

6 Conestoga-Schule.

7 , Tyler.

8 und Verschanzung der
9 Rebellen.

Noch eine Salve von der Flotte. Noch eine von der Festung. Die Luft ist ruhig, und der Donner der Kanonade rollt durch das Tal und hallt von Hügel zu Hügel. Das Dröhnen wird lauter, tiefer und schwerer, bis es fast zu einem ununterbrochenen Dröhnen wird.

Im Lager der Rebellen herrscht Aufruhr. Männer rennen hin und her. Sie ducken sich hinter Baumstümpfe und umgestürzte Bäume, um den Schüssen zu entgehen. Ihre Hütten werden von den Granaten in Stücke gerissen. Man sieht, wie die Baumstämme wie Strohhalme in die Luft geschleudert werden. Ihre Zelte werden zu Papierfetzen zerfetzt. Die zischenden Granaten sinken tief in die Erde, und dann gibt es plötzliche Sandaufwirbel mit Rauch und Flammen, als ob Vulkane ausbrechen würden. Die Brustwehr wird durchschnitten. Sandsäcke werden umhergeworfen. Die Luft ist voll von seltsamen, abscheulichen, geheimnisvollen, furchterregenden Geräuschen.

Sieben- oder achttausend Rebellensoldaten stehen in den Schützengräben und hinter den Brustwehren des Lagers in Schlachtordnung. Sie sind außer sich vor Angst. Offiziere und Mannschaften verlieren gleichermaßen jede Selbstbeherrschung. Sie rennen, um dem furchtbaren Sturm zu entkommen. Sie lassen Waffen, Munition, Zelte, Decken, Reisekoffer, Kleider, Bücher, Briefe, Papiere, Bilder – einfach alles zurück. Sie strömen aus den Schützengräben auf die Straße nach Dover, ein bunt gemischter Haufen. In der Bucht oberhalb des Forts liegt ein kleines Dampfschiff. Einige eilen an Bord und dampfen mit höchster Geschwindigkeit den Fluss hinauf. Andere stürzen sich in ihrer Eile und Angst in die Bucht und sinken, um nicht mehr aufzutauchen. Alle fliehen, außer einer tapferen kleinen Gruppe im Fort.

Die Kanonenboote bewegen sich langsam und stetig geradeaus. Ihr Feuer ist regelmäßig und gezielt. Jeder Schuss trifft das Fort. Die Kanonenschützen werden von Sandwolken geblendet und erstickt. Die Lafetten werden zerquetscht, zersplittert und umgeworfen. Männer werden in Stücke geschnitten. Etwas Unsichtbares zerreißt sie wie ein Blitz. Das Fort ist voller Explosionen. Das schwere gezogene Geschütz explodiert und zerquetscht und tötet diejenigen, die ihm dienen. Der Fahnenmast wird zersplittert und zerrissen, als hätte ein heftiger Blitz eingeschlagen.

Doch das Fort antwortet. Die Kanonenschützen haben die Boote im Visier und fast jeder Schuss trifft die Eisenplatten. Sie sind wie Hammerschläge, die die Schoten eindrücken, die Befestigungen lösen und die zähen Bolzen brechen. Die Cincinnati erhält einunddreißig Schüsse, die Essex fünfzehn, die St. Louis sieben und die Carondelet sechs.

Obwohl sie so oft getroffen werden, ziehen sie weiter. Die Distanz wird kleiner. Ein weiteres Geschütz wird aus seiner Lafette im Fort geschlagen, – noch eins, – noch eins. Es gibt Anzeichen dafür, dass der Kampf fast vorbei ist, dass die Rebellen bereit sind, sich zu ergeben. Aber ein Schuss trifft die Essex zwischen den Eisenplatten. Er reißt durch das Eichenholz und trifft einen der Dampfkessel. Eine große Dampfwolke strömt aus den Bullaugen und das Boot wird von einer Wolke umhüllt. Es fällt aus der Schlachtlinie. Seine Motoren versiegen und es treibt mit der Strömung. 28 seiner Besatzungsmitglieder werden verbrüht, darunter sein tapferer Kommandant.

Die Rebellen fassen Mut. Sie greifen nach ihren Kanonen und feuern wild und schnell, in der Hoffnung und Erwartung, den Rest der Flotte außer Gefecht zu setzen. Aber der Kommodore lässt sich nicht beirren; er feuert weiter, als sei nichts geschehen. Eine 80-Pfund-Granate der Cincinnati zerstört ein Kanonengeschütz und tötet oder verwundet alle Kanonenschützen. Die Boote sind so nah, dass jeder Schuss seine Wirkung verfehlt. Das Feuer der Boote nimmt zu, während das Feuer des Forts nachlässt. Gelassenheit, Entschlossenheit, Energie, Ausdauer und Kraft siegen. Die Flagge der Rebellen wird eingeholt und die weiße Flagge gehisst. Sie ergeben sich. Jubel schallt durch die Flotte. Ein Boot legt von der St. Louis ab. Ein Offizier springt an Land, klettert die aufgerissene Böschung hinauf, steht auf der Brustwehr und schwenkt die amerikanische Flagge. „Hurra! Hurra! Hurra!" Man hört es von Ufer zu Ufer hallen.

General Lloyd Tilghman übernahm das Kommando im Fort. Er ging an Bord des Flaggschiffs.

„Welche Bedingungen gewähren Sie mir?", fragte er.

„Ihre Kapitulation muss bedingungslos sein, Sir. Andere Bedingungen kann ich Ihnen nicht einräumen."

„Nun, Sir, wenn ich mich ergeben muss, dann ist es mir ein Vergnügen, mich einem so tapferen Offizier wie Ihnen zu ergeben."

„Sie tun vollkommen richtig daran, sich zu ergeben, Sir. Aber ich hätte es unter keinen Umständen getan."

„Wieso? Ich verstehe dich nicht."

„Weil ich fest entschlossen war, das Fort einzunehmen oder unterzugehen."

„Ich dachte, ich hätte Sie, Commodore, aber Sie waren zu viel für mich."

„Wie konnten Sie gegen die alte Flagge kämpfen, General?"

„Nun, am Anfang war es tatsächlich schwierig, aber wenn der Norden uns einfach in Ruhe gelassen hätte, hätte es keine Probleme gegeben. Sie würden sich nicht an die Verfassung halten."

„Sie irren sich, General, und der ganze Süden irrt sich. Der Norden war immer bereit, dem Süden gemäß der Verfassung alle seine Rechte zu gewähren. Der Süden hat den Krieg begonnen, und er wird für das Blut verantwortlich sein, das heute vergossen wurde."

So wurde innerhalb einer Stunde und zwölf Minuten das Fort, von dem die Rebellen sicher erwartet hatten, es würde die Kanonenboote daran hindern, den Fluss hinaufzufahren, zur Kapitulation gezwungen und es bestand eine ungehinderte Wasserverbindung bis ins Herz der Südstaaten-Konföderation. Ihre Verteidigungslinie war durchbrochen.

Bei diesem Gefecht gab es nur wenige Verluste an Menschenleben – zwanzig bis dreißig Tote und Verwundete auf jeder Seite. Wäre die Rebellenarmee nicht fast beim ersten Feuer geflohen, hätte es ein schreckliches Blutbad gegeben. Als Commodore Foote darüber informiert wurde, dass sich mehrere tausend Soldaten in den Befestigungen befanden, sagte er: „Das tut mir leid, denn wenn sie ihre Stellung halten, werden die schweren Granaten viele Menschenleben kosten; denn ich werde das Fort einnehmen oder mit den Schiffen untergehen."

Wären die Truppen unter General Grant in der Lage gewesen, die Rebellentruppe abzufangen, wäre die gesamte panische Menge gefangen genommen worden, aber die flinken Rebellen wurden durch den Schlamm aufgehalten und waren schon weit auf dem Weg nach Fort Donelson, als General Grant die Rückseite der Schützengräben erreichte. In ihrer Eile und Angst ließen die Rebellen neun Feldartilleriegeschütze und einen großen Vorrat an Munition auf der Straße zurück.

Die Schlacht fand am Donnerstag statt. Am Freitag kehrte Commodore Foote nach Kairo zurück, um seine Depeschen nach Washington zu schicken, seine Kanonenboote zu reparieren und dafür zu sorgen, dass die armen, verbrühten Männer auf der Essex gut versorgt wurden.

Ich schrieb in Kairo den Bericht über die Schlacht. Es war nach Mitternacht, als der Kommodore in mein Zimmer kam. Er setzte sich und erzählte mir, was ich über seinen Schlachtplan und sein Gespräch mit General Tilghman geschrieben hatte. Er konnte nicht still sitzen. Er war müde und erschöpft von seiner Arbeit. „Ich fürchte, Kommodore, Sie haben sich überarbeitet. Sie müssen sich ausruhen und schlafen", bemerkte ich.

„Ja, ich musste ziemlich hart arbeiten und brauche Ruhe, aber ich habe in meinem ganzen Leben nie besser geschlafen als vorgestern Nacht und ich habe nie inbrünstiger gebetet als gestern Morgen, bevor wir in die Schlacht gezogen sind. Aber letzte Nacht konnte ich nicht schlafen, weil ich an die armen Kerle an Bord der Essex denken musste", war die Antwort.

Am Sonntagmorgen war er wie üblich in der Kirche. Der Pfarrer war spät dran. Die Leute dachten, es würde keine Versammlung geben und wollten gerade das Haus verlassen. Commodore Foote ging zu einem der Ältesten der Kirche und drängte ihn, den Gottesdienst zu leiten. Der Älteste lehnte ab. Aber der Commodore ließ nie eine Gelegenheit aus, Gutes zu tun. Er war immer bereit, seinem Land und seinem Gott zu dienen. Er ging auf die Kanzel, las ein Kapitel, sprach ein Gebet und hielt eine kurze Predigt mit den Worten: „Euer Herz werde nicht beunruhigt. Glaubt an Gott, glaubt auch an mich." Es war eine Ermahnung an alle Menschen, an den Herrn Jesus Christus als den Erlöser der Welt zu glauben. Einige, die ihm zuhörten, als sie von der Kirche nach Hause gingen, sagten, dass sie auch an Commodore Foote glaubten!

Ihm gebührt nicht nur das Verdienst, Fort Henry eingenommen zu haben, sondern auch die Expedition geplant zu haben. Wenn die wahre Geschichte dieser Rebellion geschrieben wird, werden Sie sehen, wie wichtig sie war, wie großartig ihre Ergebnisse waren, und Sie werden den unverfälschten Patriotismus und die unerschütterlichen christlichen Prinzipien eines Mannes, der diesen ersten großen Schlag führte und so viel zur Niederschlagung der Rebellion beitrug, immer mehr bewundern.

KAPITEL V.

DIE EINNAHME VON FORT DONELSON.

General Grants Plan zur Einnahme von Fort Donelson sah vor, die erste und zweite Division seiner Armee quer durchs Land zu bewegen und das Fort von hinten anzugreifen, während eine andere Division, begleitet von den Kanonenbooten, den Cumberland hinauffahren und das Fort von dort aus angreifen sollte. Commodore Foote teilte dem General mit, dass die beschädigten Kanonenboote vor Beginn der Operationen repariert werden müssten; doch General Grant beschloss, deshalb keine Verzögerungen zuzulassen. Ohne seine Vorbereitungen vollständig zu perfektionieren oder die Zeit zu berechnen, die die Dampfboote brauchten, um von Fort Henry hinunter zum Ohio und den Cumberland hinauf zu fahren, befahl er den beiden Divisionen zu marschieren. General Lewis Wallace wurde mit einer Brigade in Fort Henry zurückgelassen, während sechs Regimenter seiner Division, der dritten, auf die Dampfboote verfrachtet wurden, die in gutem Stil den Tennessee hinunterfuhren, andere Boote zurückließen und alle den Cumberland hinauffuhren.

Zwischen Fort Henry und Fort Donelson gibt es steile Hügel, sandige Ebenen, tiefe Schluchten, plätschernde Bäche und große alte Waldbäume. Die Straße windet sich an den Hängen entlang, über die Ebenen und führt hinab in die Schluchten. Es gibt nur wenige Bauernhäuser, denn der Boden ist unfruchtbar und die Wälder sind fast so geblieben wie vor Hunderten von Jahren. Die wenigen Bauern, die dort leben, ernähren sich hauptsächlich von Schweinen und Mais. Sie bauen ein paar Morgen Mais an, halten aber sehr viele Schweine, die in den Wäldern leben und sich von Eicheln und Hickorynüssen mästen.

Die Regimenter, die nach Fort Donelson marschierten, biwakierten die erste Nacht neben einem Bach, etwa vier Meilen von Fort Henry entfernt. Sie hatten keine Zelte. Sie waren im Dezember und Januar in den Kasernen in Cairo gewesen, aber jetzt mussten sie auf dem Boden liegen, in ihre Decken gehüllt. Die Nächte waren kalt und der Boden war gefroren. Sie fällten die hohen Bäume und entzündeten große Feuer, die in der frostigen Luft brüllten und knisterten. Sie kratzten die toten Blätter zu Haufen zusammen und machten sich Betten. Sie sahen die Schweine im Wald. Knack! Knack! machten ihre Gewehre, und sie aßen Rippchen und Schweinesteaks — köstliches Essen für hungrige Männer. Der Wald war ganz in Flammen von Hunderten von Feuern. Die Männer erzählten Geschichten, wärmten sich die Zehen, schauten in die glühenden Kohlen, dachten vielleicht an zu Hause, an die Lieben dort, hüllten sich dann in ihre Decken und gingen schlafen. Draußen in Richtung Fort Donelson blieben die Wachposten auf ihren Posten und schauten in die Dunkelheit, um die lange Winternacht über nach dem Feind Ausschau zu halten. Aber es erschienen keine Rebellen. Sie waren in Fort Henry schwer erschrocken. Sie hatten sich jedoch von ihrem Schrecken erholt und waren entschlossen, in Fort Donelson tapfer Widerstand zu leisten. Sie wurden durch eine große Truppe aus General Albert Sidney Johnstons Armee in Bowling Green in Kentucky und aus General Lees Armee in Virginia verstärkt.

Die beiden Divisionen von General Grant, die durch das Land marschierten, zählten etwa fünfzehntausend Mann. Die erste Division bestand aus vier Brigaden: die von Colonel Oglesby, die von Colonel WHL Wallace, die von Colonel McArthur und die von Colonel Morrison. Colonel Oglesby hatte das 8., 18., 29., 30. und 31. Illinois-Regiment. Colonel Wallaces Division bestand aus dem 11., 20., 45. und 48. Illinois-Regiment. In Colonel McArthurs Division befanden sich das 2., 9., 12. und 41. Illinois-Regiment und in Colonel Morrisons Division das 17. und 49. Illinois-Regiment.

Diese Division wurde von den Batterien von Schwartz, Taylor, Dresser und McAllister begleitet.

Die zweite Division bestand aus drei Brigaden. Die erste unter dem Kommando von Colonel Cook bestand aus dem Siebten Illinois-Bataillon, dem Zwölften Iowa-Bataillon, dem Dreizehnten Missouri-Bataillon und dem Zweiundfünfzigsten Indiana-Bataillon.

Oberst Lauman kommandierte die zweite Brigade, die aus dem zweiten, siebten, vierzehnten und achtundzwanzigsten Iowa-Regiment, dem zweiundfünfzigsten Indiana-Regiment und dem Scharfschützen-Regiment von Oberst Birges bestand.

Die dritte Brigade unter dem Kommando von Colonel Morgan L. Smith bestand aus dem 8. Missouri- und dem 11. Indiana-Regiment.

Dieser Division war Major Cavenders Missouri-Artillerieregiment zugeteilt, das aus drei vollen Batterien bestand: denen von Captain Richardson, Captain Stone und Captain Walker.

Das Vierte Illinois-Kavallerieregiment und drei oder vier Kavalleriekompanien wurden auf die Brigaden verteilt.

Die Scharfschützen von Colonel Birges waren ausgesuchte Männer, die in den Wäldern des Westens viele Bären, Hirsche und Wölfe erlegt hatten. Sie konnten zielsicher zielen und ein Eichhörnchen von den Wipfeln der höchsten Bäume herunterholen. Sie trugen graue Filzuniformen mit eng anliegenden Käppchen, Rucksäcke aus Büffelhaut und ein Pulverhorn. Sie waren schnelle Läufer. Jeder Mann trug eine Pfeife. Sie hatten Signale für das Vorrücken oder Zurückweichen oder für das Bewegen nach rechts oder links. Sie glitten durch die Wälder wie schnellfüßige Hirsche oder schlichen so verstohlen wie ein Indianer durch die Schluchten und durch das Dickicht. Sie waren zähe, herzhafte, kühne und mutige Männer. Sie hielten es für keine große Strapaze, den ganzen Tag zu marschieren und sich abends ohne Abendessen neben einen Baumstamm zu legen. Sie wollten keinen besseren Spaß, als durch das Unterholz zu schleichen und die Rebellen zu erlegen, indem sie sich nach einem Schuss sofort auf den Rücken drehten, um ihre Gewehre nachzuladen. Obwohl sie Laumans Brigade zugeteilt waren, wurde von ihnen erwartet, dass sie im Kampf dorthin gingen, wo sie den größten Nutzen bringen konnten.

Wenn Sie den Cumberland River hinauffahren und sich der Stadt Dover nähern, sehen Sie am Westufer einen hohen Hügel. Er ist von einem Erdwall gekrönt, der in vielen Winkeln rund um die Spitze verläuft. Am Fuße des Hügels befinden sich zwei weitere Dämme, fünfzehn oder zwanzig Fuß über dem Wasser. In diesen Anlagen befinden sich siebzehn schwere Kanonen. Zwei von ihnen schießen lange Eisenbolzen mit einem Gewicht von einhundertachtundzwanzig Pfund, aber die meisten Kanonen sind Zweiunddreißigpfünder.

Wenn Sie in die Batterien und in das Fort gehen und Ihren Blick über die Kanonen schweifen lassen, werden Sie sehen, dass sie alle auf ein Kanonenboot im Fluss gerichtet werden können. Sie sind alle direkt flussabwärts gerichtet, und ein einzelnes Boot kann mit konzentriertem Feuer beschossen werden. Der Fluss macht eine Biegung, wenn er sich den Batterien nähert, so dass die Boote auf Bug und Seite ungeschützt liegen.

Eine Meile oberhalb des Forts liegt das kleine Dorf Dover. Hinter dem Dorf mündet ein Bach. Der Wasserstand ist hoch und der Bach ist zu tief, um ihn zu durchqueren.

Auf der Südseite des Hügels, hinter der Festung, zwischen der Festung und dem Dorf, stehen Blockhütten, in denen die Rebellentruppen den Winter über lagerten. Von den Hügeln westlich des Dorfes kommt ein Bach mit klarem Wasser herunter, wo Sie Ihre Feldflasche füllen können.

Wenn man den Hügel zum Fort hinauf und zu seiner nordwestlichen Ecke hinausgeht, sieht man, dass die von den Rebellen errichteten Befestigungen aus drei verschiedenen Teilen bestehen – dem Fort und den Wasserbatterien, einer Reihe von Brustwehren westlich des Dorfes, die Feldwehren genannt werden, und einer Reihe von Schützengräben außerhalb der Feldwehren. Man beginnt an der nordwestlichen Ecke des Forts, blickt nach Südwesten und geht an der Feldwehr entlang, die sich auf der Spitze eines steilen Bergrückens befindet. Der Damm ist etwa vier Fuß hoch. Es gibt sehr viele Ecken mit Schießscharten für Kanonen. Wenn man von diesen Schießscharten nach Westen blickt, sieht man, dass der Boden sehr uneben ist. Es gibt Hügel und Mulden, dichtes Gestrüpp und hohe Bäume. An einigen Stellen wurden die Bäume gefällt, um eine *Abatis* , ein Hindernis, zu bilden, indem die Äste abgehackt und ineinander verhakt wurden.

von Fort Henry nach Dover. Wenn Sie diese überqueren, gehen Sie nicht nach Südwesten, sondern biegen allmählich nach Südosten ab und kommen zu einer anderen Straße, die von Dover nach Südwesten in Richtung Clarksville und Nashville führt. Wenn Sie diese überqueren, kommen Sie zu dem Bach, der knapp oberhalb der Stadt in den Cumberland mündet. Die Entfernung vom Bach zurück zum Fort entlang der Brustwehren beträgt fast drei Kilometer. Wenn Sie noch einmal zum nordwestlichen Winkel des Forts zurückkehren, sehen Sie, dass der Hang des Hügels außerhalb der Festung sehr steil ist. Sie gehen den Hang hinunter und stellen Ihre Füße in die Erde, um nicht kopfüber zu stürzen. Wenn Sie den Grund der Schlucht erreichen, finden Sie kein ebenes Stück Boden, sondern steigen einen weiteren Grat hinauf. Er ist nicht so hoch wie der Grat, den Sie entlanggegangen sind, um sich die Festung anzusehen. Der Hang dieses äußeren Grates verläuft hinunter zu einer Wiese. Die Rebellen haben die hohen Bäume gefällt und eine Reihe von Schützengräben angelegt. Die Stämme werden übereinander gestapelt, so wie der Hinterwäldler einen Holzzaun baut. Zwischen dem obersten und dem darunter liegenden Stamm ist ein Abstand von fünf bis sechs Zoll. Dahinter wird ein Graben ausgehoben und die Erde nach draußen geworfen.

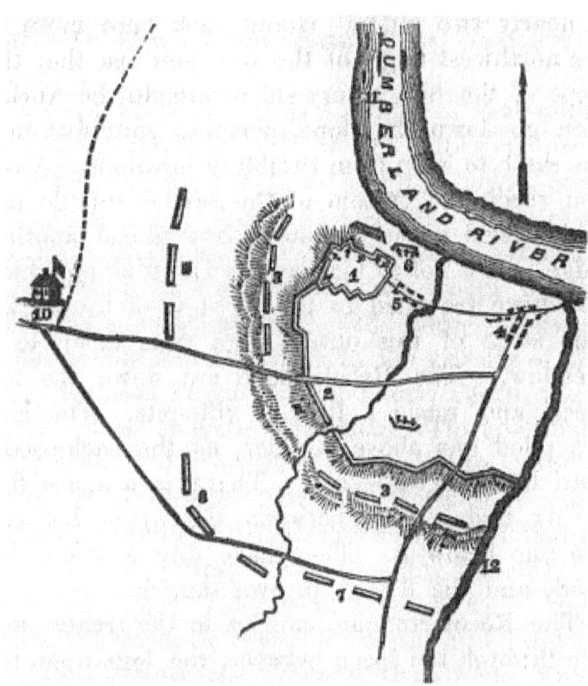

1 Die Festung.	7 Division von General McClernand.
2 Feldarbeiten.	8 Division von General Lewis Wallace.
3 8 Schützengräben.	9 Division von General Smith.
4 Stadt Dover.	10 Hauptquartier von General Grant.
5 Blockhütten.	11 Kanonenboote.
6 Wasserbatterien.	12 Lichtbach.

Die Rebellenschützen können im Graben liegen und durch den Zwischenraum zwischen den Baumstämmen auf die Unionstruppen schießen, wenn diese versuchen, auf die Stellungen vorzurücken. Sie blicken diesen äußeren Abhang hinunter. Er ist zwanzig Ruten tief und mit umgestürzten Bäumen bedeckt. Sie halten es für fast unmöglich, über eine solche Hecke und solche Hindernisse zu klettern. Sie sehen ein gerodetes Feld am Fuße des Hügels und dahinter, an der Straße nach Fort Henry, ein Bauernhaus, das General Grants Hauptquartier ist. Das ganze Land ist in Hügel, Kuppen und Bergrücken unterteilt. Es erinnert Sie an die Wellen, die Sie bei einem Sturm auf dem Meer oder auf den Seen gesehen haben.

General Floyd, der unter Buchanan Kriegsminister war und während seiner Amtszeit alles öffentliche Eigentum stahl, dessen er habhaft werden konnte, befehligte die Rebellentruppen. Er traf am 13. ein. General Pillow und Brigadegeneral Johnson wurden zum Kommandeur der Truppen auf dem linken Flügel der Rebellen westlich der Stadt ernannt. General Buckner befehligte die Truppen in der Nähe des Forts. General Floyd verfügte über das dritte, zehnte, achtzehnte, sechsundzwanzigste, dreißigste, zweiunddreißigste, einundvierzigste, zweiundvierzigste, achtundvierzigste, neunundvierzigste, fünfzigste, einundfünfzigste und dreiundfünfzigste Regiment aus Tennessee, das zweite und achte Kentucky-Regiment, das erste, dritte, vierte, vierzehnte, zwanzigste und sechsundzwanzigste Mississippi-Regiment, das siebte Texas-Regiment, das fünfzehnte und siebenundzwanzigste Alabama-Regiment, das sechsunddreißigste, fünfzigste, einundfünfzigste und sechsundfünfzigste Virginia-Regiment, außerdem zwei Bataillone Infanterie aus Tennessee und eine Kavalleriebrigade. Er verfügte über die Batterien von Murray, Porter, Graves, Maney, Jackson, Guy, Ross und Green, insgesamt etwa 23.000 Mann, mit 48 Feldartilleriegeschützen und siebzehn schweren Geschützen im Fort und den Wasserbatterien.

General Grant wusste nur wenig über das Gelände, die Befestigungen oder die Rebellentruppen, aber er rückte mutig vor.

Am Morgen des 12. verließen die Truppen ihr Biwak, wo sie ihre Rippchen und Steaks genossen hatten, und marschierten in Richtung Fort. Die Kavallerie durchkämmte das Land, ritt durch die Seitenstraßen und Fußwege, erkundete das Gelände und suchte nach Rebellenposten.

Bald nach Mittag kamen sie in Sichtweite der Rebellenlager. Das Gelände wurde gründlich untersucht. Außerhalb der Stellungen wurden keine Rebellen gefunden, aber auf den Hügeln innerhalb der Schützengräben sah man dunkle Massen von Männern, von denen einige eifrig mit Äxten und Schaufeln arbeiteten. Regimenter nahmen Stellung für den erwarteten Angriff, aber es war bereits Abend und die vorrückende Armee ruhte sich für die Nacht aus.

DONNERSTAG.

Die Nacht war kalt gewesen, aber am Morgen des 13. wehte eine Brise aus Südwest, so mild und warm, dass die Frühlingsvögel kamen. Die Soldaten dachten, der Winter sei vorbei. Der Himmel war wolkenlos. Alle Zeichen versprachen einen angenehmen Tag. Die Truppen waren früh wach, schürten die erlöschenden Feuer und bereiteten Frühstück zu. Mit Tagesanbruch begannen die Scharfschützen und Wachposten mit ihrer Arbeit. In den Schluchten knatterte Musketenfeuer.

Noch vor Sonnenaufgang begannen die Rebellenbatterien, Granaten über die Schluchten und Hügel zu schießen und zielten auf die Lagerfeuer von Colonel Oglesbys Brigade. Augenblicklich herrschte im Lager Aufruhr. Die Männer stellten sich mit einem Hurra in Linie auf, die Kanoniere griffen nach ihren Geschützen und warteten alle auf die Befehle.

Der klare, fließende Bach, der zwischen Dover und Fort Donelson ins Cumberland mündet, schlängelt sich durch ein breites Tal. Er teilt die Feldbefestigungen der Rebellen in zwei Teile – die westlich der Stadt und die westlich des Forts. Die Straße von Fort Henry nach Dover durchquert das Tal in südöstlicher Richtung. Wenn Sie in Richtung Stadt gehen, sehen Sie auf der linken Seite auf dem Hügel durch die Zweige der Bäume die Brustwehren der Rebellen und sind fast in Schussweite.

General McClernand bewegte seine Division die Straße nach Dover hinunter, während General Smith gegenüber dem nordwestlichen Winkel des Forts blieb. Oglesbys Brigade war der Vormarsch, gefolgt von fast der gesamten Division. Die Batterien bewegten sich entlang der Straße, aber die Truppen marschierten durch die Wälder westlich der Straße. Die Artillerie bezog etwa eine halbe Meile von den Brustwehren entfernt auf den Hügeln

Stellung und eröffnete das Feuer – Taylor, Schwartz und Dresser westlich der Stadt und Cavender mit seinen schweren Geschützen westlich des Forts.

Die Rebellenbatterien eröffneten ein heftiges Feuer. Ihre Granaten waren ausgezeichnet gezielt. Eine traf Major Cavender fast vor den Füßen, als er gerade ein Gewehr anvisierte, aber das störte ihn nicht. Er zielte bewusst und ließ eine Granate nach der anderen in das Fort sausen. Ein weiterer Schuss fiel direkt hinter seiner Batterie ein. Ein dritter explodierte über ihnen. Ein weiterer traf einen von Captain Richardsons Männern in die Brust, wirbelte ihn in die Luft und tötete ihn auf der Stelle.

Major Cavender bewegte seine Geschütze und erwiderte das Feuer dann mit größerem Eifer. Den ganzen Vormittag hallte das schreckliche Kanonadenfeuer durch die Wälder, vermischt mit dem scharfen Knall der Schützen dicht unter den Brustwehren.

Gegen Mittag begann der Infanteriekampf. Westlich der Stadt hatten die Rebellen zusätzlich zu den Schützengräben und Brustwehren ein kleines Bollwerk errichtet, hinter dem ihre Batterien sicher postiert waren. General McClernand beschloss, es anzugreifen. Er befahl Colonel Wallace, den Angriff zu leiten. Das 48., 17. und 49. Illinois-Regiment wurden von der Hauptstreitmacht abgezogen und als Sturmkommando dem Kommando von Colonel Hayne vom 48. unterstellt. McAllisters Batterie wurde in Stellung gerollt, um den Angriff abzudecken.

Sie formieren sich in Linie am Fuß des Hügels. Die Granaten der Rebellenbatterien krachen zwischen den Bäumen. Die Rebellenschützen halten aus dem Dickicht ein knatterndes Feuer aufrecht. Die Truppen kommen gerade aus der Prärie. Dies ist ihre erste Schlacht, aber auf ein Kommando rücken sie über die dazwischenliegenden Senken vor und erklimmen die Höhe, den Flammenwänden gegenüber, die aus den Stellungen der Rebellen schlagen. Sie feuern, während sie vorrücken. Es ist kein Ansturm und kein Hurra, sondern eine stetige Bewegung. Männer beginnen, aus der Linie zu weichen, aber sie wanken nicht. Sie, die noch nie zuvor den Lärm der Schlacht gehört haben, stehen wie Veteranen. Die Rebellenlinie vor ihnen reicht weiter als ihre eigene. Das 45. Illinois-Regiment kommt Wallace zu Hilfe. Die Rebellen schicken Verstärkungen nach vorn. Es erklingt ununterbrochenes Musketenfeuer und schnelle Kanonenschüsse. Die angreifende Truppe rückt immer näher und näher, dicht an die Stellungen heran. Ihre Tapferkeit lässt sie nicht im Stich; ihr Mut schwankt nicht; aber sie stoßen auf ein unpassierbares Hindernis – umgestürzte Bäume, Gestrüpphaufen und Reihen scharfer Pfähle. Taylors Batterie galoppiert die Straße hinauf und eröffnet ein Schnellfeuer, aber die Scharfschützen der Rebellen erledigen seine Kanonenschützen. Es wäre Wahnsinn, zu bleiben, und die Truppe zieht sich aus der Reichweite der

Musketen der Rebellen zurück; aber sie sind nicht entmutigt. Sie haben kaum begonnen zu kämpfen.

Man ruft nach den Scharfschützen von Colonel Birges. Sie bewegen sich durch das Gebüsch und schleichen sich vor die Rebellenlinien. Aus ihren Gewehren schießen Flammen und blaue Rauchschwaden. Die Rebellenposten werden zurückgedrängt. Die Scharfschützen arbeiten sich noch näher an die Schützengräben heran. Das Gebüsch brennt. Aus den Höhlen, von Baumstümpfen und von den Wurzeln der Bäume steigen geheimnisvolle Rauchwolken auf. Die Kanonenschützen der Rebellen sind gezwungen, ihre Gewehre schweigen zu lassen, und die Infanterie wagt es nicht, ihre Köpfe über die Brustwehren zu strecken. Sie bleiben dicht aneinander. Ein Rebellensoldat hebt seinen Schlapphut auf seinem Ladestock. Birges' Männer sehen ihn, gleich hinter der Brustwehr. Zack! Der Hut verschwindet. Die Rebellen kichern, weil sie den Yankee überlistet haben.

„Warum kommt ihr nicht aus eurer alten Festung heraus?", ruft ein Scharfschütze, der dicht hinter einem Baum liegt.

„Warum kommst du nicht rein?", ist die Antwort von der Brustwehr.

„Oh, ihr seid Feiglinge!", sagt die Stimme am Baumstumpf.

„Wann nehmen Sie das Fort ein?", lautet die Antwort von der Brustwehr.

Das Kanonenfeuer dauerte bis in die Nacht. Die Unionsarmee hatte nichts gewonnen, aber viel verloren. Dutzende von Männern lagen in den Dickichten, wo sie gefallen waren. Hunderte waren in den Krankenhäusern. Die Kanonenboote und die erwarteten Verstärkungen waren nicht eingetroffen. Die Rebellen waren General Grants Truppen um mehrere Tausend Mann überlegen, aber glücklicherweise wussten sie das nicht. General Grants Vorräte waren fast aufgebraucht. Es gab kein Fleisch, nichts als hartes Brot. Der Südwind des Morgens hatte auf Ost gedreht. Er war damals mild, aber jetzt durchdringend. Der Himmel, so golden im Morgengrauen, war dunkel und düster, und Wolken zogen von Osten herauf. Es begann zu regnen. Die Straßen waren matschig, die toten Blätter glitschig. Die Männer hatten ihre Mäntel und Decken weggeworfen. Sie hatten keinen Unterschlupf, keinen Schutz. Sie waren müde und erschöpft vom Kampf. Sie waren kalt, nass und hungrig. Der Regen nahm zu. Der Wind blies heftiger. Er heulte durch den Wald. Der Regen verwandelte sich in Hagel. Die Männer legten sich auf gefrorene Betten und wurden mit eisigen Laken zugedeckt. Es wurde kälter. Der Hagel wurde zu Schnee. Der Wind steigerte sich zu einem Sturm und wirbelte den Schnee in Verwehungen. Die Soldaten kauerten sich hinter den Baumstümpfen und umgestürzten Bäumen zusammen. Sie machten große Feuer. Sie gingen, rannten, stampften mit den

Füßen auf den gefrorenen Boden, schlugen mit den Fingern, bis das Blut unter ihren Nägeln hervorzuquellen schien. Das Thermometer sank fast auf Null. Es war eine Nacht des Grauens, nicht nur außerhalb, sondern auch innerhalb der Rebellenlinien. Die Soldaten der Südstaaten wurden in den Schützengräben, Schützengräben und Gräben zurückgehalten, um bereit zu sein, einen Angriff abzuwehren. Sie konnten keine großen, lodernden Feuer unterhalten, aus Angst, einen Nachtangriff herauszufordern. Während der langen Stunden hielten die Soldaten beider Armeen ihre Stellungen und waren der Wut des Wintersturms ausgesetzt, nicht nur dem schwersten Sturm der Saison, sondern auch dem wildesten und kältesten, den dieser Teil des Landes seit vielen Jahren erlebt hatte.

FREITAG.

Der Freitagmorgen brach an, und mit den ersten Sonnenstrahlen knallten die Gewehrschüsse in der frostigen Luft. Die Scharfschützen, obwohl sie eine schlaflose Nacht verbracht hatten, lagen noch immer an ihren Plätzen hinter Felsen, Baumstümpfen und Bäumen. Keine der beiden Armeen war bereit, den Kampf wieder aufzunehmen. General Grant hatte keine Vorräte mehr. Die Transportschiffe mit Vorräten und Verstärkung waren noch nicht eingetroffen. Nur ein Kanonenboot, die Carondelet, war gekommen.

Es war eine kritische Stunde. Was, wenn die Rebellen mit ihrer Übermacht aus ihren Verschanzungen ausrücken und angreifen würden? Wie lange konnten die halb erfrorenen, erschöpften, hungrigen Männer ihre Stellung halten? Wo waren die Kanonenboote? Wo die Transporter? Wo die Verstärkungen? Über den Bäumen des Waldes stiegen keine dunklen Rauchsäulen auf, die die Annäherung der verspäteten Flotte anzeigten.

General Grant wurde unruhig. General Wallace in Fort Henry erhielt den Befehl, sich mit seinen Truppen zu beeilen. An einen Abbruch des Vorhabens war nicht zu denken.

„Wir sind hierhergekommen, um das Fort einzunehmen, und das haben wir auch vor", sagte Colonel Oglesby.

Ein Kurier kam durch die Wälder gerannt. Er hatte drei Meilen flussabwärts Wache gehalten und nach den Kanonenbooten Ausschau gehalten. In der Ferne hatte er eine dichte schwarze Rauchwolke erspäht und war mit der willkommenen Nachricht aufgebrochen. Sie kamen. Die Carondelet, die ruhig im Fluss unterhalb des Forts gelegen hatte, dampfte gegen die Strömung und warf eine Granate in Richtung der Rebellen. Das tiefe Dröhnen der Columbiad hallte über die Hügel von Tennessee. Die Truppen antworteten mit einem Jubelschrei aus den Tiefen des Waldes. Sie konnten die schwarzen Rauchfahnen sehen, die vom Dampfer heraufzogen. Sie wurden unbeschwert. Die Verwundeten, die in den Krankenhäusern lagen, steif, wund, verstümmelt, ihre Wunden unverbunden, unterkühlt, gefroren, mit Eis und Schnee bedeckt, vergaßen ihre Leiden. So brannte das Feuer des Patriotismus in ihren Herzen, das durch Leiden, die schlimmer waren als der Tod selbst, nicht gelöscht werden konnte.

Die Vorräte, Truppen und Artillerie wurden auf einer Farm drei Meilen unterhalb des Forts abgeladen. Eine Straße wurde durch den Wald geschlagen und die Kommunikation mit der Armee aufgenommen.

Unter General Lewis Wallace wurde eine Division aufgestellt. Colonel Cruft kommandierte die erste Brigade, die aus dem 31. und 44. Indiana-Regiment sowie dem 17. und 25. Kentucky-Regiment bestand.

Die zweite Brigade bestand aus dem 46., 57. und 58. Illinois-Regiment. Sie hatte keinen Brigadekommandeur und war mit der dritten Brigade unter dem Kommando von Colonel Thayer vereinigt. Die dritte Brigade bestand aus dem 1. Nebraska-Regiment sowie dem 16., 58. und 68. Ohio-Regiment. Während des Kampfes trafen mehrere andere Regimenter ein, die jedoch in Reserve gehalten wurden und kaum oder gar nicht an den Gefechten teilnahmen.

Wallaces Division wurde zwischen der Division von General Smith und der von General McClernand in der Nähe von General Grants Hauptquartier an der Straße von Fort Henry nach Dover stationiert. Es dauerte den ganzen Tag, die Truppen in Position zu bringen und Nahrung und Munition zu verteilen, und es kam zu keinen Kämpfen, außer durch Plänkler und Scharfschützen.

Um drei Uhr nachmittags fuhren die Kanonenboote langsam flussaufwärts, um die Wasserbatterien anzugreifen. Commodore Foote wiederholte den Kommandeuren und Mannschaften die Anweisungen, die er vor dem Angriff auf Fort Henry gegeben hatte: langsam schießen, gezielt zielen und einen kühlen Kopf bewahren.

Die mit Eisenplatten bewehrten Boote Pittsburg, St. Louis, Louisville und Carondelet waren die Vorhut, gefolgt von den drei Holzbooten Tyler, Lexington und Conestoga. Eine Flussbiegung setzte die Kanonenboote einem heftigen Feuer der Batterien aus, während Commodore Foote nur die Bugkanonen als Antwort einsetzen konnte. Das Fort auf dem Hügel lag so hoch über den Booten, dass die Mündungen der Kanonen nicht weit genug angehoben werden konnten, um es zu treffen. Commodore Foote wies die Boote an, die Wasserbatterien anzugreifen und den Kanonen des Forts keine Beachtung zu schenken, bis die Batterien zum Schweigen gebracht waren; dann würde er an ihnen vorbeidampfen und das Fort mit Breitseiten beschießen.

Sobald die Kanonenboote die Landspitze anderthalb Meilen unterhalb des Forts umrundet hatten, eröffneten die Rebellen das Feuer, und die Boote antworteten. Es gab ausgezeichnetes Artilleriefeuer. Die Geschosse des Forts und der Batterien trafen den Bug der Boote oder streiften ihre Seiten, während die Granaten der Boote prall in die Batterien fielen, die Böschungen zerschnitten oder tief in die Seite des Hügels einsanken und mit gewaltigen Explosionen explodierten, wobei die Erde auf die Kanonenschützen in den Schützengräben geschleudert wurde. Die Boote bewegten sich stetig vorwärts und feuerten all ihre Granaten auf die unteren Stellungen ab. Es war ein anhaltender Sturm – ein ununterbrochenes Donnergrollen. In den Schützengräben der Rebellen gab es ständig Explosionen. Die Luft war erfüllt von Eisenstücken der explodierenden Granaten und Klumpen gefrorener Erde, die von den Vollgeschossen hochgeschleudert wurden. Die Rebellen flohen in Verwirrung von der Vier-Kanonen-Batterie und rannten den Hügel hinauf zu den darüber liegenden Schützengräben.

Der Kampf hatte eine Stunde gedauert, und die Boote befanden sich 150 Meter von den Batterien entfernt; noch 15 Minuten und der Kommodore würde auf gleicher Höhe mit ihnen sein und sie mit seinen gewaltigen Breitseiten von unten bis oben durchlöchern. Aber er hatte die Flussbiegung erreicht; die Batterie mit acht Kanonen konnte ihn quer durchschneiden, während die Kanonen auf der Hügelkuppe seine Decks mit Steilschüssen beschießen konnten. Die Rebellen erkannten ihren Vorteil und setzten ihre Kanonen mit aller Kraft ein. Die Boote waren so nah, dass jeder Schuss der Rebellen sein Ziel traf. Ein Volltreffer zerschnitt die Ruderketten der Carondelet, und sie wurde unkontrollierbar. Die 32-Pfund-Kugeln gingen durch die Eichenseiten der Boote, wie man Erbsen durch nasses Papier werfen kann. Ein weiterer Schuss zersplitterte das Ruder der Pittsburg, und auch dieses Boot wurde unkontrollierbar. Ein dritter Schuss durchschlug das Ruderhaus der St. Louis und tötete den Piloten auf der Stelle. Der Kommodore stand an seiner Seite und war mit dem Blut des tapferen, unglücklichen Mannes besprenkelt. Der Schuss zerbrach das Steuerrad und riss ein Stück Holz um, das den Kommodore am Fuß verwundete. Er sprang aufs Deck, humpelte zu einem anderen Steuerapparat und versuchte mit seinen eigenen Händen, das Schiff auf Kurs zu halten; aber auch dieser Apparat war weggeschossen worden. Einundsechzig Schüsse hatten die St. Louis getroffen; einige waren vom Bug bis zum Heck durchgedrungen. Die Louisville hatte fünfunddreißig Schüsse abbekommen. Sechsundzwanzig waren in die Carondelet gekracht und durch sie hindurchgekracht. Eine ihrer Kanonen war explodiert und hatte sechs Besatzungsmitglieder getötet und verwundet. Die Pittsburg war einundzwanzig Mal getroffen worden. Alle mit Eisenplatten bespannten Boote außer der Louisville waren nicht mehr zu steuern. Im allerletzten Moment – als die Schwierigkeiten fast überwunden waren – war der Kommodore gezwungen, das Signal zum Rückzug zu hissen.

Zehn Minuten mehr, also fünfhundert Fuß mehr, und die Schützengräben der Rebellen wären von rechts nach links über ihre gesamte Länge hinweggefegt worden. Als die Boote begannen, den Fluss hinabzutreiben, rannten sie aus den Schützengräben und ließen ihre Waffen zurück, um dem furchtbaren Sturm aus Kartätschen und Kanistern zu entgehen, von dem sie wussten, dass er sie bald überrollen würde. Bei diesem Angriff wurden 54 Menschen getötet und verwundet.

Nachts saß Commodore Foote in der Kajüte der St. Louis und schrieb einen Brief an einen Freund. Seine Wunde schmerzte, aber er dachte nicht an seine eigenen Leiden. Er fragte häufig, wie es den Verwundeten ging, und wies die Ärzte an, alles Mögliche zu tun, um ihnen zu helfen. Dies schrieb er an seinen Freund:

„Obwohl ich hoffe, mich immer auf den zu verlassen, der alles kontrolliert, und aus tiefstem Herzen zu sagen: ‚Nicht uns, sondern Dir, oh Herr, gebührt die Herrlichkeit‘, bin ich dennoch traurig über das Ergebnis unseres Angriffs auf Fort Donelson. Zu sehen, wie tapfere Offiziere und Männer, die sagen, sie würden gehen, wohin ich sie führe, an meiner Seite fallen, macht mich traurig, sie in den fast sicheren Tod zu führen.“

So verging der Freitag. Die Kanonenboote waren außer Gefecht gesetzt. Das Fort war nicht unter Beschuss geraten. General Grant beschloss, seine Armee auf den Hügeln rund um das Fort in Stellung zu bringen, Schützengräben zu errichten und abzuwarten, bis die Kanonenboote repariert waren. Dann sollte ein gemeinsamer Angriff zu Wasser und zu Land erfolgen, von dem er hoffte, dass er das Fort unter Kontrolle bringen würde.

Am Freitagabend fand in General Floyds Hauptquartier in der Stadt ein Kriegsrat statt. General Buckner, General Johnson, General Pillow, Colonel Baldwin, Colonel Wharton und andere Brigadekommandeure waren anwesend. General Floyd sagte, er sei überzeugt, dass General Grant den Angriff nicht erneuern werde, bis die Kanonenboote repariert seien und er Verstärkung erhalten habe. Er dachte, dass die gesamte verfügbare Streitmacht der Unionstruppen mit Dampfschiffen aus St. Louis, Cincinnati und Cairo herbeigeschafft würde; und dass bei ihrer Ankunft eine Division den Fluss hinauf nach Clarksville oberhalb von Dover marschieren würde und dass sie im Fort ausgehungert und gezwungen würden, sich ohne Kampf zu ergeben. Das war eine sehr gute und richtige Argumentation von General Floyd, der nicht daran interessiert war, gefangen genommen zu werden, nachdem er so viel öffentliches Eigentum gestohlen hatte. Es war genau das, was General Grant vorhatte. Er wusste, dass das Fort auf diese Weise zur Kapitulation gezwungen wäre und er das Leben seiner Männer retten würde.

General Floyd hatte vor, General Grant am Samstagmorgen bei Tagesanbruch anzugreifen, indem er die Hälfte der Rebellenarmee unter

Pillow und Johnson auf McClernands Division losließ. Er war ziemlich sicher, dass er McClernand zurück zu General Wallace treiben konnte, indem er den Angriff mit überwältigender Kraft durchführte. General Buckner sollte gleichzeitig mit der anderen Hälfte der Armee aus der nordwestlichen Ecke des Forts vorstoßen, General Wallace angreifen und ihn zurück zu General McClernand drängen, was die Unionstruppen in Verwirrung stürzen würde. Durch die Annahme dieses Plans hoffte er, einen Sieg zu erringen, oder wenn nicht, könnte er der gesamten Armee einen Fluchtweg eröffnen. Die anderen Offiziere stimmten dem Plan zu und es wurden Vorbereitungen für den Angriff getroffen. Die Soldaten erhielten zusätzliche Rationen und eine große Menge Munition. Die Artilleriewagen wurden aufgefüllt und die Regimenter in Position gebracht, um am frühen Morgen loszuziehen.

SAMSTAG.

General BR Johnson führte die Rebellenkolonne an, und Colonel Baldwins Brigade führte den Vormarsch an. Sie bestand aus dem Ersten und Vierzehnten Mississippi-Regiment und dem Sechsundzwanzigsten Tennessee-Regiment. Die nächste Brigade war die von Colonel Wharton. Sie bestand aus dem Fünfzigsten und Einundfünfzigsten Virginia-Regiment. McCouslands Brigade bestand aus dem Sechsunddreißigsten und Sechsundfünfzigsten Virginia-Regiment; Davidsons Brigade bestand aus dem Siebten Texas-Regiment, dem Achten Kentucky-Regiment und dem Dritten Mississippi-Regiment; Colonel Drakes Brigade bestand aus dem Vierten und Zwanzigsten Mississippi-Regiment, Garvens Schützenbataillon, dem Fünfzehnten Arkansas-Regiment und einem Tennessee-Regiment. Hiemans Brigade bestand aus dem Zehnten, Dreißigsten und Achtundvierzigsten Tennessee-Regiment und dem Siebenundzwanzigsten Alabama-Regiment. Diese Kolonne bestand aus etwa dreißig Artilleriegeschützen und zwölftausend Mann.

McArthurs Brigade von McClernands Division befand sich ganz rechts und ein kurzes Stück hinter Oglesby. Die Rebellen marschierten die Union Ferry Road entlang, die südwestlich nach Clarksville führt, was sie fast südlich von Oglesby und McArthur brachte. Oglesbys Regimenter standen, das Achte Illinois auf der rechten Seite, dann das Neunundzwanzigste, Dreißigste und Einunddreißigste, nach links gezählt. Schwartz' Batterie befand sich auf der rechten und Dressers auf der linken Seite. Wallaces Brigade wurde mit dem Einunddreißigsten Illinois auf der rechten Seite gebildet, nahe Oglesbys linkem Flankenregiment, dann das Zwanzigste, Achtundvierzigste, Fünfundvierzigste, Neunundvierzigste und Siebzehnte Illinois. McAllisters Batterie befand sich zwischen der Elften und Zwanzigsten und Taylors zwischen der Siebzehnten und Neunundvierzigsten. Colonel Dickeys Kavallerie war im Rücken, seine Pferde waren im Wald angebunden und fraßen Mais. Nördlich der Straße nach Fort Henry befand sich Colonel

Crufts Brigade der Division von General Lewis Wallace, wobei das 25. Kentucky-Regiment die rechte Seite hatte, dann das 31. Indiana-Regiment, das 17. Kentucky-Regiment, das 44. Indiana-Regiment mit Woods Batterie.

Dies sind alle Regimenter, die an dem schrecklichen Kampf am Samstagvormittag teilnahmen. Sie waren auf den Angriff nicht vorbereitet. Die Soldaten waren noch nicht aus ihren schneebedeckten Betten aufgestanden. Der Weckruf ertönte gerade, als im Dickicht ganz rechts das scharfe Knallen der Gewehre zu hören war. Dann eröffnete die Artillerie das Feuer. Schwartz', Dressers, McAllisters und Taylors Männer sprangen von ihren Decken zu ihren Gewehren. Es war kaum hell genug, um den Feind zu sehen. Sie konnten nur die Mündungsfeuer der Gewehre und die Rauchschwaden durch die Zweige der Bäume erkennen; aber sie zielten auf die Mündungsfeuer und jagten ihre Granaten auf die vorrückenden Kolonnen.

Die Rebellenbatterien antworteten und der wilde Aufruhr des schrecklichen Tages begann.

Anstatt nach Westen zu ziehen, direkt auf die Front von Oglesby, McArthur und Wallace zu, marschierte die Rebellenkolonne unter Pillow eine halbe Meile die Union Ferry Road entlang Richtung Süden und bog dann abrupt nach Nordwesten ab. Auf dem beigefügten Diagramm sehen Sie, wie die Truppen zu Beginn der Schlacht standen. Da ist McArthurs Brigade mit Schwartz' Batterie, Oglesbys Brigade mit Dressers Batterie, Wallaces Brigade mit McAllisters und Taylors Batterien – alle der Stadt zugewandt. Auf der anderen Seite des Bachs, auf der Nordseite der Schlucht, ist Crufts Brigade. Sie sehen Pillows Brigaden auf McArthur und Oglesby zusteuern, und auf der anderen Seite der Fort Henry Road, von den Brustwehren herunterkommend, sind General Buckners Brigaden.

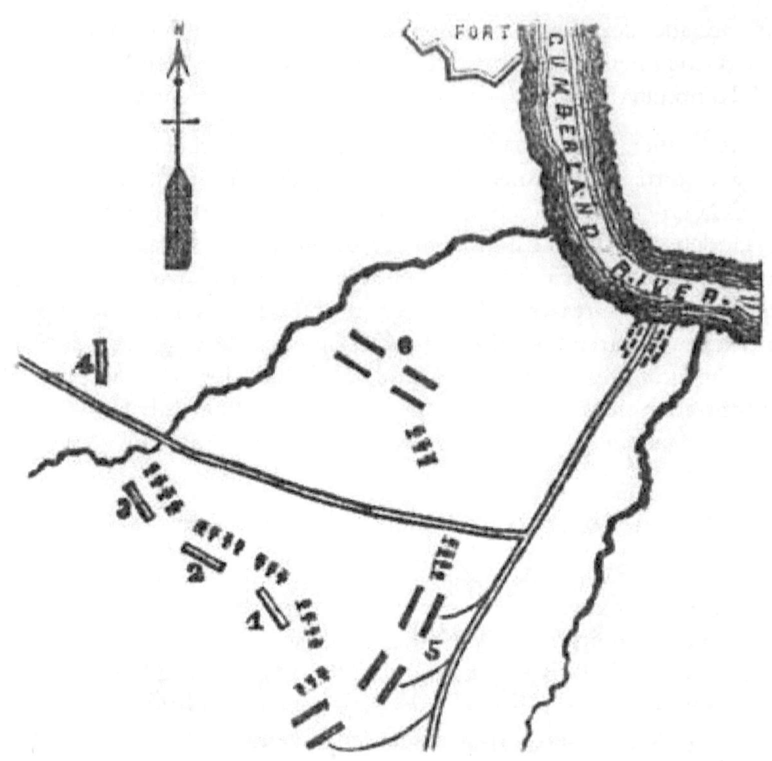

Der Angriff auf McClernand.

1	McArthurs Brigade.	4	Crufts Brigade.
2	Oglesbys Brigade.	5	Pillows Abteilungen.
3	WHL Wallaces Brigade.	6	Buckners Abteilungen.

Schwartz, Dresser und McAllister richten ihre Gewehre auf Pillows Kolonne. Die Rebellen eröffnen das Feuer mit einer Musketensalve. Das Feuer richtet sich gegen das 8. und 29. Illinois-Regiment, die, wie Sie sich erinnern, rechts von Oglesbys Brigade stehen. Die Männer sind unterkühlt. Sie sind aus ihren eisigen Betten gesprungen, um ihre Plätze in den Reihen einzunehmen. Sie haben nur wenig Munition und sind auf den Angriff nicht vorbereitet, aber sie sind nicht die Männer, die beim ersten Feuer davonlaufen. Das Musketenfeuer der Rebellen beginnt ihre Reihen zu lichten, aber sie zucken nicht zurück. Sie feuern ihre Salven direkt ins Gesicht des Feindes.

Eine weitere Rebellenbrigade trifft ein und feuert auf das 30. und 31. Illinois-Regiment – die beiden Regimenter links von Oglesbys Brigade. Das 31. wird von Colonel John A. Logan kommandiert. Als die Südstaatenverschwörer im

Kongress im Begriff waren, aus der Union auszutreten, sagte er ihnen, dass die Männer aus dem Nordwesten sich mit ihren Schwertern ihren Weg zum Golf von Mexiko bahnen würden, wenn sie versuchten, den Mississippi zu schließen. Er ist nicht gewillt, sein Terrain aufzugeben. Er macht seinen Männern Mut und sie bleiben gegenüber den Rebellenbrigaden unbeweglich. Anstatt zurückzuweichen, lenkt er sein Regiment in Richtung der Rebellen und stellt sich ihnen entgegen.

Doch während dies geschieht, hat sich die Kavallerie der Rebellen hinter McArthur gestellt. Sie stürmen eine Schlucht hinunter, durch das Gebüsch, über umgestürzte Bäume und stürmen den Hügel hinauf auf das 9. und 18. Regiment von McArthurs Brigade. Sie werden in Verwirrung zurückgeschickt, doch der Angriff war so heftig und der Angriff so weit hinten, dass McArthur gezwungen ist, zurückzuweichen und eine neue Linie zu bilden. Die Rebellen haben begonnen, die Tür zu öffnen, die General Grant vor ihnen geschlossen hatte. Die Brigaden vor Oglesby feuern mörderische Salven auf das 8. und 29. Regiment ab. McArthurs Zurückweichen, um dem Angriff in seinem Rücken entgegenzutreten, hat es dem Feind ermöglicht, hinter diese Regimenter zu gelangen, und auch sie sind gezwungen, zurückzuweichen.

Die Rebellen an der Front sind begeistert. Sie kommen näher und arbeiten sich entlang einer Schlucht vor, die von einem Hügelkamm geschützt wird. Sie laden ihre Musketen, stürmen auf den Hügelkamm, schießen und treten zurück, um nachzuladen. Doch so oft sie auftauchen, werden sie von McAllister, Dresser und Taylor mit Kartätschen und Kartätschen beschossen.

Das Elfte und Zwanzigste Illinois-Geschwader rechts von Wallaces Brigade greifen in den Kampf ein und unterstützen den tapferen Logan. Colonel Wallace schwenkt das 48., 45. und die Hälfte des 49. Geschwaders in Richtung Pillows Brigaden, während die andere Hälfte des 49. und des 17. Geschwaders die Linie in Richtung Fort Henry Road halten muss. Wenn Sie das Diagramm genau studieren, werden Sie erkennen, dass es sich bei diesem Manöver um einen Frontwechsel handelte. Zu Beginn war die Schlachtlinie nach Nordosten ausgerichtet, jetzt jedoch nach Süden.

Zwischen Wallaces Brigade und den Rebellen liegt ein Höhenrücken. So oft die Rebellen auf diesen Höhenrücken vorrücken, werden sie von Taylor und McAllister mit der Infanterie zurückgedrängt. Es ist ein erbitterter und blutiger Kampf. Der Schnee wird purpurrot. Wo die tapferen Männer auf dem Boden liegen, bilden sich Pfützen geronnenen Blutes. Es kommt zu Bajonettangriffen und erbitterten Nahkämpfen. Die Rebellen stürmen auf McAllisters Kanonen zu, werden aber zurückgeschlagen. Die Linien wogen hin und her wie die Wellen des Meeres. Sterbende und Tote werden von den Füßen der kämpfenden Heerscharen zertrampelt.

Wallace hört scharfes Feuer in seinem Rücken. Die Rebellen sind erneut nach Westen vorgerückt und rücken erneut auf die rechte Flanke der neuen Kampflinie vor. McClernand sieht, dass er gegen eine Übermacht antritt, und schickt eilig einen Boten zu General Lewis Wallace, der ihm Crufts Brigade zur Hilfe schickt. Die Brigade rennt die Straße hinunter. Die Soldaten rufen Hurra. Sie passieren Taylors Batterie und drängen nach rechts, um Oglesby und McArthur zu helfen.

Die Rebellen haben diese Brigaden vertrieben. Die Männer eilen mit traurigen Geschichten nach hinten. Einige von ihnen stürmen durch Crufts Brigade. Cruft begegnet den vorrückenden Rebellen Auge in Auge. Der Kampflärm hat für einen Moment nachgelassen, aber jetzt rollt er wieder lauter als zuvor. Die Rebellen stürmen weiter, aber es ist, als würden Wellen gegen einen Felsen schlagen. Crufts Männer bleiben ungerührt, obwohl die Rebellen vorrücken, bis sie nur noch sechs Meter von der Linie entfernt sind. Es gibt ohrenbetäubende Salven. Der Rauch aus den gegnerischen Linien wird zu einer einzigen Wolke. Die Rebellen werden auf der rechten Seite durch ihre Entschlossenheit und Ausdauer in Schach gehalten.

Aber gerade in diesem Moment kommen General Buckners Brigaden aus ihren Schützengräben. Sie ziehen an ihren Schützengräben am Fuße des Hügels vorbei und marschieren schnell zur Straße nach Dover hinunter. Colonel Wallace sieht sie. In wenigen Minuten werden sie ihre Salven in die Rücken seiner Männer abfeuern. Sie erinnern sich, dass das Siebzehnte und ein Teil des 49. Illinois-Regiments in der Nähe der Straße stehen geblieben sind. Jetzt hören Sie ihre Musketen. Sie halten ihre Stellung und begegnen dem Angriff mannhaft. Zwei Kanonen von Taylors Batterie, die nach Süden gedonnert sind, wenden nach Nordosten und fegen die Rebellen mit Kartätschen und Kartätschen nieder.

Drei Viertel der Rebellenarmee drängen auf McClernands einzige Division. Seine Truppen verschwinden. Hunderte werden getötet und verwundet. Männer, die die Verwundeten nach hinten tragen, kehren nicht zurück. Die Rebellen erkennen ihren Vorteil und stürmen auf Schwartz' und McAllisters Batterien zu, werden aber zurückgeschlagen. Verstärkt durch neue Regimenter stürmen sie weiter. Sie erschießen die Kanonenschützen und die Pferde und erbeuten die Kanonen. Der Kampf ist erbittert, aber ungleich. Oglesbys Männer werden überwältigt, die Linie gibt nach. Die Rebellen rücken mit Geschrei weiter vor und erbeuten mehrere von Schwartz' und McAllisters Kanonen. Die Kanonenschützen kämpfen einen Moment lang entschlossen, aber sie sind wenige gegen viele und werden erschossen oder gefangen genommen. Ein Mississippi-Regiment versucht, Taylors Kanonen zu erbeuten, aber er schlägt sie mit Kartätschen und Kartätschen zurück.

Bis zu diesem Moment hat Wallace keinen Zentimeter nachgegeben. Zwei von Oglesbys Regimentern neben seiner Brigade halten noch ihre Stellung, aber alle, die dahinter standen, sind auf dem Rückzug. Die Rebellen haben zwanzig tapfere Offiziere unter Oglesbys Kommando erlegt – die Obersten Logan, Lawler und Ransom sind verwundet. Oberstleutnant White vom 31., Oberstleutnant Smith vom 48., Oberstleutnant Irvin vom 20. und Major Post vom 8. sind getötet. Die Männer von Oglesbys Brigade geraten nicht in Panik, obwohl sie so viele ihrer Anführer verloren haben. Sie sind für den Moment überwältigt. Einige Regimenter haben keine Munition mehr. Sie wissen, dass Verstärkung in der Nähe ist, und ziehen sich in geordneter Reihenfolge zurück.

Um Wallaces Position in diesem Stadium der Schlacht zu verstehen, stellen Sie sich vor, Sie stehen mit dem Gesicht nach Süden und kämpfen gegen einen starken Gegner, ein zweiter, ebenso starker Gegner nähert sich Ihnen rechts und ein dritter versetzt Ihnen schwere Schläge auf die linke Schulter, fast in den Rücken. Pillow steht mit der Hälfte seiner Brigaden vorn, Johnson mit der anderen Hälfte von Pillows Kommando nähert sich rechts und Buckner mit all seinen Brigaden rückt links vor.

Wallace sieht, dass er sich zurückziehen muss. Das Elfte und das Einunddreißigste – Ransoms und Logans Regiment – kämpfen immer noch rechts von Wallace. In ihren Reihen kommt es zu schweren Gemetzel, aber sie fliehen nicht. Sie wechseln die Front und marschieren ein paar Ruten nach hinten, stellen sich auf und feuern eine Salve auf die vorrückenden Rebellen ab. Forests Kavallerie stürmt auf sie zu und schneidet einige Gefangene ab, aber die Linie ist nur verletzt, nicht durchbrochen. So laden und schießen die Truppen, während sie das ganze Gelände verteidigen, steigen den Hügel hinab, überqueren den klaren Bach und marschieren auf der anderen Seite den Hügel hinauf.

Doch einige Männer sind verängstigt, werfen ihre Gewehre weg und rennen wie wild nach hinten. Ein Offizier rennt die Straße hinunter und schreit: „Wir sind in Stücke gerissen! Der Tag ist verloren!“

„Halt die Klappe, du Schurke!“, schreit General Wallace.

Es hat Auswirkungen auf seine Truppen. Sie sind nervös und sehen sich um, in der Erwartung, den Feind in überwältigender Zahl zu sehen. General Wallace sieht, dass eine Katastrophe stattgefunden hat. Er wartet nicht auf den Marschbefehl.

„Dritte Brigade, an der rechten Flanke, im Laufschritt, vorwärts, marsch!“ Oberst Thayer, der die Brigade kommandiert, wiederholt den Befehl. Die

Männer stürmen die Straße entlang nach vorn. General Wallace galoppiert voraus und trifft auf Oberst Wallace, der seine Brigade nach hinten führt.

„Wir haben keine Munition mehr. Der Feind folgt uns. Wenn Sie Ihre Truppen in Linie bringen, bis wir unsere Patronenkästen gefüllt haben, werden wir sie aufhalten." Er sagt das so kühl und überlegt, dass General Wallace darüber erstaunt ist. Es beruhigt ihn. Er spürt, dass dies ein kritischer Moment ist, aber da sich die Männer so überlegt zurückziehen, gibt es keinen Grund, entmutigt zu sein.

Er führt Thayers Brigade bis zum Gipfel des Hügels, genau dort, wo die Straße in die Schlucht hinabführt, durch die der klare Bach gurgelt.

„Bringt Kompanie A, Chicago Light Artillery!", ruft er einem Adjutanten zu. Ein paar Augenblicke später führt Captain Wood, der Befehlshaber der Batterie, sie die Straße entlang. Die Pferde sind im Galopp. Die Fuhrleute peitschen sie mit ihren Peitschen. Sie springen über Baumstämme, Steine, Baumstümpfe und durch das Gebüsch. Auf dem Gipfel des Hügels halten sie an.

„Stellt eure Gewehre hier auf, zwei auf die Straße und zwei auf jede Seite, und ladet sie mit Kartätschen und Kartätschen."

Die Männer springen zu ihren Geschützen. Sie werfen ihre Mäntel ab und arbeiten in Hemdsärmeln. Sie rammen die Patronen hinein und stehen neben ihren Geschützen und warten auf den Feind.

Die Batterie ist nach Südosten ausgerichtet. Rechts neben der Batterie befindet sich das First Nebraska und dahinter das Fifty-8th Illinois. Links neben der Batterie befindet sich Captain Davisons Kompanie des Thirty-second Illinois und dahinter das Fifty-8th Ohio. Ein paar Ruten dahinter befinden sich das Seventy-sixth Ohio und das 46th und 57th Illinois.

McArthur, Oglesby, Wallace und Cruft sind alle zurückgefallen und ihre Regimenter formieren sich in den Wäldern westlich von Thayers Stellung neu und füllen ihre Patronenkästen.

Die Rebellen bleiben eine Weile auf dem Boden stehen, von dem sie McClernand vertrieben haben, durchwühlen die Taschen der Toten und rauben die Verwundeten aus. General Pillow fühlt sich sehr wohl. Er schreibt eine Depesche, die telegrafisch nach Nashville geschickt wird:

„Auf die Ehre eines Soldaten, dieser Tag gehört uns!"

Buckner vereinigt seine Brigaden mit Pillows und sie bereiten sich auf einen zweiten Vorstoß vor. Das gibt General Wallace Zeit, seine Linie zu perfektionieren. Willards Batterie, die in Fort Henry zurückgelassen wurde, ist gerade eingetroffen. Sie galoppiert in die Stellung im Wald westlich von

Thayers Brigade. Dresser und Taylor kommen ebenfalls in Stellung. Sie sind bereit.

Die Rebellen steigen den Hügel auf der Ostseite des Baches hinab und marschieren die Straße hinauf. Sie sind überglücklich über ihren Erfolg und sind zuversichtlich, General Grant besiegen zu können. General Floyd hat seine Meinung geändert. Anstatt zu fliehen, was ihm über die Straße nach Nashville möglich wäre, glaubt er, er werde General Grants Armee in die Flucht schlagen.

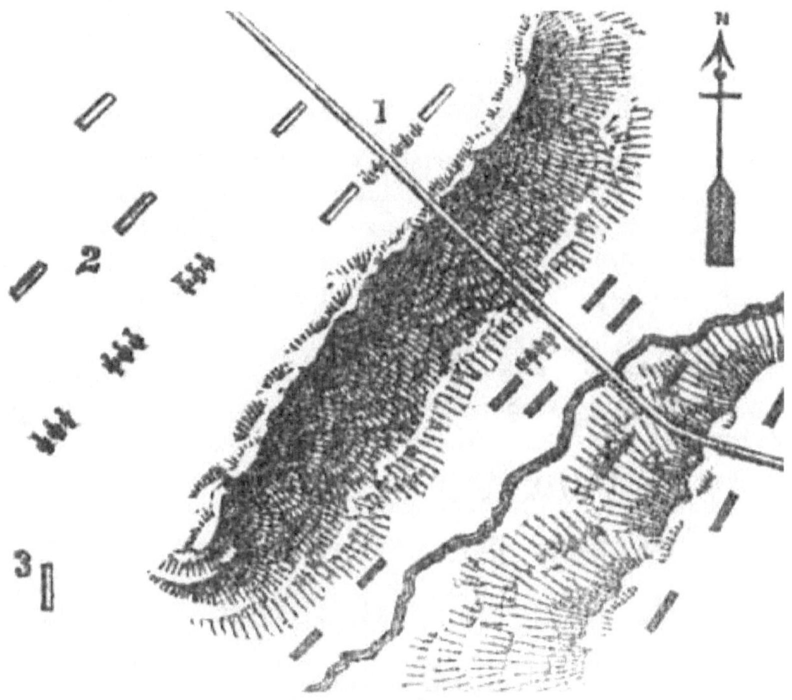

Die zweite Verlobung.

1 Thayers Brigade mit Woods Batterie. 3 Crufts Brigade.

2 McClernands Brigaden. 4 Rebellen.

Die vorrückenden Kolonnen überqueren den Bach und beginnen, den Hügel hinaufzusteigen. Die Artillerie eröffnet ihr Feuer. Die Rebellenbatterien antworten. Die Infanterie feuert Salven ab. Der Hügel und die Senke sind in Rauchwolken gehüllt. Woods, Dressers, Willards und Taylors Batterien eröffnen das Feuer – vierundzwanzig Kanonen schießen ihre Kartätschen und Kartätschen, Schrapnelle und Granaten in die grauen Reihen, die vergeblich versuchen, die Spitze des Hügels zu erreichen. Die Rebellen konzentrieren ihr Feuer auf Woods Batterie und die First Nebraska, aber diese mutigen Pioniere von jenseits des Missouri, einige von ihnen Jäger aus den Rocky Mountains, lassen sich nicht zurückdrängen. Die Rebellen feuern zu hoch. Die Luft ist erfüllt vom Kreischen ihrer Kugeln, und ein wilder Sturm fegt über die Köpfe der Männer aus Nebraska, die in diesem schrecklichen Kampf nur zehn Männer an Toten und Verwundeten verlieren. Die Männer aus Nebraska sind alte Jäger und schießen nicht willkürlich, sondern zielen mit Bedacht.

Die Rebellen marschieren bis zur Hälfte des Hügels und ziehen sich dann zum Bach zurück. Sie haben den Mut verloren. Ihre Offiziere sammeln die schwankenden Reihen. Sie rücken erneut vor, werden aber durch Musketenfeuer und Kartätschenfeuer zurückgedrängt.

Sie brechen in Verwirrung aus, und alle Versuche der Offiziere, sie zu sammeln, sind vergeblich. General Floyds Plan, der am Morgen so erfolgreich funktionierte, ist am Mittag gescheitert. General Pillows Telegramm wurde eine halbe Stunde zu früh abgeschickt. Die Rebellen ziehen sich auf den Hügel zurück und bedienen sich an den Mänteln, Decken, Rindfleisch, Brot und anderen Dingen in McClernands Lager.

General Grant beschloss, die feindlichen Stellungen anzugreifen. Er dachte, dass die Schützengräben an der Nordwestecke des Forts eingenommen werden könnten; dann könnte er seine Batterien so nahe platzieren, dass er unter ihrem Feuer in das Fort eindringen könnte. General Smiths Division war nicht in die Kämpfe des Morgens verwickelt. Seine Truppen hatten das Gebrüll des Kampfes und den Jubel ihrer Kameraden gehört, als die Rebellen zurückgeschlagen wurden.

Sie waren bereit zum Handeln. Sie hatten den Mut, Großes für ihr Land zu vollbringen. Die Rebellen waren zurückgeschlagen worden, und jetzt konnten sie sie besiegen.

General Grant wies General Wallace an, von seiner Position aus über den Bach vorzurücken, die Rebellen zurückzudrängen und dann ihre Stellungen anzugreifen. Eine große Gruppe von Rebellen hielt immer noch das Gebiet, aus dem McClernand vertrieben worden war.

General Wallace ließ die Brigade von Colonel Morgan L. Smith an die Spitze schicken. Es herrschte Streit zwischen dem 8. Missouri- und dem 11. Indiana-Bataillon, denn beide wollten die Ehre, den Angriff anzuführen. Das 11. wich dem 8. Bataillon unter der Voraussetzung, dass es beim nächsten Angriff die Vorhut übernehmen sollte. So bereiteten sie sich mit großzügiger Rivalität und grenzenloser Begeisterung auf den Vormarsch vor.

Das Elfte folgte dem Achten. Die Brigade von Colonel Cruft mit zwei Ohio-Regimentern unter Colonel Ross vervollständigte die Kolonne. Colonel Cruft formierte sich rechts von Colonel Smith in Schlachtordnung. Sie überquerten den Bach. Es war eine dunkle und blutige Schlucht. Die Toten und Verwundeten der Rebellen lagen dort, dicht wie die verdorrten Blätter des Waldes. Der Schnee war purpurrot. Der Bach war kein klarer, fließender Fluss mehr, sondern rot vom Blut.

General Wallace war sich des verzweifelten Charakters des Unternehmens bewusst. Er befahl seinen Männern, was sie tun sollten: den Feind zurückdrängen und die Brustwehren stürmen.

„Hurra! Genau das wollen wir. Vorwärts! Vorwärts! Wir sind bereit!", waren ihre Antworten. Sie konnten die Rebellenlinien auf dem Hügel sehen. Die Rebellen wussten, dass sie angegriffen werden würden, und waren bereit, sie zu empfangen.

Colonel Smith rückte die Straße hinauf. Sein Angriffspunkt war klar, aber Crufts Angriffspunkt führte durch Gestrüpp und über steinigen Boden. Eine Reihe von Plänklern sprang aus dem 8. Missouri-Regiment hervor. Sie rannten den Hügel hinauf und standen den Plänklern der Rebellen Auge in Auge gegenüber.

Sie kämpften sich von Baum zu Baum, schossen, schossen einen Gegner ab und warfen sich dann auf den Boden, um nachzuladen.

Die Regimenter folgten. Sie waren schon auf halber Höhe des Hügels, als eine Feuerlinie um den Kamm herum zu verlaufen begann.

„Runter! Runter!", rief Oberst Smith. Die Regimenter fielen flach und der Sturm fegte harmlos über ihre Köpfe hinweg. Die Rebellen jubelten. Sie dachten, sie hätten Oberst Smiths Kommando vernichtet. Sie erhoben sich und stürmten auf den Feind zu, feuerten ihre Salven ab, fielen, als der Kampf am hitzigsten war, und erhoben sich, sobald die Rebellen geschossen hatten. So schlossen sie auf den Feind ein und drängten ihn über das gesamte Gebiet zurück, das er am Morgen gewonnen hatte, und trieben ihn in seine Stellungen.

General Wallace traf gerade Vorbereitungen für den Angriff auf die Stellungen, als ein Offizier die Linie entlangstürmte und die jubelnde Nachricht über den Erfolg auf der linken Seite überbrachte.

Kehren wir nun zu General Smiths Division zurück. Wir sehen, wie er sich darauf vorbereitet, die Stellungen in der Nähe des nordwestlichen Winkels des Forts zu stürmen. Colonel Cooks Brigade wird angewiesen, einen Scheinangriff auf das Fort durchzuführen. Major Cavender bringt seine schweren Geschütze in Stellung und eröffnet ein wütendes Kanonenfeuer, in dessen Schutz Colonel Lauman auf die Schützengräben auf dem äußeren Grat vorrücken soll. Wenn er diese in seinen Besitz bringen kann, kann

Cavender seine Geschütze dort aufstellen und die inneren Schützengräben durchwühlen.

Colonel Hansons Brigade, das Zweite Kentucky-, das Zwanzigste Mississippi- und das Dreißigste Tennessee-Bataillon, stehen in den Schützengräben. Hinter den inneren Schützengräben befinden sich sechs Geschütze und eine weitere Brigade, alle bereit, ihr Feuer auf die vorrückenden Kolonnen zu eröffnen. Colonel Hansons Männer liegen sicher hinter den Stämmen der großen Waldeichen, ihre Gewehre zwischen den Baumstämmen durchgestoßen. Es sind fünfzehn oder zwanzig Ruten bis zum Fuß des Abhangs, und dort findet man umgestürzte Bäume mit ineinander verhakten Ästen und spitzen Pfählen, die in den Boden getrieben sind. Dahinter liegt die Wiese, auf der Lauman seine Brigade aufstellt. Die Rebellen haben freie Sicht auf das ganze Gelände.

General Smith führt Laumans Männer auf die Wiese, während Colonel Cook links vorrückt und den Angriff beginnt. Die Soldaten hören weit unten rechts Wallaces Brigaden, die den Feind vom Hügel vertreiben.

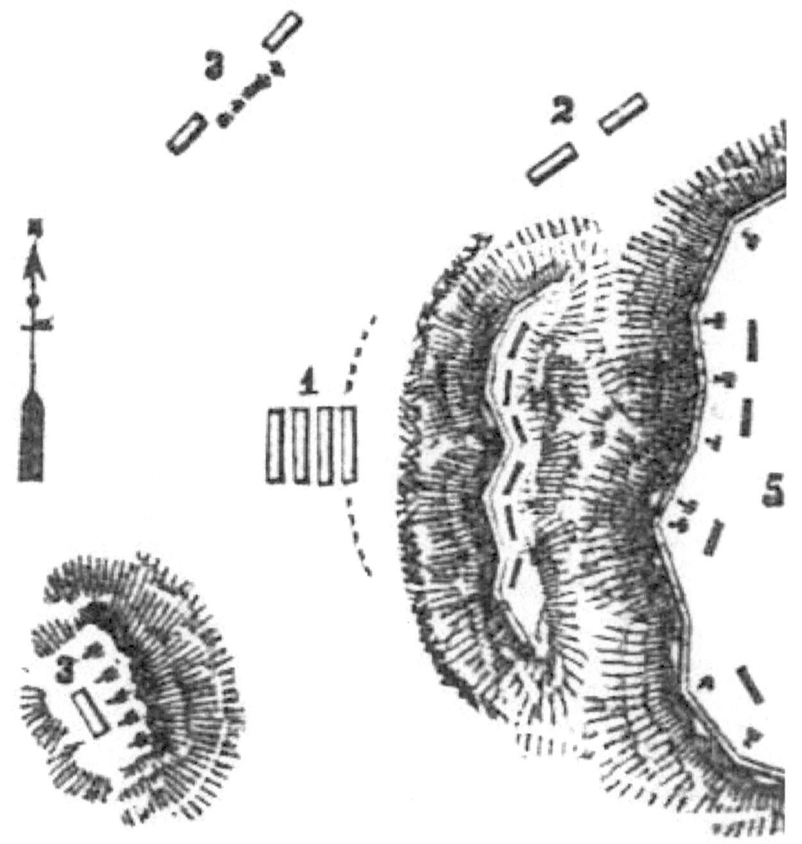

Der Angriff von Laumans Brigade.

1 Laumans Brigade.

2 Cooks Brigade.

3 Cavenders Batterien mit Infanterie.

4 Schützengräben der Rebellen.

5 Rebellische innere Werke.

Es ist fast Sonnenuntergang. Die Lichtstrahlen fallen schräg auf die Wiese, auf die Rücken von Laumans Männern und in die Gesichter der Rebellen. Die vorrückende Brigade ist in einer geschlossenen Regimentskolonne aufgestellt, das Zweite Iowa an der Spitze, dann das 25. Indiana, das Siebte und das Vierzehnte Iowa – vier feste, unerschütterliche Linien, die beim Vorrücken ihre Schatten nach vorn werfen. Birges' Scharfschützen mit ihren unfehlbaren Gewehren sind auf beiden Flanken aufgestellt.

Die Brigade hält auf der Wiese. General Smith reitet die Linie entlang und teilt ihnen mit, dass sie die Schützengräben nur mit dem Bajonett einnehmen sollen. Er sitzt fest auf seinem Pferd, und sein langes graues Haar, das ihm fast bis auf die Schultern fällt, weht in der Abendbrise. Er ist ein eiserner Mann, und er führt eiserne Männer. Die Kanonen der Rebellen schneiden sie mit Vollgas durch, Granaten explodieren über und um sie herum mit lauten Explosionen und furchtbaren Schreien der umherfliegenden Splitter, Männer fallen aus den Reihen oder werden zerrissen und verstümmelt in die Luft gewirbelt. Plötzlich tun sich Lücken auf, aber kein Mann zuckt zusammen. Sie blicken nicht nach hinten, sondern nach vorne. Da sind die umgestürzten Bäume, der Hügel, die Reihe von zweitausend Musketen, die zwischen den Baumstämmen gespannt sind, die Kanonen, die von der Höhe dahinter donnern. In diesen geschlossenen Reihen ist kein Flüstern zu hören, kein lautes Reden, nichts als das „Ruhig! Ruhig!" der Offiziere. Ihre Herzen schlagen wie wild. Ihre Nerven sind aus Stahl, ihre Muskeln aus Eisen. Sie halten ihre Musketen mit Tigergriffen. Vor ihnen reitet ihr General, die Mütze auf dem Schwert, sein langes Haar weht wie ein Banner im Wind. Der Fahnenträger marschiert mit den Sternen und Streifen an seiner Seite.

Sie bewegen sich über die Wiese. Überall um sie herum ist das ohrenbetäubende Brüllen des Kampfes. Cavender ist hinter ihnen, Cook ist links von ihnen, der Feind ist vorn und Wallace weiter rechts von ihnen. Sie erreichen die umgestürzten Bäume am Fuße des Hügels. Der Holzstapel über ihnen brennt. Ein tödlicher Sturm, schrecklicher als der heftigste Wintersturm, fegt den Hang hinunter und ihnen ins Gesicht. Vom Hügel über ihnen zucken Blitze und Donnerschläge. Männer fallen von ihren Plätzen und bleiben für immer reglos zwischen den verschlungenen Zweigen liegen. Aber ihre überlebenden Kameraden wanken nicht. Weiter, weiter, kriechend, krabbelnd, kletternd über die Hindernisse, unerschrocken, unerschrocken, mit all ihrer Lebensenergie in einer einzigen Anstrengung konzentriert; wie ein Tornado fegen sie den Hang hinauf – in die Schusslinie, in den zischenden Sturm, hinauf zu den Baumstämmen, in die Wolken, springen wie Tiger und stoßen dem Feind das Bajonett entgegen. Die Rebellen taumeln, taumeln, straucheln, rennen!

„ HURRA———H! "

Es ist ein wilder, langgezogener Triumphschrei, wie der Stoß einer Trompete. Sie stellen ihre Banner auf die Wehranlagen und feuern Salven auf den zurückweichenden Feind ab. Stones Batterie galoppiert über die Wiese, über die Baumstämme, den Hügel hinauf, die Pferde springen und stoßen, als wüssten auch sie, dass der Sieg auf dem Spiel steht. Die Kanonenschützen springen von ihren Sitzen, wenden ihre Geschütze und schießen ihre Granaten in einem Flankenfeuer auf die oberen Wehranlagen.

„Hurra! Hurra! Hurra!", schallt es durch den Wald bis zu Wallaces Männern.

„Wir haben die Arbeiten durchgeführt!" „Wir sind drinnen!", ruft ein Offizier und überbringt die willkommene Nachricht.

Die Männer werfen ihre Mützen in die Luft. Sie schütteln sich die Hände, sie rufen und fangen an zu singen. Sie vergessen all ihre Strapazen und Leiden, die hungrigen Tage, die schrecklichen Nächte, die Verwundeten und die Toten. Der Erfolg ist all die Opfer wert.

KAPITEL VI.

DIE KAPITULATION.

Die ganze Nacht hindurch hielten die tapferen Männer das Gebiet, das sie so edel erobert hatten. Sie ruhten auf schneebedeckten Betten. Sie hatten kein Abendessen. Sie konnten kein Feuer entzünden, um die winterliche Luft zu wärmen. Die Kanonen über ihnen feuerten Granaten ab und schickten Kartätschensalven, die über ihnen und um sie herum wie Dämonenstimmen in der Dunkelheit schrien. Die Äste der Bäume wurden von den Volltreffern von ihren Stämmen gerissen und die Stämme waren von oben bis unten zersplittert, aber sie wankten nicht und zogen sich nicht von dem Hang zurück, wo der Schnee vom Lebensblut Hunderter ihrer Kameraden rot gefärbt war. Bei diesem Angriff waren fast vierhundert gefallen. Der Hügel hatte viel Blut gekostet, aber es war alles wert, was es kostete, und sie würden ihn nicht aufgeben. So trotzten sie dem bleiernen Regen und dem eisernen Hagel während der anstrengenden Stunden dieser Winternacht. Sie warteten nur auf den Tagesanbruch, um die inneren Befestigungen zu stürmen und das Fort einzunehmen. Ihr Eifer und ihre Begeisterung kannten keine Grenzen.

Als der Morgen herannahte, hörten sie ein Hornsignal. Sie blickten über die enge Schlucht und sahen im Dämmerlicht der Morgendämmerung einen Mann, der eine weiße Fahne über den Schützengräben schwenkte. Es war ein Zeichen für eine Unterredung. Er sprang vom Erdwall herunter und stieg den Hügel hinab.

„Halt! Wer kommt da?", rief der Wachposten.

„Waffenstillstandsflagge mit einem Brief für General Grant."

Ein Offizier nahm den Brief und eilte den Hang hinunter über die Wiese bis zu dem Haus an der Straße nach Dover, wo General Grant sein Hauptquartier hatte.

In der Nacht hatte in General Floyds Hauptquartier ein Kriegsrat stattgefunden. Fast alle Rebellenoffiziere, die Brigaden und Regimenter befehligten, waren dort. Sie waren niedergeschlagen. Sie hatten tapfer gekämpft, einen Sieg errungen, wie sie dachten, aber ihn verloren. Ein Rebellenoffizier, der dort war, erzählte mir, was sie sagten. General Floyd und General Pillow machten General Buckner dafür verantwortlich, dass er nicht früher am Morgen vorgerückt war und einen ihrer Meinung nach schwachen Angriff durchgeführt hatte. Sie hätten entkommen können, nachdem sie McClernand über den Bach getrieben hatten, aber jetzt waren sie eingekesselt. Die Aussichten waren düster. Die Truppen waren durch den langen Kampf, die ständige Überwachung und die Kälte erschöpft. Was für bitterkalte Nächte das für die Männer waren, die aus Texas, Alabama und Mississippi kamen, wo die Rosen blühen und die Blaumeisen den ganzen Winter über singen.

Was sollte getan werden? Sollten sie einen weiteren Angriff starten und sich den Weg frei bahnen oder sollten sie sich ergeben?

„Ich kann meine Position keine halbe Stunde halten. Die Yankees können meine Flanke umgehen oder direkt auf die Brustwehr vorrücken", sagte General Buckner.

„Wenn Sie zum vereinbarten Zeitpunkt vorgerückt wären und heftiger angegriffen hätten, hätten wir den Feind in die Flucht geschlagen", sagte General Floyd.

„Ich bin vorgerückt, sobald ich konnte, und meine Truppen haben genauso tapfer gekämpft wie andere", war die Antwort von General Buckner, einem mittelgroßen Mann mittleren Alters. Sein Haar ist eisengrau. Er hat einen dünnen Backenbart und einen Schnurrbart und trägt einen grauen Mantel aus Wollstoff mit einem großen Umhang und goldenen Borten an den Ärmeln sowie einen schwarzen Hut mit einer nickenden schwarzen Feder.

„Nun, hier sind wir, und es ist sinnlos, den Angriff mit der Hoffnung auf Erfolg zu erneuern. Die Männer sind erschöpft", sagte General Floyd, ein kräftiger, schwerer Mann mit dicken Lippen, einer großen Nase, bösen Augen und groben Gesichtszügen.

„Wir können uns einen Weg freikämpfen", sagte Major Brown, der Kommandeur des 20. Mississippi-Geschwaders, ein großer, schwarzhaariger, ungestümer, feuriger Mann.

„Einige von uns könnten auf diese Weise entkommen, aber der Versuch wäre mit großem Blutvergießen verbunden", antwortete General Floyd.

„Meine Truppen sind so erschöpft, zerschlagen und demoralisiert, dass ich keinen weiteren Kampf führen kann", sagte Buckner.

„Meine Truppen werden kämpfen, bis sie sterben", antwortete Major Brown und biss die Zähne zusammen.

„Es wird das Kommando drei Viertel seiner gegenwärtigen Stärke kosten, sich seinen Weg freizukämpfen, und es ist falsch, drei Viertel eines Kommandos zu opfern, um das andere Viertel zu retten", fuhr Buckner fort.

„Kein Offizier hat das Recht, ein solches Opfer zu bringen", sagte Major Gilmer aus General Pillows Stab.

„Aber wir können noch einen Tag durchhalten, und bis dahin können wir Dampfschiffe hierherbringen, die uns über den Fluss bringen", sagte General Pillow.

„Nein, ich kann meine Position keine halbe Stunde halten, und die Yankees werden den Angriff bei Tagesanbruch erneuern", antwortete Buckner.

„Dann müssen wir uns ergeben, soweit ich weiß", sagte ein Offizier.

„Ich werde das Kommando nicht abgeben und mich auch nicht gefangen nehmen lassen", sagte Floyd. Zweifellos erinnerte er sich daran, wie er während seiner Amtszeit unter Buchanan öffentliches Eigentum gestohlen hatte, und er würde lieber sterben, als in die Hände derer zu fallen, von denen er wusste, dass sie ihn wahrscheinlich für seine Schurkerei zur Rechenschaft ziehen würden.

„Ich habe nicht die Absicht, gefangen genommen zu werden", sagte Pillow.

„Was werden Sie tun, meine Herren?", fragte Buckner.

„Ich habe vor zu fliehen und meine Virginia-Brigade mitzunehmen, wenn ich kann. Ich werde das Kommando an General Pillow übergeben. Ich habe das Recht zu fliehen, wenn ich kann, aber ich habe kein Recht, der gesamten Armee einen aussichtslosen Kampf zu befehlen", sagte Floyd.

„Wenn Sie es mir übergeben, werde ich es General Buckner übergeben", sagte General Pillow, der ebenfalls bereit war, sich der Verantwortung zu entziehen und die Männer im Stich zu lassen, die er dazu gebracht hatte, für den Austritt aus der Union zu stimmen und die Waffen gegen ihr Land zu erheben.

„Wenn ich das Kommando übernehme, werde ich es als meine Pflicht ansehen, es abzugeben. Ich werde die Truppen nicht auffordern, ein nutzloses Opfer an Menschenleben zu bringen, und ich werde die Männer, die so ehrenhaft gekämpft haben, nicht im Stich lassen", antwortete Buckner mit einer Bitterkeit, die Floyd und Pillow zusammenzucken ließ.

Es war nach Mitternacht. Der Rat löste sich auf. Die Brigade- und Regimentsoffiziere waren über das Ergebnis erstaunt. Einige von ihnen brachen in schreckliches Fluchen und Beschimpfen über Floyd und Pillow aus.

„Das ist gemein!" „Das ist feige!" „Floyd war schon immer ein Schurke."

„Wir sind verraten worden!" „Das ist Verrat!", sagten sie.

„Es ist ein gemeiner Trick, wenn ein Offizier seine Männer im Stich lässt. Wenn meine Truppen kapitulieren, werde ich zu ihnen halten", sagte Major Brown.

„Ich bezeichne Pillow als Feigling und wenn ich ihm jemals begegne, werde ich ihn so schnell erschießen wie einen Hund", sagte Major McLain, rot vor Wut.

Floyd gab bekannt, dass er sich Colonel Forrest anschließen würde, der die Kavallerie befehligte, und bahnte sich so einen Weg hinaus; doch an der Anlegestelle von Dover lagen zwei oder drei kleine Dampfschiffe. Er und General Pillow sprangen an Bord eines davon und ließen dann heimlich einen Teil der Virginia-Brigade an Bord. Andere Soldaten sahen, was vor sich ging, dass sie im Stich gelassen wurden. Sie gerieten außer sich vor Angst und Wut. Sie stürmten an Bord und drängten sich überall auf dem Schiff.

„Loslassen!", rief Floyd dem Kapitän zu. Die Boote schwenkten in die Strömung und fuhren den Fluss hinauf, während Tausende wütender Soldaten am Landungssteg zurückblieben. Der Mann, der das öffentliche Eigentum gestohlen hatte und der alles tat, um den Krieg heraufzubeschwören, der Tausende armer, unwissender Männer dazu brachte, zu den Waffen zu greifen, desertierte also von seinem Posten, schlich sich in der Dunkelheit davon und überließ sie ihrem Schicksal.

General Buckner schrieb sofort einen Brief an General Grant, in dem er um einen Waffenstillstand bis zwölf Uhr bat sowie um die Einsetzung von Kommissaren, die sich auf die Bedingungen für die Übergabe des Forts und der Gefangenen einigen sollten.

„Es können keine anderen Bedingungen als die bedingungslose und sofortige Kapitulation akzeptiert werden. Ich schlage vor, sofort gegen Ihre Werke vorzurücken", lautete General Grants Antwort.

General Buckner antwortete, er halte es für sehr *unritterlich*, akzeptiere aber die Bedingungen. Er meinte damit, dass er es nicht für sehr ehrenhaft hielt, dass General Grant eine bedingungslose Kapitulation verlangte. Er gab vor, einen hohen Sinn für alles zu haben, was edel, großzügig, ehrenhaft und hochgesinnt sei. Doch ein paar Tage zuvor hatte er diese Charaktereigenschaften so sehr vergessen, dass er von einem seiner alten Bekannten, Reverend Mr. Wiggin aus Rochester, Kentucky, etwas Vieh nahm und ihm mit einem Scheck über dreihundert Dollar der Southern Bank in Russelville bezahlte. Als Reverend Mr. Wiggin in die Bank kam und den Scheck vorlegte, sagte ihm der Kassierer, General Buckner habe dort nie Geld angelegt und die Bank schulde ihm keinen Dollar! Er betrog und hinterging den Pfarrer und beging das Verbrechen der Urkundenfälschung, was ihn in Friedenszeiten ins Staatsgefängnis gebracht hätte.

Der Morgen brach an – Sonntagmorgen, ruhig, klar und schön. Die schrecklichen Nächte waren vorbei und die eisigen Tage vergangen. Die Luft war mild und es wehte eine sanfte Brise aus dem Süden, die die Blaumeisen herbeilockte. Sie kümmerten sich nicht um die Soldaten oder die Kanonen, sondern zwitscherten und sangen so fröhlich wie immer im Wald.

Ich sah die weiße Flagge auf den Brustwehren wehen. Die Soldaten und Matrosen sahen sie und jubelten. General Grant hatte sein Hauptquartier auf das Dampfschiff Uncle Sam verlegt, und da ich mich zufällig an Bord dieses Schiffes befand, sah ich vieles, was dort geschah.

Die Kanonenboote und alle Dampfschiffe, fünfzig oder mehr, begannen, den Fluss hinaufzufahren. Dichte Rauchwolken stiegen aus den hohen Schornsteinen auf. Die großen Räder plätscherten auf dem glitzernden Strom. An allen Masten wehten Fahnen. Die Armee begann ihren Marsch ins Fort. Die Musikkapellen spielten. Wie großartig das Krachen der Trommeln und Trompeten! Die Soldaten marschierten stolz. Die Kolonnen wanden sich die Hügel entlang – die Artillerie, die Infanterie, die Kavallerie, mit all ihren wehenden Bannern und dem hellen Sonnenschein, der auf ihren Bajonetten schimmerte und glitzerte! Sie betraten das Fort und pflanzten ihre Standarten auf die Böschungen. Die Kanonenboote und die Feldartillerie feuerten einen großartigen Salut ab. Von den Dampfschiffen, vom Berghang, vom Fort und aus dem Wald erklangen Antwortrufe. Die Verwundeten in den Lazaretten vergaßen für den Moment, dass sie zerrissen und verstümmelt waren, richteten sich auf ihren Strohlagern auf und mischten ihre schwachen Jubelrufe in die allgemeine Freude!

13.000 Mann, 67 Geschütze und 15.000 Handfeuerwaffen wurden übergeben. Eine bunt gemischte, abgekämpfte, verstörte und ängstliche Menge stand am Landungssteg. Ich sprang an Land und ging durch die Reihen. Einige standen, andere lagen da und nahmen keine Notiz von dem, was um sie herum geschah. Sie waren Kriegsgefangene. Als sie in die Armee eintraten, hätten sie wahrscheinlich nicht im Traum daran gedacht, dass sie gefangen genommen würden. Sie sollten siegreich sein und die Yankees gefangen nehmen. Sie waren arme, unwissende Männer. Nicht die Hälfte von ihnen konnte lesen oder schreiben. Sie waren von ihren Anführern, den Sklavenhaltern, getäuscht worden. Sie hatten tapfer gekämpft, waren aber besiegt worden und ihre Generäle hatten sie im Stich gelassen. Kein Wunder, dass sie niedergeschlagen waren.

Ihre Kleidung war in allen Farben. Manche trugen graue, manche blaue, manche butternussfarbene Kleidung – ein schmutziges Braun. Sie waren sehr zerlumpt. Manche trugen alte Steppdecken als Decken, andere verblichene Teppichstücke, andere Streifen neuen Teppichs, die sie aus dem Laden mitgenommen hatten. Manche trugen Mützen, andere alte Schlapphüte aus Filz und wieder andere nichts als Strohhüte auf dem Kopf.

„Wir haben gut gekämpft, aber ihr wart uns zahlenmäßig überlegen", sagte einer.

„Wenn Ihre Kanonenboote nicht gewesen wären, hätten wir Sie sowieso besiegt", sagte ein anderer.

„Wie kam es, dass General Floyd und General Pillow entkamen und Sie zurückließen?", fragte ich.

„Sie sind Verräter. Ich würde die Schurken erschießen, wenn ich die Chance dazu bekäme", sagte ein Kerl in einem tabakfarbenen Mantel und ballte die Faust.

„Ich bin froh, dass die Kämpfe vorbei sind. Ich möchte keinen weiteren Tag wie gestern erleben", sagte ein Tennesseeaner, der auf dem Boden lag.

„Was wird General Grant mit uns machen? Wird er uns ins Gefängnis werfen?", fragte einer.

„Das hängt davon ab, wie Sie sich verhalten. Wenn Sie nicht gegen Ihr Land zu den Waffen gegriffen hätten, wären Sie jetzt nicht in Schwierigkeiten."

„Wir konnten nichts dagegen tun, Sir. Ich wurde zur Armee gezwungen und bin froh, dass ich ein Gefangener bin. Ich muss nicht mehr kämpfen", sagte ein blauäugiger junger Mann, kaum älter als achtzehn Jahre.

Manche waren sehr mürrisch und verbittert, und andere kümmerten sich nicht darum, was aus ihnen wurde.

Ich ging den Hügel hinauf in die Stadt. Fast jedes Haus war voller Sterbender und Toter. Die Granaten der Kanonenboote waren durch einige der Gebäude geschlagen. Die Soldaten hatten die Obstgärten und Schattenbäume abgeholzt und die Zäune niedergebrannt. Alles war trostlos. Um die Lagerfeuer standen traurige Gruppen, mit Verzweiflung auf den Gesichtern. Oh, wie viele von ihnen dachten an ihre Freunde in der Ferne und wünschten, sie wiederzusehen!

Der Boden war übersät mit ihren Gewehren, Patronenkästen, Gürteln und Tornistern. Es gab Getreidesäcke, Zuckerfässer, Fässer mit Melasse und Terzen Speck, aufgebrochen und in den Schlamm getreten.

Ich betrat das Fort und sah, wo die großen Granaten der Kanonenboote die Böschungen durchbohrt hatten. Neben den Kanonen lagen Patronenstapel. Die Toten lagen dort, zerfetzt, verstümmelt, zerfetzt. In der Nähe der Schützengräben, wo der Kampf am heftigsten gewesen war, waren Blutlachen. Die Rebellensoldaten brachen die gefrorene Erde auf, gruben Gräben, brachten ihre gefallenen Kameraden hinein und legten sie Seite an Seite in ihren letzten, langen, stillen Schlaf. Ich blickte den Hang hinunter, wo Laumans Männer bei ihrem schrecklichen Angriff die umgestürzten Bäume überrollten; dann ging ich hinunter zur Wiese, blickte die Anhöhe hinauf und fragte mich, wie Männer über die Bäume, die Stümpfe, die Felsen klettern und trotz eines solchen Sturms hinaufklettern konnten. Die Toten lagen dort, wo sie gefallen waren, jeder einzelne von ihnen ein Held! Es war traurig, daran zu denken, dass so viele edle Männer gefallen waren, aber es war eine Freude zu wissen, dass sie nicht gezögert hatten. Sie hatten ihre Pflicht getan. Wenn Sie dieses Schlachtfeld jemals besuchen und an diesem Hang stehen, werden Sie spüren, wie Ihr Herz vor Dankbarkeit und Freude anschwillt, wenn Sie daran denken, wie freudig diese Menschen ihr Leben gaben, um ihr Land zu retten, damit Sie und alle, die nach Ihnen kommen, für immer Frieden und Wohlstand genießen können.

Wie tapfer sie gekämpft haben! Dort, auf dem kalten Boden, lag ein Soldat des 9. Illinois-Regiments. Zu Beginn der Kämpfe am Samstag wurde ihm der Arm durchschossen. Er ging ins Krankenhaus, ließ sich verbinden und kehrte an seinen Platz im Regiment zurück. Ein zweiter Schuss durchbohrte seinen Oberschenkel und zerfetzte sein Fleisch in Fetzen.

„Wir bringen dich ins Krankenhaus", sagten zwei seiner Kameraden.

„Nein, du bleibst und kämpfst. Ich komme allein klar." Er nahm sein Bajonett ab, benutzte sein Gewehr als Krücke und erreichte das Krankenhaus. Der Chirurg versorgte die Wunde. Er hörte das Getöse der Schlacht. Seine Seele brannte darauf, dort zu sein. Er humpelte noch einmal auf das Schlachtfeld und begab sich mitten ins Gefecht, wo er sich hinlegte, weil er nicht stehen konnte. Er kämpfte als Plänkler. Als die Rebellen vorrückten, konnte er sich nicht mit den Truppen zurückziehen, sondern kämpfte weiter. Nach der Schlacht wurde er tot auf dem Schlachtfeld aufgefunden. Sechs Kugeln hatten seinen Körper durchbohrt.

Einem kleinen Kerl mit hellen Augen vom Zweiten Iowa wurde der Fuß durch einen Kanonenschuss zerquetscht. Zwei seiner Kameraden trugen ihn nach hinten. Ein Offizier sah, dass er das Krankenhaus nie erreichen würde, wenn man die Blutung nicht stoppte. Er befahl den Männern, ihm ein Taschentuch um das Bein zu binden und Schnee auf die Wunde zu streuen.

„Oh, lassen Sie die Fußsoldaten links liegen, Captain", sagte der tapfere Kerl. „Wir haben die Rebellen vertrieben und ihren Schützengraben erobert; das ist das Wichtigste, was mir wichtig ist!" Die Soldaten taten, was ihnen befohlen wurde, und sein Leben war gerettet.

Dort in den Schützengräben lag ein Rebellensoldat mit einem Gewehrschuss durch den Kopf. Er war ein ausgezeichneter Schütze und hatte mehrere Unionsoffiziere getötet oder verwundet. Einer von Colonel Birges' Scharfschützen, ein alter Jäger, der viele Bären und Wölfe erlegt hatte, schlich sich an die Brustwehr heran, um sich an dem Rebellen zu versuchen. Sie schossen immer wieder aufeinander, aber beide waren schlau und vorsichtig. Der Rebell hob seinen Hut über die Brustwehr, – zack! Der Scharfschütze draußen im Gebüsch hatte eine Kugel durch sie geschossen. „Ha! ha! ha!“, lachte der Rebell und schickte seine eigene Kugel in die kleine Rauchwolke unten in der Schlucht. Der Jäger aus den Rocky Mountains war mäuschenstill. Er wusste, dass der Rebell ihn überlistet hatte, und erwartete den Gegenschuss. Er zielte ein wenig zu hoch, und er war in Sicherheit.

„Das Mal hast du mich betrogen, aber ich werde es dir trotzdem heimzahlen“, sagte der Scharfschütze, drehte sich auf den Rücken, lud sein Gewehr und drehte sich wieder um. Er legte sein Gewehr auf den Boden, zielte und blieb liegen, das Auge auf den Lauf gerichtet, den Finger am Abzug. Fünf Minuten vergingen. „Ich schätze, der letzte Schuss hat ihn erwischt“, sagte der Rebell. „Er hat sich in den letzten fünf Minuten nicht bewegt.“

Er hob den Kopf, spähte über die Böschung und fiel leblos zurück. Die zielsichere Gewehrkugel war durch seinen Kopf gegangen.

Wenn Sie mit einem dieser Scharfschützen über das Schlachtfeld gehen könnten, würde er Ihnen ein kleines Gebüsch und einige Baumstümpfe zeigen, wo am Samstag drei oder vier von ihnen vor einer der Rebellenbatterien lagen und die Kanonenschützen abgeschossen hatten. Zwei oder drei Mal versuchten die Artilleristen, sie mit Granaten zu vertreiben, aber sie lagen dicht am Boden und die Granaten trafen sie nicht. Die Artilleristen mussten das Feuer einstellen und sich aus der Reichweite der tödlichen Kugeln zurückziehen.

Einige der Rebellenoffiziere nahmen sich ihre Kapitulation sehr zu Herzen. Sie waren stolz, unverschämt und trotzig. Ihre Kapitulation war bedingungslos und sie fanden es sehr schwer, ihre Schwerter und Pistolen abzugeben. Einer von ihnen feuerte eine Pistole auf Major Mudd vom Zweiten Illinois ab und verwundete ihn am Rücken. Ich kannte den Major sehr gut. Er lebte in St. Louis und war von Anfang an ein glühender Freund der Union gewesen. Er hatte die Guerillas in Missouri gejagt und tapfer in Wilson's Creek gekämpft. Es ist durchaus wahrscheinlich, dass er von einem alten Feind angeschossen wurde. General Grant erließ sofort den Befehl, alle Rebellenoffiziere zu entwaffnen. General Buckner sagte in unverschämtem Ton zu General Grant, es sei barbarisch, unmenschlich, brutal, unritterlich und im Widerspruch zu den Regeln der zivilisierten Kriegsführung! General Grant antwortete:

„Sie haben es gewagt, hierher zu kommen, um sich über meine Taten zu beschweren, ohne das Recht zu haben, Einwände zu erheben. Sie scheinen sich nicht daran zu erinnern, dass Ihre Kapitulation bedingungslos war. Doch wenn wir die Taten der verschiedenen Armeen in diesem Krieg vergleichen, wie werden Ihre Taten einer Prüfung standhalten? Sie haben feige und kaltblütig meine Offiziere erschossen. Als ich über das Feld ritt, sah ich, wie die Toten meiner Armee von Ihren Männern brutal beleidigt, ihnen die Kleider vom Leib gerissen und ihre Körper zur Schau gestellt wurden, ohne die geringste Rücksicht auf den Anstand. Die Menschlichkeit hat Ihren Weg selten bestimmt, wenn unsere Männer das Unglück hatten, in Ihre Hände zu fallen. In Belmont missachteten Ihre Behörden alle Gepflogenheiten der zivilisierten Kriegsführung. Meine Offiziere wurden mit meinen tapferen Soldaten in Baumwollstifte gepfercht und dann ins Gefängnis geworfen, während Ihre Offiziere ihre Bewährung genießen und im Hotel in Kairo leben durften. Ihre Männer bekommen die gleiche Kost wie meine eigenen, und Ihre Verwundeten erhalten unsere beste Aufmerksamkeit. Das sind unbestreitbare Tatsachen. Ich habe lediglich die Vorsichtsmaßnahme ergriffen, Ihre Offiziere und Männer zu entwaffnen, weil die Notwendigkeit es erforderte, meine eigenen Leute vor einem Attentat zu schützen."

General Buckner hatte keine Antwort parat. Er ließ beschämt den Kopf hängen, als er auf den Tadel reagierte.

Major Mudd erholte sich zwar schwer, verlor aber in einer anderen Schlacht sein Leben. Eines Tages, als ich mit ihm durch Missouri fuhr, erzählte er mir eine sehr schöne Geschichte. Er sagte, er sei einmal in den Waggons mitgefahren und neben ihm habe ein sehr neugieriger Mann gesessen. Ein paar Meter von jedem Bahnübergang entfernt hatte die Eisenbahngesellschaft Schilder mit den Buchstaben WR aufgestellt.

„Wofür sind sie?", fragte der Mann.

„Das sind Anweisungen an den Lokführer, zu pfeifen und zu läuten, damit die Leute, die sich auf der Fahrbahn befinden, aufpassen und nicht vom Zug überfahren werden", antwortete der Major.

„Oh ja, ich verstehe."

Der Mann saß eine Weile schweigend da und bewegte seine Lippen, als würde er versuchen zu buchstabieren.

„Nun, Major", sagte er schließlich, „es mag sein, wie Sie sagen. Ich weiß, dass wring ring bedeutet, aber ich verstehe beim besten Willen nicht, wie man aus whistle ein R machen kann!"

Der Fall von Fort Donelson war ein schwerer Schlag für die Rebellen. Er hatte große Auswirkungen. Es war der erste große Sieg der Unionstruppen. Er öffnete die gesamte nordwestliche Ecke der Konföderation. Er zwang General Johnston zum Rückzug aus Bowling Green und erzwang auch die Evakuierung von Columbus und ganz Zentral-Tennessee. Nashville, die Hauptstadt dieses Staates, fiel in die Hände der Unionstruppen.

Am Sonntagmorgen waren die Rebellen in Nashville guter Laune. Wie Sie sich erinnern, hatte General Pillow am Samstagmittag telegrafiert: „Auf die

Ehre eines Soldaten, dieser Tag gehört uns." Die Bürger brüllten es lautstark an.

Ein nüchterner Bürger sagte: „Ich mochte Pillow nie, aber jetzt verzeihe ich ihm. Er ist der richtige Mann für diesen Anlass."

Ein anderer, der Gouverneur des Staates gewesen war, ein böser, gottloser Mann, sagte: „Das sind erstklassige Neuigkeiten. Pillow macht den Yankees die Hölle heiß und reibt sie ihnen unter die Nase!" [6] Das ist ein niederträchtiger Satz, und ich würde ihn nicht zitieren, wenn Sie nicht durch Rebellenquellen ein wahres Bild bekommen könnten.

Die Zeitungen veröffentlichten Bulletins:

„ DER FEIND ZIEHT SICH ZURÜCK! HERRLICHES ERGEBNIS!! UNSERE JUNGS FOLGEN IHM UND BESCHIEßEN SEINEN RÜCKEN!! EIN VOLLSTÄNDIGER SIEG! "

Die Glockenläuter läuteten jubelnd, und die Bürger schüttelten sich auf dem Weg zur Kirche die Hände, um die gute Nachricht zu verkünden. Der Gottesdienst hatte kaum begonnen, als ein Reiter durch die Straßen raste, mit Schlamm bedeckt und fast atemlos vom harten Ritt, und rief: „Fort Donelson hat kapituliert, und die Yankees kommen!"

Die Menschen strömten aus den Kirchen und Häusern auf die Straße. Ein solches Hin und Her hatte man noch nie erlebt. Männer, Frauen und Kinder rannten hierhin und dorthin, ohne zu wissen, was sie tun sollten, und befürchteten, die Yankees würden sie ermorden. Sie begannen, ihre Waren einzupacken. Karren, Wagen, Kutschen, Lastwagen, Schubkarren – alles war beladen. Starke Männer waren bleich vor Angst, Frauen rangen die Hände und Kinder weinten.

Vor Mittag trafen die Generäle Floyd und Pillow auf Dampfschiffen ein. Die Leute drängten sich um die abtrünnigen Offiziere und forderten eine Rede. General Floyd ging auf den Balkon des Hotels und sagte:

„Mitbürger, dies ist nicht die Zeit zum Reden, sondern zum Handeln. Es ist die Zeit, in der sich jeder Mann für den Krieg melden sollte. Es darf kein Tag verloren werden. Wir hatten nur zehntausend schlagkräftige Männer, die vier Tage und Nächte gegen vierzigtausend Feinde kämpften. Aber die Natur konnte nicht länger durchhalten. Die Männer brauchten Ruhe, und da ich ein Drittel meiner tapferen Truppen verloren hatte, war ich gezwungen, mich zurückzuziehen. Wir haben tausend tote Feinde auf dem Schlachtfeld zurückgelassen. General Johnston hat seit drei Nächten kein Auge zugetan; er ist völlig erschöpft, aber er handelt klug. Er wird die Yankees in die Bergschluchten locken, weg von den Flüssen und Kanonenbooten, und sie dann zurückdrängen und den Krieg in das Land des Feindes tragen." [7]

General Johnstons Armee zog sich aus Bowling Green zurück und begann durch die Stadt zu marschieren. Die Soldaten machten nicht Halt, sondern zogen weiter nach Süden. Die Leute hatten gedacht, General Johnston würde den Ort, die Hauptstadt des Staates, verteidigen; als sie aber sahen, dass die Truppen sich zurückzogen, verließen sie leichtsinnig ihre Häuser. Es war eine stürmische Nacht in Nashville. Die Rebellen hatten zwei Kanonenboote fast fertiggestellt, die in Brand gesteckt wurden. Die Lagerhäuser der Rebellen wurden für die armen Leute geöffnet, die Hals über Kopf herbeieilten, um sich an Schweinefleisch, Mehl, Melasse und Zucker zu bedienen. Sehr viel wurde zerstört. Nachdem Johnstons Armee den Fluss überquert hatte, wurde die schöne und kostbare Drahthängebrücke, die ihn überspannte, abgerissen. Sie kostete 250.000 Dollar und gehörte den Töchtern des Rebellengenerals Zollicoffer, der in der Schlacht von Mill Springs in Kentucky getötet worden war. Die Rebellenoffiziere übernahmen es, die riesigen Lebensmittelvorräte wegzuschaffen, die sie angehäuft hatten; aber in der Panik wurden Fässer mit Fleisch und Mehl, Säcke mit Kaffee und Fässer mit Zucker auf die Straßen gerollt und in den Dreck getreten. Die Konföderation verlor Millionen von Dollar. Die Bauern des Landes fürchteten, ihre Sklaven zu verlieren, und aus der ganzen Gegend trieben sie die armen Geschöpfe in die Südstaaten, in der Hoffnung, einen Ort zu finden, an dem sie sicher wären.

Im ganzen Süden herrschte Niedergeschlagenheit und Verzweiflung. Doch im ganzen Norden herrschte große Freude. Alle lobten die tapferen Soldaten, die so edel gekämpft hatten. Es gab öffentliche Versammlungen, Reden, Prozessionen, Illuminationen und Freudenfeuer sowie fromme Danksagungen an Gott.

Die Taten der tapferen Männer des Westens wurden in Gedichten und Liedern gepriesen. Einige Strophen wurden im Atlantic Monthly in Boston veröffentlicht, die so schön sind, dass Sie mir, glaube ich, dankbar sein werden, wenn ich sie zitiere.

„O Stürme, die die Dünung des Atlantiks
an unsere felsigen Küsten peitschen, deren Donner
Neuenglands frohe Hurrarufe gut widerhallen lässt ,

das Echo unserer Freude
in die Prärien des Westens ,
das Gebet, das in jeder Brust aufsteigt:
‚Gott segne dich, Illinois!‘

„O schreckliche Stunden, wenn Kartätschen und Granaten
die unerschütterliche Linie zerfetzen!
‚Bleibt standhaft! Bringt die Gefallenen weg!
Schließt zusammen und wartet auf das Zeichen.‘

„Endlich kam es: ‚Jetzt Jungs, los geht's!‘
Die stürmenden Heerscharen marschieren auf:
‚Angriff, Jungs!‘ – die gebrochenen Verräter taumeln –
Hurra für Illinois!

„Vergeblich blockiert
der lebendige Strom deinen Schutzwall, Donelson.
Er überspringt die Mauer, die Festung ist erobert,
hoch kommen die Streifen und Sterne.

„Die Augenlider Deiner stolzesten Mutter füllen sich,
wenn ihr tapferer Junge es wagt,
und Plymouth Rock und Bunker Hill
sehnen sich nach Dir, Illinois.“

KAPITEL VII.

DIE ARMEE BEI PITTSBURG LANDING.

Am 6. und 7. April 1862 wurde eine der größten Schlachten des Krieges in der Nähe von Pittsburg Landing in Tennessee am Westufer des Tennessee River ausgetragen, etwa zwölf Meilen von der nordöstlichen Ecke des Staates Mississippi entfernt. Die Rebellen nennen sie die Schlacht von Shiloh, weil sie in der Nähe der Shiloh-Kirche ausgetragen wurde. Ich habe den schrecklichen Kampf nicht gesehen, aber ich kam kurz nach dem Kampf an den Ort, gerade rechtzeitig, um die Gewehre, Kanonen, Wagen, Tornister und Patronenkästen zu sehen, die über den Boden verstreut waren, und die frisch ausgehobenen Gräber, in denen die Toten gerade begraben worden waren. Ich war mehrere Wochen auf dem Schlachtfeld im Lager und sah die Wälder, die Ebenen, Hügel und Schluchten. Offiziere und Männer, die an dem Kampf beteiligt waren, zeigten mir die Stellen, an denen sie standen, zeigten mir, wo die Rebellen vorrückten, wo ihre Batterien waren, wie sie vorrückten und sich zurückzogen, wie die Flut des Sieges kam und ging. Da ich so früh vor Ort war und mir die Geschichten vieler Leute angehört habe, werde ich versuchen, Ihnen einen korrekten Bericht zu geben. Das wird jedoch eine schwierige Aufgabe sein, denn die Geschichten widersprechen sich. Keine zwei Menschen sehen eine Schlacht gleich; jeder hat seinen eigenen Standpunkt. Er sieht, was um ihn herum geschieht. Kein anderer wird eine Geschichte wie er erzählen. Menschen haben unterschiedliche Temperamente. Der eine ist aufgeregt, der andere ist kühl und gefasst. Im Kampf leben die Menschen schnell. Jeder Nerv ist erregt, jeder Sinn geschärft, und nur durch die Berichte verschiedener Beobachter kann man sich ein genaues Bild machen.

Wie Sie sich erinnern, zog sich General Johnston nach der Einnahme von Fort Donelson über Nashville nach Süden zurück. Wenige Tage später evakuierten die Rebellen Columbus am Mississippi. Sie waren gezwungen, ihre Kräfte zu konzentrieren. Sie sahen, dass Memphis der nächste Angriffspunkt sein würde, und sie mussten es verteidigen. Sie waren mit aller Kraft gefordert. Die Niederlage der Unionsarmee bei Bull Run, wie Sie sich erinnern, löste einen großen Aufstand im Norden aus, und so brachte der Fall von Donelson die Menschen im Süden in Aufruhr.

Wenn Sie sich die Karte von Tennessee ansehen, werden Sie feststellen, dass etwa dreißig Kilometer von Pittsburg Landing entfernt die Stadt Corinth liegt. Sie liegt an der Kreuzung der Memphis-Charleston-Eisenbahn und der Mobile-Ohio-Eisenbahn, was sie zu einem wichtigen Ort für die Rebellen machte.

„Korinth muss verteidigt werden", hieß es in den Zeitungen von Memphis.

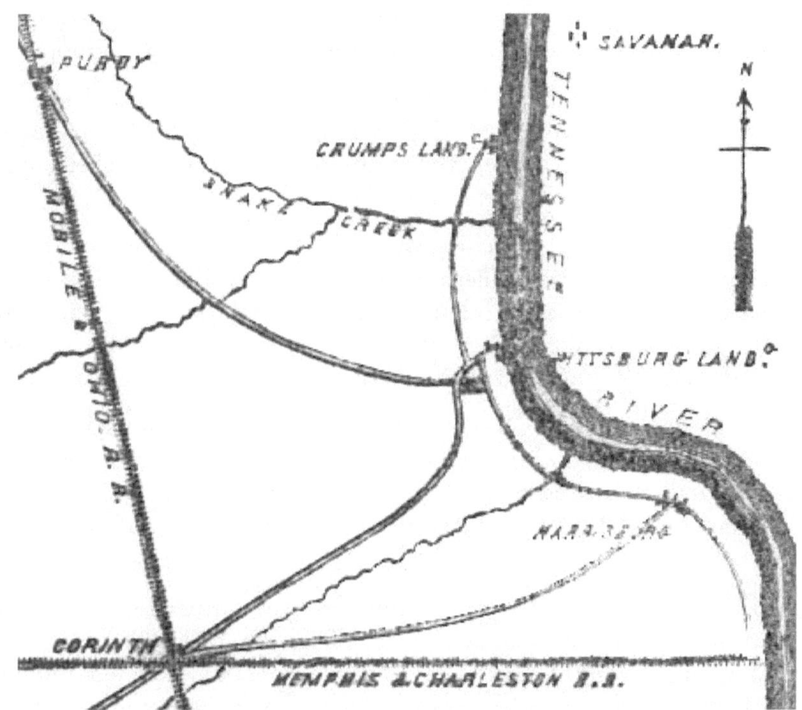

Pittsburg Landing und Umgebung.

Gouverneur Harris aus Tennessee erließ eine Proklamation, in der er die Bevölkerung zum Eintritt in die Armee aufrief.

„Als Gouverneur Ihres Staates und Oberbefehlshaber seiner Armee fordere ich jeden wehrfähigen Mann des Staates, ungeachtet seines Alters, auf, sich in seinen Dienst zu melden. Ich befehle jedem, der eine Waffe beschaffen kann, mit unseren Armeen zu marschieren. Ich bitte jeden, der eine Waffe reparieren oder schmieden kann, sie sofort für den Soldaten fertig zu machen.“

General Beauregard wurde in großer Eile von Jeff Davis in den Westen geschickt, der hoffte, dass der Ruhm und die Ehre, die er durch die Angriffe auf Fort Sumter und Bull Run erlangt hatte, die Menschen im Südwesten aufrütteln und das Schicksal der Konföderation retten würde.

Nach Corinth kam die Blüte der Südstaatenarmee. Alle anderen Punkte wurden geschwächt, um Corinth zu retten. Aus Pensacola kamen General Bragg und zehntausend Alabamaer, die viele Monate lang die kleine, düstere Festung auf Santa Rosa Island bewacht hatten. Die Truppen, die in Mobile gewesen waren, um der Landung von General Butler von Ship Island

Widerstand zu leisten, wurden mit den Zügen der Mobile and Ohio Road nach Norden gebracht. General Beauregard bat die Gouverneure von Tennessee, Mississippi, Alabama und Louisiana um zusätzliche Truppen.

General Polk, der vor dem Krieg Bischof gewesen war, schickte zwei Divisionen aus Columbus am Mississippi hinab. General Johnston eilte mit seiner zurückweichenden Armee weiter, und so wurden alle Rebellentruppen der Südweststaaten in Corinth versammelt.

Der Ruf, zu den Waffen zu greifen, wurde überall befolgt; alte Männer und Jungen strömten in Scharen hierher. Sie kamen aus Texas, Arkansas und Missouri. Beauregard arbeitete mit unermüdlicher Energie daran, eine Armee aufzustellen, die stark genug sein würde, um die Unionstruppen zurückzudrängen, Tennessee zurückzuerobern und Kentucky zu erobern.

Nach der Gefangennahme Donelsons verlegte General Grant seine Armee auf Dampfschiffen den Cumberland hinunter und den Tennessee hinauf nach Pittsburg Landing. Sein Hauptquartier richtete er in Savannah ein, einer kleinen Stadt zehn Meilen unterhalb von Pittsburg Landing auf der Ostseite des Flusses.

General Buell, der General Johnston mit der Ohio-Armee durch Nashville gefolgt war, bahnte sich langsam seinen Weg durch das Land, um sich General Grant anzuschließen. Die Rebellengeneräle verfügten über die Eisenbahnen, an denen sie ihre Truppen rasch konzentrieren konnten, und sie beschlossen, General Grant mit ihrer überlegenen Streitmacht in Pittsburg anzugreifen, bevor General Buell sich ihm anschließen konnte. Beauregard hatte seine Posten vier Meilen von General Grants Truppen entfernt und konnte seine gesamte Armee in Schlagdistanz bringen, bevor General Grant von seiner Gefahr erfuhr. Er rechnete damit, dass er General Grant vernichten, ihn in den Fluss treiben oder ihn zur Kapitulation zwingen und ihm alle seine Kanonen, Wagen, Munition, Proviant, Dampfschiffe – einfach alles – mit einem plötzlichen Schlag abnehmen konnte. Wenn ihm das gelang, konnte er gegen General Buell vorgehen, seine Armee vernichten und nicht nur alles zurückgewinnen, was verloren war, sondern auch Kentucky zurückgewinnen und Ohio, Indiana und Illinois erobern.

Bis auf eine waren alle Divisionen von General Grants Armee in Pittsburg. Zwei Meilen oberhalb der Landung beginnt der Fluss seine große östliche Biegung zu machen. An der Biegung mündet der Lick Creek von Westen. Drei Meilen unterhalb von Pittsburg liegt der Snake Creek, der ebenfalls von Westen kommt. Fünf Meilen weiter unten liegt Crump's Landing. General Lewis Wallaces Division befand sich in der Nähe von Crump's, aber die anderen Divisionen befanden sich zwischen den beiden Bächen. Die Ufer des Flusses sind 75 Fuß hoch und das Land besteht aus einer Abfolge bewaldeter Hügel mit zahlreichen Schluchten. Es gibt ein paar Lichtungen und Bauernhäuser, aber es besteht fast ausschließlich aus Wald – hohen Eichen und hier und da dickem Unterholz. Die Bauern bauen ein wenig Mais, Baumwolle und Tabak an. Das Land ist seit vielen Jahren besiedelt, aber fast so wild wie zu der Zeit, als die Indianer das Land besaßen.

Pittsburg ist der nächste Punkt am Fluss bei Corinth. Die Straße von der Anlegestelle windet sich das Ufer hinauf, verläuft am Rand einer tiefen Schlucht entlang und führt nach Südwesten. Wenn Sie die Straße hinaufgehen, kommen Sie zu einer Blockhütte etwa eine Meile vom Fluss entfernt. In der Nähe gibt es einen Pfirsichgarten. Dort gabeln sich die Straßen. Die linke Straße führt Sie nach Hamburg, die mittlere ist die Ridge Road nach Corinth und die dritte ist die Straße zur Shiloh Church, auch Lower Corinth Road genannt. Es gibt noch andere Lichtungen im Wald – alte Baumwollfelder. Drei Meilen vom Fluss entfernt kommen Sie zur Shiloh Church. Ein klarer Bach, der von Quellen gespeist wird, gurgelt über ein Sandbett, ganz in der Nähe der Kirche. Sie füllen Ihre Feldflasche und stellen fest, dass das Wasser ausgezeichnet ist. Am Sonntagmittag setzen sich die Leute, die zur Kirche kommen, unter die großen alten Bäume, essen ihr Abendessen und trinken aus dem Bach.

Es ist nicht die Kirche, die Sie in Ihrem eigenen Dorf sehen. Sie hat keinen hohen Kirchturm oder sich verjüngende Turmspitze, keine tief klingende Glocke, keine Orgel, keine Sitzbänke oder Galerie, keine Kirchenbänke oder mit Teppichen ausgelegte Gänge. Sie ist aus Baumstämmen gebaut. Sie wurde vor Jahren mit Lehm verkleidet, aber der Regen hat ihn ausgewaschen. Sie können Ihre Hand zwischen die Risse stecken. Sie ist dreißig oder vierzig Fuß im Quadrat. Sie hat Platz für Fenster, aber es gibt keine Schiebefenster und natürlich kein Glas. Wenn Sie drinnen stehen, können Sie bis zum Dach sehen, das von behauenen Dachsparren getragen und mit gespaltenen Schindeln bedeckt ist, die wackeln und klappern, wenn der Wind weht. Es ist die bestbelüftete Kirche, die Sie je gesehen haben. Sie hat keine Kirchenbänke, sondern nur grobe Sitze für die Gemeinde. Viele der Kirchen in diesem Teil des Landes sind nicht besser als diese. Die Sklaverei baut im Allgemeinen keine ordentlichen Kirchen und Schulhäuser. Um diese Kirche herum tobte die Schlacht fürchterlich.

Nicht weit von der Kirche führt eine Straße nach Nordosten in Richtung Crump's Landing und eine andere nach Nordwesten in Richtung der Stadt Purdy. Bei der Kirche, entlang der Straße, die hinunter zum Landing führt, beim Pfirsichgarten und in den Schluchten finden Sie das Schlachtfeld.

General Johnston war Oberbefehlshaber der Rebellenarmee. Er hatte Beauregard, Bragg, Polk, Hardee und Cheatham – alles Generalmajore, die auf Kosten der Vereinigten Staaten in West Point ausgebildet worden waren. Sie galten als die fähigsten Generäle im Dienst der Rebellen. General

Breckenridge war dort. Er war Vizepräsident unter Buchanan und hatte erst vor wenigen Wochen seinen Sitz im Senat der Vereinigten Staaten verloren. Wie Sie sich erinnern, war er der Präsidentschaftskandidat der Sklavenhalter im Jahr 1860. Wahrscheinlich war er sehr verbittert gegenüber dem Volk des Nordens, weil er nicht zum Präsidenten gewählt wurde.

Die Rebellenarmee zählte zwischen vierzig- und fünfzigtausend Mann. General Johnston bemühte sich mit aller Kraft, die aus allen Richtungen herbeiströmenden Truppen in Brigaden zu organisieren. Es war von größter Wichtigkeit, dass der Angriff erfolgte, bevor General Buell sich General Grant anschloss. Die vereinigten und konzentrierten Kräfte von Beauregard, Bragg und Johnston waren Grants Armee um fünfzehntausend Mann überlegen. General Van Dorn wurde mit dreißigtausend Mann aus Arkansas erwartet. Sie sollten mit dem Dampfschiff nach Memphis kommen und mit der Memphis and Charleston Railroad nach Corinth transportiert werden; aber Van Dorn war im Rückstand, und wenn der Angriff nicht sofort erfolgte, würde es zu spät sein, denn die vereinigten Armeen von Grant und Buell würden die Rebellen zahlenmäßig übertreffen. Um Mitternacht des 1. April erfuhr Johnston, dass General Buells Vorhut nur noch zwei oder drei Tagesmärsche von Savannah entfernt war. Er gab seinen Korpskommandeuren sofort seine Befehle und wies die Routen an, die jeder von ihnen beim Vormarsch nach Pittsburg nehmen sollte.

Die Truppen begannen ihren Marsch am Donnerstagmorgen. Sie waren in ausgezeichneter Stimmung. Sie jubelten, schwangen ihre Hüte und marschierten mit großer Begeisterung. Die Rebellenoffiziere, die die Lage kannten und das Gelände, auf dem General Grant lagerte, glaubten, dass seine Armee vernichtet werden würde. Sie versicherten den Truppen, dass es ein großer und glorreicher Sieg werden würde.

Die Entfernung betrug nur achtzehn Meilen, und General Johnston wollte den Angriff am Samstagmorgen bei Tagesanbruch ausführen, aber am Freitagabend regnete es heftig, und die Straßen waren am Morgen so schlammig, dass die Artillerie nicht vorrücken konnte. Erst am späten Samstagnachmittag war seine Armee in Position. Für den Angriff war es schon zu spät in der Nacht. Er untersuchte das Gelände, verteilte Munition, postierte die Artillerie, gab den Männern zusätzliche Rationen und wartete auf den Sonntagmorgen.

Die Unionsarmee war in Sicherheit. Auf den Hügeln und entlang der Bergrücken waren keine Schützengräben errichtet worden. Es wurden keine Vorkehrungen gegen Überraschungen getroffen. Die Offiziere und Soldaten dachten nicht im Traum daran, angegriffen zu werden. Sie waren unvorbereitet. Die Divisionen waren nicht in Schlachtordnung. Sie bereiteten sich auf den Vormarsch auf Corinth vor und sollten marschieren, wenn

General Halleck, der in St. Louis war und die Division befehligte, das Feld betrat.

Am Freitagabend wurde auf die Posten an der Corinth Road, zwei Meilen von Shiloh Church entfernt, geschossen. Eine Gruppe von Rebellen stürmte durch die Wälder und nahm mehrere Offiziere und Männer gefangen. Das 70., 72. und 48. Ohio-Regiment von General Shermans Division wurden auf Erkundungstour geschickt. Sie stießen auf ein paar Rebellenregimenter und trieben sie nach einem heftigen Gefecht zu einer Rebellenbatterie zurück, wobei sie drei oder vier Gefangene verloren und sechzehn machten. General Lewis Wallace befahl seiner Division, ein oder zwei Meilen von Crump's Landing vorzurücken, und die Truppen standen unter Waffen im Regen, der die ganze Nacht in Strömen strömte, um für einen Angriff aus dieser Richtung bereit zu sein; aber es kam nichts dabei heraus. Am Samstag kam es zu weiteren Scharmützeln – ein anhaltendes Feuer entlang der Postenlinien. Alle nahmen an, dass die Rebellen eine Erkundung durchführten. Niemand dachte, dass eine der größten Schlachten des Krieges unmittelbar bevorstand. General Grant fuhr am Samstagabend den Fluss hinunter nach Savannah. Die Truppen trockneten ihre Kleidung in der Sonne, kochten ihr Abendessen, erzählten ihre Abendgeschichten und machten wie üblich beim Zapfenstreich ihre Lichter aus.

Um die Position von General Grants Armee zu ermitteln, beginnen wir bei Pittsburg Landing. Dort herrscht reges Treiben. Vierzig oder fünfzig Dampfschiffe liegen dort, und Hunderte von Männern rollen Fässer mit Zucker, Speck, Schweinefleisch, Rindfleisch, Brotkisten, Heubündel und Tausende von Getreidesäcken heraus. Mehrere hundert Wagen warten darauf, die Truppen mit Vorräten zu versorgen. Ein langer Zug windet sich den Hügel hinauf Richtung Westen.

Wenn Sie den Hügel hinaufsteigen, kommen Sie zu einer Weggabelung. Die rechte Straße führt nach Crump's Landing. Auf der rechten Straßenseite im Wald sehen Sie General Smiths alte Division, die die Schützengräben in Donelson eingenommen hat. Sie wird jetzt von WHL Wallace kommandiert, der für seine Tapferkeit in Donelson zum Brigadegeneral ernannt wurde. Seit dieser Schlacht hat es viele Kommandeurwechsel gegeben. Oberste, die dort Regimenter befehligten, sind jetzt Brigadekommandeure.

Wenn Sie ein paar Ruten auf der Shiloh Road bleiben, kommen Sie zu der Straße, die nach Hamburg führt. Anstatt dort abzubiegen, bleiben Sie ein Stück weiter auf der Ridge Road, die nach Corinth führt. Die Division von General Prentiss befindet sich auf dieser Straße, zwei Meilen weiter, in Richtung Südwesten. Anstatt diese Straße zu nehmen, bleiben Sie weiterhin auf der rechten Seite, fahren fast die ganze Zeit nach Westen und kommen zu McClernands Division, die in einer langen Linie auf beiden Seiten der

Straße lagert. Hier sehen Sie die Batterien von Dresser, Taylor, Schwartz und McAllister und all jene Regimenter, die so entschlossen bei Donelson gekämpft haben. Sie sind nach Nordwesten ausgerichtet. Ihre Linie liegt etwas östlich der Kirche.

Wenn Sie zur Kirche hinübergehen, sehen Sie, dass dort mehrere Straßen in die Mitte führen: eine kommt von Nordwesten und bringt Sie nach Purdy, eine von Nordosten nach Crump's Landing, die Straße, die Sie von Pittsburg Landing aus genommen haben, eine von Südosten nach Hamburg und eine von Südwesten, die untere Straße nach Corinth.

Sie sehen, in der Nähe der Kirche, auf beiden Seiten dieser unteren Straße nach Corinth, General Shermans Division, die nicht nach Nordwesten, sondern fast nach Süden ausgerichtet ist. McClernands linker Flügel und Shermans linker Flügel liegen dicht beieinander. Sie bilden die beiden Seiten eines Dreiecks, wobei der Winkel am linken Flügel liegt. Sie befinden sich in einer sehr schlechten Position, um angegriffen zu werden.

Nehmen Sie jetzt die Hamburg Road und fahren Sie zwei Meilen südöstlich, bis Sie zur Kreuzung der Ridge Road nach Corinth kommen, wo Sie General Prentiss' Division finden, die bereits erwähnt wurde. Wenn Sie weiterfahren, kommen Sie zum Lick Creek. Er hat hohe, steile Ufer. An dieser Stelle ist er durchwatbar, und Colonel Stuarts Brigade von Shermans Division ist dort und bewacht die Kreuzung. Der Bach, der an der Kirche vorbeigurgelt, mündet in den Bach. Sie sehen, dass Prentiss' gesamte Division und der linke Flügel von McClernands Division zwischen Stuarts Brigade und dem Rest von Shermans Division stehen. In den Wäldern in der Nähe der Landung lagern abgetrennte Regimenter, die gerade angekommen sind und noch nicht zu Brigaden eingeteilt wurden. Hinter diesen Linien befinden sich auch zwei Kavallerieregimenter. Auf dem Gipfel des Hügels in der Nähe der Landung befinden sich mehrere Belagerungsgeschütze, aber es gibt keine Artilleristen oder Kanonenschützen, die sie bedienen könnten.

Sie sehen, dass die Armee nicht damit rechnet, angegriffen zu werden. Die Kavallerie sollte sechs oder acht Meilen vorrücken, aber sie ist hier, und die Pferde fressen ruhig ihren Hafer. Die Infanterieposten sollten drei oder vier Meilen vorrücken, aber sie sind keine anderthalb Meilen vom Lager entfernt. Die Armee ist in einer schlechten Position, um einem plötzlichen Angriff einer überlegenen Streitmacht zu widerstehen. McClernand sollte nicht im rechten Winkel zu Sherman stehen, Stuart sollte nicht durch Prentiss von seiner Division getrennt werden, und General Lewis Wallace ist zu weit weg, um sofortige Hilfe zu leisten. Außerdem ist General Grant abwesend, und es ist kein Oberbefehlshaber auf dem Schlachtfeld. Es wundert Sie, dass keine Vorbereitungen getroffen wurden, um einem Angriff zu widerstehen, keine Brustwehren errichtet wurden, keine angemessene Aufstellung der Truppen erfolgte, keine ausgedehnten Aufklärungsfahrten der Kavallerie stattfanden und dass sich nach den Scharmützeln am Freitag und Samstag alle Mann am Samstagabend so ruhig in ihre Zelte legten. Sie hätten nicht im Traum daran gedacht, dass fünfzigtausend Rebellen bereit wären, sie im Morgengrauen anzugreifen.

General Johnstons Angriffsplan wurde seinen Korpskommandanten vorgelegt und von ihnen genehmigt. Er sah vor, die gesamte Armee auf Prentiss und Sherman loszulassen. Er verfügte über vier Truppenlinien, die sich von Lick Creek auf der rechten Seite bis zum südlichen Arm des Snake Creek auf der linken Seite erstreckten, eine Entfernung von etwa zweieinhalb Meilen.

Die Frontlinie bestand aus dem gesamten Korps von Generalmajor Hardee, zu dem auf der rechten Seite General Gladdens Brigade aus Braggs Korps hinzukam. Die Artillerie war vorne postiert, dicht gefolgt von der Infanterie. Auf beiden Flügeln wurden Kavallerieschwadronen eingesetzt, um die Wälder zu durchkämmen und die Posten der Union einzutreiben.

Etwa 500 Meter hinter Hardee befand sich die zweite Linie, Braggs Korps in derselben Ordnung wie Hardees. Achthundert Meter hinter Bragg stand General Polk, sein linker Flügel wurde von Kavallerie unterstützt, seine Batterien waren in Position, um jederzeit vorrücken zu können. Die Reserve unter General Breckenridge folgte Polk dicht auf den Fersen. Breckenridges und Polks Korps galten beide als Reserven. Sie hatten die Anweisung, nach eigenem Ermessen zu handeln. Jede Linie bestand aus zehn- bis zwölftausend Mann.

Die Rebellentruppen hatten am Freitag Rationen für fünf Tage erhalten – Fleisch und Brot in ihren Brotbeuteln. Es war ihnen nicht gestattet, ein Feuer zu entzünden, außer in Löchern im Boden. Lautes Reden war nicht erlaubt; kein Trommelwirbel, kein Signalhorn schallte durch den Wald. Sie rollten sich in ihre Decken, denn sie wussten, dass sie bei Tagesanbruch den schrecklichen Schlag führen würden. Sie waren zuversichtlich, dass sie Erfolg haben würden. Ihre Offiziere versicherten ihnen, dass es ein leichter Sieg werden würde und dass sie am Sonntagabend im Yankee-Lager schlafen, Yankee-Brot essen, echten Kaffee trinken und neue Kleidung haben würden.

Am Abend versammelte General Johnston seine Korpskommandeure um sein Biwakfeuer zu einem letzten Gespräch vor der Schlacht. Obwohl Johnston Oberbefehlshaber war, plante Beauregard die Schlacht. Johnston war Beauregards Vorgesetzter, aber das Schlachtfeld lag in Beauregards Zuständigkeitsbereich. Er gab den Offizieren Anweisungen.

Mr. William G. Stevenson aus Kentucky, der sich bei Kriegsausbruch in Arkansas aufhielt, wurde in den Dienst der Rebellen rekrutiert. In dieser

Schlacht fungierte er als spezieller *Adjutant* von General Breckenridge. Er entkam einige Monate später dem Dienst der Rebellen und hat einen interessanten Bericht über das, was er sah, veröffentlicht. [8] Er stand außerhalb des Kreises der Generäle, die im Dunkeln neben seinem Pferd warteten, um eine Depesche für seinen Kommandanten zu überbringen. Er gibt folgende Beschreibung der Szene:—

„Auf einem offenen Platz, in dessen Mitte ein schwaches Feuer brannte und auf dem eine Trommel zum Schreiben stand, konnte man zehn oder zwölf Generäle sehen, die sich um ihren ‚Kleinen Napoleon‘, wie Beauregard manchmal liebevoll genannt wurde, gruppierten. Das flackernde Licht spielte über ihre eifrigen Gesichter, während sie seinen Plänen lauschten und Vorschläge für die Durchführung des Kampfes machten.

„Beauregard war bald von seinem Thema angetan, warf seinen Mantel ab, um seinen Armen freies Spiel zu geben, und ging um die Gruppe herum, gestikulierte schnell und riss seine Sätze mit starkem französischen Akzent hervor. Alle hörten aufmerksam zu, und das schwache Licht, das gerade ihre Gesichter enthüllte, zeigte ihre unterschiedlichen Gefühle des Vertrauens oder Misstrauens gegenüber seinen Plänen.

„General Sidney Johnston stand abseits von den anderen. Seine große, gerade Gestalt hob sich wie ein Gespenst vom trüben Himmel ab. Die Illusion wurde durch den hellgrauen Militärmantel, den er um sich gewickelt hatte, noch verstärkt. Sein Gesicht war blass, zeigte aber einen entschlossenen Ausdruck. Manchmal näherte er sich der Mitte des Kreises und sagte ein paar Worte, denen mit großer Aufmerksamkeit zugehört wurde. Vielleicht hatte er eine Vorahnung von dem Schicksal, das ihn am nächsten Tag erwartete, denn er schien sich nicht groß an der Diskussion zu beteiligen.

„General Breckenridge lag ausgestreckt auf einer Decke neben dem Feuer, setzte sich gelegentlich aufrecht hin und gab ein paar Ratschläge. General Bragg sprach häufig und mit Ernsthaftigkeit. General Polk saß auf einem Campingstuhl am Rande des Kreises und hielt seinen Kopf zwischen den Händen, in Gedanken versunken. Andere lehnten sich zurück oder saßen in verschiedenen Positionen.

„Die Beratung dauerte zwei Stunden, und als sie sich auflöste und die Generäle bereit waren, zu ihren jeweiligen Kommandos zurückzukehren, hörte ich General Beauregard sagen, wobei er seine Hand hob und in Richtung des Bundeslagers zeigte, dessen Trommeln wir deutlich hören konnten: ‚Meine Herren, wir schlafen morgen Nacht im Lager des Feindes.‘“

Der General der Konföderierten, so derselbe Autor, verfügte über genaue Informationen über die Position und die Stärke von General Grant. Dieses Wissen erlangte er durch Spione und Informanten, von denen einige in der

Nähe lebten, Grants Lager immer wieder betreten und verlassen hatten und jeden Fußbreit Boden kannten.

Unter diesen Umständen warteten die Rebellengeneräle ungeduldig auf den Morgen, mit einer überlegenen Streitmacht, mit genauen Kenntnissen über die Position jeder Brigade in General Grants Armee, mit Truppen in bester Stimmung, enthusiastisch, leidenschaftlich, in Erwartung eines Sieges, die sich an einen arglosen, unvorbereiteten Feind heranschlichen, mit Brigaden und Divisionen in weiten Abständen, mit General Grant, dem Oberbefehlshaber, zehn Meilen entfernt und General Buells nächstgelegenen Truppen in zwanzig Meilen Entfernung.

KAPITEL VIII.

DER KAMPF.

VON TAGESANBRUCH BIS ZEHN UHR.

Es war ein schöner Morgen. Ein paar Schäfchenwolken schwebten am Himmel. Die Bäume trieben ihre zarten Blätter aus. Die Luft war erfüllt vom Duft der ersten Frühlingsblüten. Die Vögel sangen ihre süßesten Lieder.

Um drei Uhr standen die Rebellentruppen unter Waffen, hatten ihr Frühstück gegessen, ihre Decken zusammengefaltet und ihre Rucksäcke beiseite gelegt. Sie sollten sich ungehindert bewegen, um mit mehr Elan kämpfen zu können. Der Morgen hellte sich auf und die langen Reihen zogen durch den Wald.

Die Unionsarmee schlief. Der Weckruf war noch nicht geschlagen worden. Die Soldaten träumten noch von zu Hause oder warteten auf den morgendlichen Trommelschlag. Die Maultiere und Pferde waren an die Wagen gebunden und wieherten nach Hafer und Mais. Ein paar Fuhrleute waren auf den Beinen. Köche entzündeten die schwelenden Lagerfeuer. Die Posten, eine Meile entfernt, hatten die ganze Nacht Wache gehalten. Es war kaum geschossen worden. Nichts deutete auf die Annäherung von fünfzigtausend Mann hin. Beauregard hatte angeordnet, dass die Posten die ganze Nacht über nicht feuern sollten.

General Prentiss hatte am Samstagabend seine Wache an der Corinth Ridge Road verstärkt. Einige seiner Offiziere berichteten, dass es in den Wäldern genügend Rebellenkavallerie gab. Er verdoppelte daher seine große Wache und verlängerte die Linie. Außerdem befahl er Colonel Moore vom 21. Missouri, mit fünf Kompanien seines Regiments an die Front zu gehen. Colonel Moore marschierte um drei Uhr. General Prentiss erwartete keine Schlacht, aber das Auftauchen der Rebellen entlang der Linien veranlasste ihn, diese Vorsichtsmaßnahmen zu treffen.

Ungefähr zu dem Zeitpunkt, als Colonel Moore die Posten erreichte, kamen die Scharmützel der Rebellen in Sicht. Das Feuer begann. Die Posten hielten entschlossen ihre Stellung, aber die Rebellen rückten vor. Als Colonel Moore das Feuer hörte, eilte er vorwärts. Es war kaum so hell, dass man Männer von Bäumen unterscheiden konnte, aber der stetige Vormarsch der Rebellen überzeugte ihn davon, dass sie eine ernsthafte Demonstration abhielten. Er schickte einen Boten zu General Prentiss, um den Rest seines Regiments anzufordern, das vorgeschickt wurde. Gleichzeitig gab General Prentiss den Befehl, dass sich der Rest seiner Division formieren sollte.

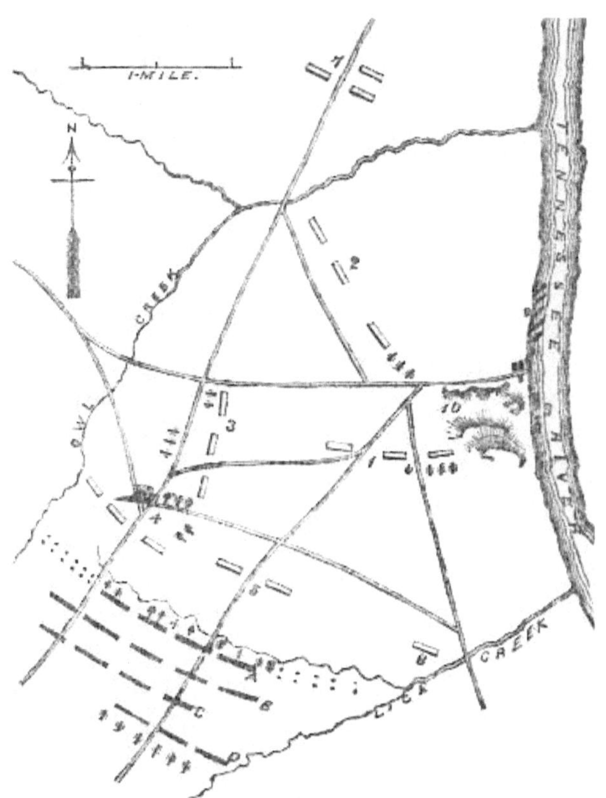

Pittsburg Landing.

1 Hurlburts Abteilung.	8 Kanonenboote.
2 WHL Wallaces Abteilung.	9 Transporte.
3 McClernands Division.	10 Schlucht.
4 Shermans Division.	A Hardees Linie.
5 Abteilung von Prentiss.	B Braggs Linie.
6 Stuarts Brigade.	C Polks Linie.
7 Die Abteilung von Lewis Wallace.	D Breckenridges Reserven.

Seine gesamte Truppe bestand aus sieben Regimentern, aufgeteilt in zwei Brigaden. Die erste Brigade wurde von Colonel Peabody kommandiert und bestand aus dem 25. Missouri-, dem 16. Wisconsin- und dem 12. Michigan-Regiment. Die zweite Brigade bestand aus dem 18. und 23. Missouri-, dem 18. Wisconsin- und dem 61. Illinois-Regiment. Das 23. Missouri-Regiment befand sich in Pittsburg Landing, war gerade von einem Transporter ausgestiegen und kam erst gegen zehn Uhr zur Brigade. Als das Feuer begann, begab sich sein Kommandeur, der angewiesen worden war, sich bei General Prentiss zu melden, umgehend zur Division.

General Prentiss schickte außerdem einen Offizier zu den Generälen Hurlburt und Wallace, die die Divisionen in seinem Rücken nahe der Landung befehligten, und teilte ihnen mit, dass die Rebellen seine Posten mit großer Kraft angriffen. Das Feuer nahm zu. Das 21. Missouri feuerte ein oder zwei Salven ab, musste sich aber zurückziehen.

In den Regimentern wurde ausgiebig Zielschießen geübt und jeden Morgen feuerten die Posten nach ihrer Rückkehr von der Front ihre Gewehre ab. Die Soldaten waren inzwischen so sehr an das ständige Feuer gewöhnt, dass diese Salven so früh am Morgen das Lager nicht beunruhigten.

Die Befehle von General Prentiss wurden nur zögerlich ausgeführt. Viele der Offiziere waren noch nicht aufgestanden, als das 21. Missouri im Laufschritt zurückkam, mit Colonel Moore und mehreren anderen Verwundeten. Sie kamen mit wildem Geschrei zurück. Die Rebellen waren ihnen dicht auf den Fersen.

General Johnston verfügte, wie Sie bereits gesehen haben, über vier Truppenlinien. Das dritte Korps stand an vorderster Front unter dem Kommando von Generalmajor Hardee, das zweite Korps folgte unter dem Kommando von General Bragg; das erste Korps folgte unter dem Kommando von Generalmajor Polk, gefolgt von der Reserve unter General Breckenridge.

General Hardee hatte drei Brigaden: Hindmans, Cleburns und Woods. General Bragg hatte zwei Divisionen mit jeweils sechs Brigaden. Die erste Division wurde von General Ruggles kommandiert und umfasste die Brigaden von Gibson, Anderson und Pond. Die zweite Division wurde von General Withers kommandiert und umfasste die Brigaden von Gladden, Chalmers und Jackson.

General Polk verfügte über zwei Divisionen mit jeweils vier Brigaden. Die erste Division wurde von General Clark kommandiert und umfasste die Brigaden von Russell und Stewart. Die zweite Division wurde von Generalmajor Cheatham kommandiert und umfasste die Brigaden von Johnson und Stephens.

Breckenridge hatte die Brigaden von Tabue, Bowen und Statham. General Gladdens Brigade aus Withers Division war rechts von Hardees Linie platziert. Sie bestand aus dem 21., 25., 26. Alabama- und 1. Louisiana-Regiment mit Robertsons Batterie. Hindmans Brigade schloss sich Gladdens an. Gladden folgte Colonel Moores Truppen und fiel in Prentiss' Lager ein.

Augenblicklich herrschte im Lager große Aufregung: Geschrei, Gebrüll, Hin- und Herrennen, Pferde satteln, Gewehre und Patronenkästen ergreifen und sich in Reihen aufstellen. Gladden rückte schnell vor und feuerte seine Kugeln ins Lager. Männer, die noch nicht aufgestanden waren, wurden erschossen, während sie in ihren Zelten lagen.

Aber General Prentiss war auf der ganzen Linie, erteilte seine Befehle und spornte die Männer an, die gerade aus dem Schlaf erwacht waren und kaum in der Verfassung waren, kühl zu handeln. Er befahl seiner gesamten Truppe, vorzurücken, mit Ausnahme des 16. Iowa-Bataillons, das keine Munition hatte, da es am Samstagabend aus Kairo eingetroffen war.

Zwischen Prentiss' rechter und Shermans linker Flanke klaffte eine große Lücke. Als Hardee auf niemanden stieß, der ihm Widerstand leisten konnte, schob er seine eigenen Brigaden in die Lücke. Er flankierte Prentiss auf der einen und Sherman auf der anderen Seite, wie ein Blick auf die Grafik auf Seite 173 zeigt.

Hinter Gladden befanden sich Withers' verbleibende Brigaden sowie die von Chalmers und Jackson. Chalmers befand sich auf der rechten Seite, weiter östlich als Gladden. Er hatte das Fünfte, Siebte, Neunte und Zehnte Mississippi-Bataillon, das Zweiundfünfzigste Tennessee-Bataillon und Gages Batterie.

Jackson hatte das Zweite Texas, das Siebzehnte, Achtzehnte und Neunzehnte Alabama sowie Girardeys Batterie. Chalmers rückte schnell auf Prentiss' linke Flanke vor. Gages und Robertsons Batterien eröffneten beide das Feuer. Jackson kam auf Prentiss' rechte Seite und in kurzer Zeit waren seine sechs Regimenter mit zwölf von Braggs und zwei Batterien im Kampf.

Sie umringten Prentiss auf beiden Seiten, begannen, ihm den Rücken zu streitig zu machen, um ihm den Weg zur Landung abzuschneiden und ihn von Stuarts Brigade aus Shermans Division zu trennen, die eine Meile entfernt auf der Straße nach Hamburg stand. Die Regimenter auf der linken Seite begannen aufzubrechen, dann die in der Mitte. Die Rebellen erkannten ihren Vorteil. Vor ihnen, den Hügelhang übersät, befanden sich die heiß begehrten Zelte. Mit wildem Kriegsgeschrei stürmten sie weiter.

General Prentiss konnte mit Unterstützung des kühlen und entschlossenen Colonel Peabody die schwächelnden Truppen an der Front wieder sammeln, doch reichte seine Macht nicht aus, um den Ansturm an den Flanken aufzuhalten.

„Nicht nachgeben! Standhaft bleiben! Treiben Sie sie mit dem Bajonett zurück!", rief Colonel Peabody, und einige ebenso tapfere Missourianer blieben an ihren Plätzen, luden und feuerten bedächtig.

„Vorwärts, vorwärts, Jungs!", rief General Gladden, der seine Männer anführte. Doch dann ertönte ein Kanonenschuss, der durch den Wald schallte, ihn vom Pferd warf und ihm eine tödliche Wunde zufügte. Das Kommando ging an Colonel Adams vom First Louisiana über.

Doch die ungebremste Flut strömte an Prentiss' tapferer Truppe vorbei. Prentiss blickte nach rechts hinauf und sah sie dort, die langen Reihen von Männern, die sich stetig durch den Wald bewegten. Er galoppierte nach links und sah sie dort. Die Bajonette des Feindes blitzten zwischen ihm und dem heller werdenden Licht im Osten auf. Seine Männer verloren an Kraft. Sie fielen unter dem bitteren Feuer, das jetzt aus kurzer Entfernung abgefeuert wurde. Sie begannen zu fliehen. Er musste zurückweichen und sein Lager verlassen, sonst würde er umzingelt werden. Seine Truppen rannten in wilder Unordnung. Männer, Pferde, Gepäckwagen, Ambulanzwagen sprangen in unbeschreiblichem Durcheinander über Baumstämme und Baumstümpfe und durch Dickicht. Colonel Peabody wurde von seinem Pferd geschossen und tödlich verwundet, und seine Truppen, die begonnen hatten, Mut und Ausdauer zu zeigen, schlossen sich den Flüchtlingen an.

Prentiss informierte Hurlburt über die Katastrophe. Hurlburt war vorbereitet. Er bewegte seine Division im Laufschritt vorwärts. Prentiss' unorganisierte Regimenter trieben hindurch, aber seine Reihen blieben unerschütterlich.

Die Rebellen betraten die Zelte des eroberten Lagers, warfen ihre alten Kleider ab und nahmen sich neue Kleidungsstücke, brachen Truhen auf, durchsuchten die Rucksäcke und verschlangen das warme Frühstück. Sie jubelten; sie schrien, tanzten, sangen und dachten, der Sieg sei errungen. Zwei- oder dreihundert Gefangene wurden gemacht, entwaffnet und ihre Taschen durchsucht. Sie mussten ihr ganzes Geld abgeben und Kleider mit ihren Entführern tauschen und wurden dann nach hinten abgeführt.

Während dies in Prentiss' Division geschah, wurden Shermans Posten durch den schnellen Vormarsch der Rebellen zurückgedrängt. Es war kurz nach Sonnenaufgang, als sie atemlos eintrafen und erschreckende Berichte darüber verbreiteten, dass ihnen die gesamte Rebellenarmee auf den Fersen sei. Die Offiziere waren noch nicht aus dem Bett. Die Soldaten waren gerade aufgestanden, rieben sich die Augen, zogen ihre Stiefel an, wuschen sich am Bach oder kümmerten sich um ihre Feldkessel. Ihre Gewehre waren in ihren Zelten; sie hatten einen kleinen Vorrat an Munition. Es war eine völlige Überraschung.

Offiziere sprangen aus ihren Betten, rissen die Zeltplane auf und standen nackt da, um zu sehen, was los war. Die Rebellenposten stürmten bis auf Musketenreichweite heran und feuerten.

„Antreten! In Linie aufstellen! Hier, schnell!", lauteten die Befehle der Offiziere.

In alle Richtungen rannte man. Soldaten griffen zu ihren Gewehren, Offiziere zu ihren Säbeln, Artilleristen zu ihren Geschützen, Fuhrleute zu ihren Pferden. Es herrschte große Hast und ein großes Durcheinander.

General Hardee machte gleich zu Beginn einen Fehler. Anstatt mit einem Bajonettangriff auf Shermans Lager vorzustürmen und seine ungeformten Brigaden sofort in die Flucht zu schlagen, wie er es hätte tun können, machte er seine Batterien protzt und eröffnete das Feuer.

Der erste Infanterieangriff richtete sich gegen Hildebrands Brigade, bestehend aus dem 53., 59. und 76. Ohio-Regiment und dem 53. Illinois-Regiment, das sich links von der Division befand. Daneben stand Bucklands Brigade, bestehend aus dem 48., 70. und 72. Ohio-Regiment. Ganz rechts, westlich der Kirche, stand McDowells Brigade, bestehend aus dem 6. Iowa-Regiment, dem 40. Illinois-Regiment und dem 46. Ohio-Regiment. Taylors Batterie war rund um die Kirche stationiert, und Waterhouses Batterie befand sich auf einem Bergrücken etwas östlich der Kirche, hinter Hildebrands Brigade.

Trotz dieses plötzlichen Angriffs lösten sich die Reihen nicht. Einige Männer rannten, aber die Regimenter formierten sich mit lobenswerter Festigkeit. Die Rebellen-Plänkler kamen zu den Büschen, die den Bach südlich der Kirche säumen, und eröffneten ein Streufeuer, das von Shermans Posten erwidert wurde, die noch immer einige Ruten vor den Regimentern in Linie standen. Zwischen dem 57. und 53. Regiment von Hildebrands Brigade gab es eine offene Lücke, und Waterhouse feuerte unter Shermans Anweisung seine Granaten durch die Lücke in die Büsche. Taylor brachte seine Geschütze auf beiden Seiten der Kirche in Stellung.

Hindman, Cleburn und Wood rückten in die Lücke zwischen Sherman und Prentiss vor und schwenkten nach Nordwesten auf Shermans linke Flanke. Ruggles mit seinen drei Brigaden und Hodgsons Batterie Louisiana-Artillerie sowie Ketchums Batterie rückten an Shermans Front vor. Er hatte Gibsons Brigade auf der rechten Seite, bestehend aus dem Vierten, Dreizehnten und Neunzehnten Louisiana-Regiment und dem Ersten Arkansas-Regiment. Andersons Brigade war die nächste in der Reihe und bestand aus dem Siebzehnten und Zwanzigsten Louisiana-Regiment und dem Neunten Texas-Regiment, einem Louisiana- und einem Florida-Bataillon. Ponds Brigade war auf der linken Seite und bestand aus dem Sechzehnten und Achtzehnten Louisiana-Regiment, dem Achtunddreißigsten Tennessee-Regiment und zwei Louisiana-Bataillonen.

Als der Alarm ausgelöst wurde, war General Sherman sofort auf seinem Pferd. Er schickte eine Anfrage an McClernand, Hildebrand zu unterstützen. Er ließ auch Prentiss ausrichten, dass der Feind vorn sei, aber Prentiss hatte dies bereits entdeckt und kämpfte mit aller Kraft gegen die Lawine, die vom Bergkamm südlich seiner Position auf ihn zurollte. Er ließ Hurlburt ausrichten, dass in der Lücke zwischen der Kirche und Prentiss eine Truppe benötigt würde. Er war überall präsent, stürmte seine Linien entlang und schenkte dem ständigen Feuer der Rebellen-Plänkler aus kurzer Musketenreichweite keine Beachtung, das auf ihn und seinen Stab gerichtet war. Sie sahen ihn, wussten, dass er ein hochrangiger Offizier war, sahen, dass er Ordnung in die Verwirrung brachte, und versuchten, ihn abzuschießen. Während er nach Hildebrand galoppierte, wurde sein Ordonnanzoffizier Halliday getötet.

Das Feuer aus den Büschen war heftig und Hildebrand befahl dem 77. und 57. Ohio-Regiment, die Rebellen zu vertreiben. Sie rückten vor und wollten gerade angreifen, als sie sahen, dass sie auf Hardees Linie gestoßen waren, die den Hang hinuntermarschierte. Die Morgensonne schickte gerade ihre Strahlen durch den Wald und schien auf die lange Reihe von Bajonetten. Statt vorzurücken, zog sich Hildebrand zurück und nahm bei Waterhouse auf dem Grat Stellung. Als Hildebrand vorrückte, wurden zwei von Waterhouses Kanonen über den Bach geschickt, aber sie wurden schnell zurückgezogen, allerdings nicht zu früh, denn sie wurden benötigt, um Hindman und Cleburn zu vernichten, die unterhalb von Hildebrand überquerten.

Auf der Südseite des Bachs gab es ein Feld und ein altes, heruntergekommenes Bauernhaus. Ruggles kam auf das Feld, hielt an und begann, sich für einen schnellen Abstieg zum Bach zu formieren. Seine Truppen waren von der Kirche aus gut zu sehen.

„Erweisen Sie den Kerlen dort drüben Ihren Respekt", sagte Major Taylor zu dem Offizier, der seine eigene Batterie befehligte. Taylor war Artilleriechef in Shermans Division und hatte nicht das unmittelbare Kommando über seine eigene Batterie. Als er sie das erste Mal das Feld betreten sah, dachte er, es seien keine Rebellen, sondern einige von Prentiss' Männern, die an der Front gewesen waren. Er zögerte, das Feuer zu eröffnen, bis festgestellt war, wer sie waren. Er ritt hinunter zu Waterhouse und befahl ihm, ins Feld zu schießen. Er galoppierte zu McDowells Brigade, wo Barretts Batterie stationiert war, und befahl dem befehlshabenden Offizier, dasselbe zu tun. Im Nu rauchte das Feld, Granaten explodierten in der Luft, krachten durch Ruggles' Reihen und bohrten Löcher in die Wände der verfallenen alten Hütte. Die Rebellen konnten einem so schweren Feuer auf freiem Feld nicht standhalten. Anstatt direkt gegen die Kirche vorzurücken, zogen sie sich in die Wälder östlich des Feldes zurück und verstärkten dort die Brigaden, die bereits weit in die Lücke zwischen Sherman und Prentiss vorgerückt waren.

Sie näherten sich Hildebrands linker Flanke. Der dichte Hasel- und Erlenbestand am Bach verbarg ihre Bewegungen. Sie rückten vor, bis sie nicht mehr als 300 Fuß vom 53. und 57. Ohio-Regiment entfernt waren, bevor sie das Feuer eröffneten. Sie schrien wie die Teufel, kreischten und heulten, um die Handvoll Männer, die Waterhouse unterstützten, zu erschrecken. Taylor sah, dass sie Waterhouse angreifen wollten. Er ritt zur Stelle. „Gebt ihnen Kartätschen und Kartätschen!", rief er. Es geschah. Der Eisenhagel fegte durch die Büsche. Das Geschrei hörte plötzlich auf. Stattdessen erklangen Ächzen und Stöhnen. Der Vormarsch in diese Richtung wurde sofort gestoppt.

Aber die ganze Zeit über drangen Hardees Mittelbrigaden in die Lücke ein und eroberten ohne ernsthaften Widerstand Shermans linke Flanke. Waterhouse begann, seine Geschütze für den Rückzug vorzubereiten. Taylor befürchtete eine plötzliche Panik.

„Kämpfe um jeden Zentimeter Boden. Bleib ruhig. Gib ihnen Trauben. Lass sie alles haben, was sie wollen", sagte Taylor.

Waterhouse machte seine Geschütze wieder fertig, drehte sie etwas weiter nach Osten, fast nach Nordosten, und eröffnete ein Feuer, das die langen Linien durchwühlte und sie erneut in Schach hielt. Taylor schickte Schwartz, Dresser und McAllister, die mit McClernands Division verbunden waren, um in Position zu kommen und die Flankenbewegung zu stoppen.

Das dauerte eine Weile. Die Rebellen erkannten ihre Vorteile und hofften, Sherman den Weg abzuschneiden. Sie rückten weiter vor und waren in fünf Minuten fast hinter Waterhouse und Hildebrand. Sie erreichten den Höhenrücken, der Hildebrand flankierte. Cleburn und Wood griffen Waterhouse an. Er schwenkte noch weiter nach Norden und ließ seine Geschütze mit großer Geschwindigkeit laufen. Sie stürmten mit dem indianischen Kriegsgeschrei auf ihn zu. Seine Pferde wurden erschossen. Er versuchte, seine Geschütze wegzuschleppen. Es gelang ihm, drei zu retten, aber die anderen drei musste er ihnen überlassen.

General McClernand hatte Shermans Bitte, Hildebrand zu unterstützen, umgehend nachgekommen. Drei Regimenter der Brigaden von Raitt und Marsh wurden hinter Hildebrand in Stellung gebracht. Sie erinnern sich, dass McClernands Division nach Nordwesten ausgerichtet war und diese Bewegung daher eine Frontverlagerung nach Südosten darstellte. Das Elfte Illinois-Bataillon formierte sich rechts von Waterhouse. Die anderen beiden, das 43. und das 30. Illinois-Bataillon, standen links im Rücken. Der Kampf fand in Hildebrands Lager statt. Es herrschte ein erbitterter Kampf. Zwei Drittel von Hildebrands Männern waren getötet und verwundet oder wurden vermisst. Die meisten der Vermissten waren in Richtung Fluss geflohen. Die verbliebenen Regimenter waren durcheinandergeraten. Der plötzliche

Angriff hatte sie in Verwirrung gestürzt. Es herrschte kaum Ordnung. Jeder Mann kämpfte für sich selbst. Es war eine tapfere kleine Truppe, die versuchte, das Lager zu retten, aber sie waren zahlenmäßig unterlegen und wurden überflügelt. Das Elfte Illinois-Regiment verlor bereits bei der ersten Salve sechs oder acht Offiziere, dennoch hielten sie der überlegenen Streitmacht tapfer stand.

Inzwischen waren Buckland und McDowell in einen erbitterten Kampf mit Anderson und Pond verwickelt, die sich an die westliche Grenze des Schlachtfeldes bewegt hatten und sich gegen McDowells rechte Flanke formierten. Barrett und Taylor donnerten gegen sie, aber von der Seite der Rebellen antworteten weitere Kanonen. Sie waren so weit von McDowells Flanke entfernt, dass die Granaten, die über die Köpfe von McDowells Männern hinwegflogen, an der Kirche vorbei in Hildebrands Reihen flogen. Sherman versuchte, seine Position bei der Kirche zu halten. Er hielt dies für äußerst wichtig. Er wollte sein Lager nicht verlieren. Er bewies großen Mut. Sein Pferd wurde angeschossen und er bestieg ein anderes. Auch dieses wurde getötet, und er erlegte ein drittes und verlor noch vor Einbruch der Nacht sein viertes. Er ermutigte seine Männer nicht nur durch seine Worte, sondern auch durch seine tollkühne Kühnheit. Bucklands und McDowells Männer erholten sich von dem Schock, den sie zuerst erlitten hatten. Sie wurden zu Bulldoggen. Ihr Blut war in Wallung. So oft die Rebellen auch versuchten, McDowell zurückzudrängen, sie vereitelten den Versuch. Die beiden Brigaden mit Taylors und Barretts Batterien hielten ihre Stellung bis nach zehn Uhr, und sie hätten dann nicht nachgegeben, wenn es nicht weiter unten an der Front zu einer Katastrophe gekommen wäre.

Hildebrand sammelte seine Männer. Etwa hundert Mann schlossen sich dem Elften Illinois-Kompaniechef aus McClernands Division an und kämpften wie Tiger.

Beim Vorrücken von Braggs Linie wurde Gibsons Brigade von Anderson und Pond getrennt. Gibson bewegte sich nach rechts in Richtung Prentiss und sie nach links in Richtung Sherman. Mehrere Regimenter von Polks Linie rückten sofort in die Lücke ein. Es war eine Verstärkung der Mitte, aber es war auch eine Bewegung, die dazu neigte, die Rebellenlinien zu desorganisieren. Gibson wurde von seinen Divisionskommandos getrennt und die Regimenter von Polks Korps wurden von ihren Brigaden getrennt, aber General Bragg wies sie an, sich General Hindman anzuschließen.

Sie marschierten weiter in Richtung McClernand, der die Front wechselte und eine halbe Meile hinter Sherman in Position ging. Sie waren so weit in Richtung Pittsburg Landing vorgerückt, dass Sherman sah, dass er in Gefahr war, abgeschnitten zu werden. Er gab widerstrebend den Befehl, sein Lager zu verlassen und eine neue Position einzunehmen. Er befahl den Batterien, sich auf die Straße zwischen Purdy und Hamburg zurückzuziehen. Er sah Buckland und McDowell und sagte ihnen, wo sie sich sammeln sollten. Captain Behr war mit seiner Batterie auf der Straße zwischen Purdy postiert und hatte nur wenig an den Kämpfen teilgenommen. Er fiel zurück, dicht gefolgt von Pond.

„Beziehen Sie dort rechts Ihre Position", sagte Sherman und zeigte auf die Stelle, an der er die Geschosse abprotzen sollte. Aus dem Wald kam eine Salve. Ein Schuss traf den Captain von seinem Pferd. Die Kutscher und Kanonenschützen bekamen es mit der Angst zu tun und ritten mit den Munitionswagen davon. Fünf Kanonen ohne Panzerung fielen den Rebellen in die Hände! Sherman, Taylor und andere Offiziere retteten durch ihre Kaltblütigkeit, Tapferkeit und Kühnheit die Brigaden von Buckland und McDowell vor einer Panik. Nach vier Stunden harten Kampfes war Sherman gezwungen, sein Lager zu verlassen und sich hinter McClernand zurückzuziehen, der nun einen erbitterten Kampf mit den Brigaden führte, die sich zwischen Prentiss und Sherman gedrängt hatten.

Die Rebellen freuten sich über ihren Erfolg. Ihr lautes Hurra übertönte den Lärm der Schlacht. Sie stürmten in die Zelte und nahmen sich alles, was sie in die Finger bekamen, wie es bereits in Prentiss' Lagern geschehen war. Offiziere und Männer in den Reihen der Rebellen vergaßen gleichermaßen jede Disziplin. Sie warfen ihre alten grauen Lumpen ab und erschienen in blauen Uniformen. Sie brachen die Koffer der Offiziere auf und durchsuchten die Tornister der Soldaten. Sie schnappten sich das halb gekochte Frühstück und aßen wie halb verhungerte Wölfe. In einigen Offiziersquartieren fanden sie Flaschen Whisky und tranken, tanzten, sangen, jubelten und waren halb verrückt vor Freude über ihren Sieg.

Nachdem wir uns nun die Dinge in der Umgebung der Kirche angesehen haben, gehen wir nun zum Fluss und sehen uns die anderen Abteilungen an.

Es war etwa halb sieben Uhr morgens, als General Hurlburt von General Sherman die Nachricht erhielt, dass die Rebellen seine Wachposten einjagten. Wenige Minuten später erhielt er eine Nachricht von Prentiss, der ihn um Unterstützung bat.

Er schickte Veatchs Brigade, die, wie Sie sich erinnern, aus dem 25. Indiana-, dem 14., 15. und 48. Illinois-Regiment bestand, zu Sherman. Die Truppen stellten sich sofort nach Erteilung des Befehls in Reih und Glied auf und waren innerhalb von zehn Minuten auf dem Marsch.

Prentiss schickte einen zweiten Boten und bat um sofortige Hilfe. Hurlburt persönlich führte seine beiden anderen Brigaden, die von Williams und die von Lauman. Er hatte Manns Ohio-Batterie unter dem Kommando von Leutnant Brotzman, Ross' Batterie aus Michigan und Meyers Dreizehnte

Ohio-Batterie. Er marschierte auf der Ridge Road los und traf auf Prentiss'
Truppen, die desorganisiert und gebrochen waren und traurige Geschichten
über den Verlust von allem erzählten. Prentiss und andere Offiziere
versuchten, sie wieder zu sammeln.

Hurlburt formierte sich in Schlachtlinie am Rande eines alten
Baumwollfeldes an der Hamburg Road. Entlang der Straße standen einige
Schuppen und eine Blockhütte mit einem großen Schornstein aus Lehm und
Stöcken. Vor der Hütte befand sich ein Pfirsichgarten. Manns Batterie war
nahe der nordöstlichen Ecke des Feldes platziert. Williams Brigade war auf
der einen Seite des Feldes platziert und Laumans auf der anderen, wodurch
die Linie fast einen rechten Winkel bildete. Ross' Batterie war auf der rechten
Seite postiert und Meyers auf der linken. Diese Aufstellung seiner Truppen
ermöglichte es Hurlburt, sein Feuer auf das Feld und den Pfirsichgarten zu
konzentrieren.

Sie sehen die Stellung – die lange Reihe von Männern in Blau am Waldrand,
zum Teil geschützt durch die riesigen Eichen. Sie sehen die Blockhütten, den
Lehmkamin, die Pfirsichbäume davor, alle in Flammen mit rosa Blüten. Das
Feld ist so glatt wie ein Hausboden. Hier und da liegen Handvoll Baumwolle,
die Überbleibsel der letztjährigen Ernte. Es sind vielleicht vierzig oder
fünfzig Ruten über das Feld bis zum Wald auf der anderen Seite. Hurlburt
und seine Offiziere reiten entlang der Linien, feuern die Männer an und
geben Anweisungen. Die Flüchtlinge aus Prentiss eilen zur Landung. Aber
eine Reihe von Wachen wurde hinausgeworfen, und die Männer sammeln
sich hinter Hurlburt. Die Männer, die in Linie entlang des Feldes stehen,
wissen, dass sie eine schreckliche Schlacht schlagen müssen. Zuerst sind sie
ein wenig unsicher, aber sie fassen Zuversicht, laden ihre Gewehre und
warten auf den Feind.

Withers Division, die Prentiss zurückgedrängt hatte, rückte auf Hurlburts
rechte Seite vor. Gages und Girardeys Batterien eröffneten das Feuer. Der
erste Schuss schlug in der Nähe von Meyers Batterie ein. Die Männer hatten
noch nie zuvor das Kreischen einer Rebellengranate gehört. Es war so
plötzlich, unerwartet und furchterregend, dass Offiziere und Männer flohen
und ihre Kanonen, Munitionswagen, Pferde und alles andere zurückließen.
Hurlburt sah sie im Laufe des Tages nicht mehr. Empört über die Feigheit,
ritt er zu Manns Batterie und rief nach Freiwilligen, die die verlassenen
Kanonen bedienen sollten; zehn Männer folgten dem Ruf. Ein paar andere
Freiwillige wurden aufgenommen, und obwohl sie nur wenig von
Artillerieübungen wussten, nahmen sie ihre Plätze neben den Kanonen ein
und eröffneten das Feuer. Die Pferde mit den Munitionswagen rasten wie
verrückt durch den Wald und vergrößerten die Verwirrung, aber sie wurden
gefangen und zurückgebracht. Man sieht, dass Männer im Kampf manchmal
ihre Geistesgegenwart verlieren und sich töricht verhalten. Es ist jedoch

durchaus wahrscheinlich, dass die Truppen durch diese Zurschaustellung
von Feigheit umso tapferer kämpften. Viele, die ein wenig nervös waren und
ein komisches Gefühl im Herzen hatten, mochten die Zurschaustellung nicht
und beschlossen, nicht zu rennen.

Zu dieser Zeit sah es für die Unionsarmee düster aus. Prentiss war
vernichtend geschlagen worden. Sein Kommando war nur noch ein Haufen
Pöbel. Hildebrands Brigade von Shermans Division war in Stücke gerissen;
es war nicht mehr als ein halbes Regiment übrig. Die anderen beiden
Brigaden von Shermans Division bei der Kirche waren im Begriff, zu
weichen. Die Hälfte von Waterhouses Batterie und alle Geschütze von Behr
bis auf eines waren genommen. Sherman und Prentiss waren aus ihren
Lagern vertrieben worden. Vier der sechs Geschütze, aus denen Meyers
Batterie bestand, konnten wegen Personalmangels nicht eingesetzt werden.
Die drei Regimenter, die McClernand Sherman geschickt hatte, waren schwer
in Stücke gerissen. Die gesamte Front war eingetrieben worden. Johnston
hatte eine Meile Boden gutgemacht. Er hatte viel erreicht und dabei nur
geringe Verluste erlitten.

General Grant hörte das Feuer in Savannah, zehn Meilen flussabwärts. Es
war so konstant und heftig, dass er sofort erkannte, dass es sich um einen
Angriff handelte. Er schickte eilig einen Boten zu General Buell, dessen
Vormarsch zehn Meilen östlich von Savannah war, und eilte dann mit einem
Dampfschiff nach Pittsburg. Er traf gegen neun Uhr vor Ort ein. Bis zu
dieser Stunde gab es noch keinen Oberbefehlshaber, aber jeder
Divisionskommandeur gab die Befehle, die er für richtig hielt. Es gab nur
wenig Einheit im Vorgehen. Jeder Kommandeur war von der Gefahr
überzeugt und tat sein Bestes, um den Feind in Schach zu halten.

Die große Lücke zwischen Prentiss und Sherman und die schnelle Niederlage
von Prentiss' Regimenten ermöglichten es Hardee, seine mittleren Brigaden
ohne großen Widerstand in die Mitte der Unionsarmee zu drängen. Beide
Flanken von Hardee waren durch den tapferen Kampf Shermans auf der
einen Seite und den schwächeren Widerstand Prentiss' auf der anderen Seite
zurückgehalten worden. Dadurch bildeten die Rebellen allmählich die Form
eines Keils, und als Hurlburt auf ihren Vormarsch wartete, war die Spitze des
Keils über Hurlburts rechte Seite hinaus vorgedrungen, stieß dort aber auf
General WHL Wallaces Division.

Als Hurlburt Wallace mitteilte, dass Prentiss angegriffen wurde, befahl dieser
edle Kommandant seiner Division, die Waffen zu stellen. Sie erinnern sich
an seine Position in der Nähe von Snake Creek und näher an Pittsburg
Landing als jede andere Division. Er bewegte sich sofort in die Richtung des
Feuers, was ihn westlich von Hurlburts Position brachte.

Sie erinnern sich, dass General McClernand drei Regimenter zu General Sherman geschickt hatte und dass sie gezwungen waren, die Front zu wechseln. Nachdem er das getan hatte, verlegte er seine beiden anderen Brigaden, die erste unter dem Kommando von Colonel Hare, darunter das 8. und 18. Illinois-Infanterieregiment und das 11. und 13. Iowa-Infanterieregiment, mit Dressers Batterie, und die dritte Brigade mit Schwartz' und McAllisters Batterien. Es war ein kompletter Frontwechsel. Diese Bewegungen von Wallace und McClernand richteten sich direkt gegen die beiden Seiten und die Spitze des Keils, den Hardee vorantrieb. Wallace marschierte nach Südwesten und McClernand schwenkte um und wandte sich nach Südosten. Sie kamen gerade rechtzeitig, um Sherman vor dem Abschneiden zu bewahren und auch um Veatchs Brigade von Hurlburts Division vor der Überwältigung zu bewahren.

McClernands Hauptquartier befand sich in einem alten Baumwollfeld. Die Lager seiner Regimenter erstreckten sich über das Feld und in den Wald auf beiden Seiten. Er errichtete seine Linie auf der Südseite des Feldes am Waldrand, entschlossen, sein Lager wenn möglich zu retten. Seine Männer hatten harte Kämpfe in Fort Donelson erlebt, ebenso wie General Wallaces Männer. Sie waren an das Gefecht gewöhnt, während Shermans, Prentiss' und Hurlburts Männer ihre ersten Erfahrungen machten. Schwartz, McAllister und Dresser hatten den Rebellen in Donelson gegenübergestanden, ebenso Major Cavender mit seinen 18 Geschützen unter dem Kommando der Captains Stone, Richardson und Walker.

Dies ist eine lange und verwickelte Geschichte, und ich fürchte, Sie werden sie nicht verstehen können. Die Regimenter waren zu dieser Stunde sehr durcheinander, und im weiteren Verlauf der Schlacht wurde es noch durcheinander. Später am Tag herrschte so viel Verwirrung, dass die Positionen der Regimenter nie richtig wiedergegeben werden können. Tausende von Ihnen hatten, daran zweifle ich nicht, Freunde in dieser Schlacht, und Sie würden gerne wissen, wo genau sie standen. Gehen wir also die gesamte Linie entlang, während sich die Rebellen auf den zweiten Angriff vorbereiten. Ganz rechts beginnend sehen wir Sherman, der sich mit seiner linken Flanke etwas hinter McClernands rechter Seite neu formiert. Auf der rechten Seite befindet sich McDowells Brigade, das Sechste Iowa, das Vierte Illinois und das 46. Ohio. Als nächstes Bucklands Brigade, das 48., 70. und 72. Ohio. Einige Männer von Hildebrands Brigade, insgesamt nicht einmal fünfhundert, vom 53., 57. und 76. Ohio-Regiment. Als nächstes die Regimenter von McClernands Division, das 11. Iowa-Regiment, das 11., 20., 48., 45., 17., 29., 49., 33., 8. und 18. Illinois-Regiment. Als nächstes Wallaces Division, das 7., 9., 12., 50. und 52. Illinois-Regiment, das 12., 13. Iowa-Regiment und das 25., 52. und 56. Indiana-Regiment. Ich glaube, dass alle diese Regimenter dort waren, obwohl es möglich ist, dass ein oder zwei von ihnen noch nicht eingetroffen sind. Diese stehen nicht alle in der vordersten Reihe, aber man sieht sie in zwei Reihen. Einige von ihnen liegen hinter den Bergrücken und warten auf den Moment, in dem sie aufspringen und dem Feind gegenübertreten können.

Als nächstes sehen Sie Veatchs Brigade von Hurlburts Division, das 25. Indiana-, das 14., 15. und 46. Illinois-Regiment; dann Williams' Brigade, das 3. Iowa-, das 28., 32. und 41. Illinois-Regiment, bei den Blockhütten des Baumwollfeldes an der Straße nach Hamburg. Hier sind Cavenders Kanonen, 18 an der Zahl. Als nächstes kommt Laumans Brigade – nicht die, die er bei Donelsons siegreichem Angriff befehligte, sondern eine, die aus dem 31. und 44. Indiana-Regiment und dem 17. und 25. Kentucky-Regiment bestand.

Hinter Wallace und Hurlburt reformiert Prentiss seine desorganisierten Regimenter, das 21., 23. und 25. Missouri-Regiment, das 16. und 18. Wisconsin-Regiment und das 12. Michigan-Regiment.

Sie erinnern sich, dass Stuarts Brigade aus Shermans Division auf der Straße nach Hamburg an der Lick Creek-Kreuzung in Richtung des Flusses von Prentiss aus Wache hielt. Als Prentiss angegriffen wurde, schickte er eine Nachricht an Stuart, der seiner Brigade sofort befahl, sich unter die Waffen zu stellen. Er wartete auf Befehle. Nach einer Weile sah er die Bajonette der Rebellen [Seite 196] durch den Wald zwischen sich und Prentiss blitzen. Er stellte das 71. Ohio auf der rechten Seite, das 55. Illinois in der Mitte und das 54. auf der linken Seite auf. Diese drei Regimenter bilden seine Brigade und vervollständigen die Liste derjenigen, die am Sonntag in den Kampf verwickelt waren.

Als der Kampf am Morgen begann, schickte Stuart zwei Kompanien über den Bach, um als Plänkler zu fungieren, aber bevor sie die hohen Steilküsten auf der Südseite erklimmen konnten, hatten Stathams und Bowens Brigaden aus Breckenridges Reserve das Gelände in Besitz genommen und kehrten zurück. Stathams Batterien eröffneten das Feuer auf Stuarts Lager. Breckenridge hatte seine Stellung im Rücken verlassen und bildete nun die äußerste rechte Flanke von Johnston. Vor Stuart befanden sich acht Regimenter und eine Batterie. Die Batterie verdrängte das 71. Ohio-Regiment aus seiner Stellung. Es zog sich auf den Gipfel des Bergrückens hinter seinem Lagerplatz zurück, den Stuart gegen eine überlegene Streitmacht hätte halten können, wäre er nicht überflügelt worden. Das 71. Regiment gab ohne Befehl die Stellung auf, zog sich in Richtung Landungsplatz zurück und Stuart sah sie im Laufe des Tages nicht mehr.

Er nahm mit seinen beiden Regimentern eine neue Position auf dem Hügelkamm ein. Östlich von ihm befand sich eine Schlucht. Breckenridge schickte eine Kavallerie- und Infanterieeinheit über den Bach, um diese

Schlucht hinaufzukriechen, hinter Stuarts linke Flanke zu gelangen und ihm mit den Massen, die an seiner rechten vorbeieilten, den Weg abzuschneiden. Stuart beschloss, tapferen Widerstand zu leisten. Er schickte vier Kompanien des 54. Ohio-Regiments, die ihre Position am Kopf der Schlucht einnahmen, die sich vom Bach nach Norden erstreckt. Sie krochen in das dichte Gebüsch, versteckten sich hinter den Bäumen und eröffneten ein heftiges Feuer, das die Kavallerie zurückdrängte und den Vormarsch der Infanterie stoppte. Der Rest seiner Truppen hielt Statham an der Front zurück. Seine Feuerlinie verlief über ein offenes Feld, und so oft Statham versuchte, es zu überqueren, wurde er durch die gut gezielten Salven zurückgedrängt. Stuart erhielt von General McArthur, dem Kommandeur einer von Wallaces Brigaden, die Zusicherung, dass er Unterstützung erhalten würde, aber die Unterstützung konnte nicht aus der Mitte entzogen werden. Stuart hielt seine Position mehr als zwei Stunden, bis seine Patronenkästen leer waren. Als ihm die Munition ausging, stürmten Statham und Bowen erneut seine linke Seite, und er sah, dass er sich zurückziehen musste oder gefangen genommen wurde. Er fiel zu Hurlburts Linie zurück und formierte den Rest seiner Brigade auf der linken Seite, wodurch die Schlachtlinie, die um zehn Uhr aufgestellt worden war, vervollständigt wurde.

VON ZEHN BIS VIER.

Die Generäle Bragg und Polk leiteten den Angriff auf McClernand und Wallace. Ponds Brigade befand sich nordwestlich der Kirche, Andersons bei der Kirche, Cleburns und Woods östlich davon. Hindmans und die Regimenter von Polks Korps, die sich von ihren Brigaden abgespalten hatten, befanden sich vor Wallaces rechter Flanke. Diese Regimenter gehörten zu Cheathams Division. Seine gesamte Division befand sich vor Wallace.

Russell, Stewart und Gibson standen links vor Wallace. Gladden, Chalmers und Jackson standen rechts von Hurlburt, während Breckenridge, der Stuart zurückgedrängt hatte, links von ihm auftauchte.

Die Rebellen, die sich ihres endgültigen Sieges sicher waren, zeigten großen Mut und begannen, McClernand anzugreifen, aber ihnen standen ebenso tapfere Männer gegenüber. Pond und Anderson griffen die Regimenter auf McClernands rechter Seite an, aber der Angriff wurde durch die schnellen Salven des Elften, Zwanzigsten und Achtundvierzigsten Illinois-Regiments unterbrochen. Cleburn und Wood stürmten auf das 45., Siebzehnte und 49. zu, die sich in der Mitte der Division befanden, wurden aber zurückgeschlagen. Dann griffen sie das Elfte und Achtzehnte vor McClernands Hauptquartier an, konnten die Linie jedoch nicht durchbrechen. Eine weitere halbe Stunde lang standen sie da und feuerten auf lange Musketendistanz. Dresser, McAllister und Schwartz gaben ihren

Batterien volles Feuer, wurden aber von den Batterien um die Kirche herum beantwortet, auf dem Gelände, von dem Sherman vertrieben worden war. Bragg rückte mit seinen Männern auf kurze Musketendistanz vor, fünfzehn bis zwanzig Ruten entfernt. Bäume wurden durch Kanonenschüsse abgebrochen und durch Granaten zersplittert; Äste wurden aus den Stämmen gerissen, Haselnusszweige wurden vom bleiernen Hagel zerfetzt. Viele Bäume wurden fünfzig, sechzig und hundert Mal getroffen. Offiziere und Soldaten fielen auf beiden Seiten in kürzester Zeit. Polks Brigaden rückten vor und die vereinigten Kräfte stürmten auf die Batterien zu. Es kam zu einem verzweifelten Kampf. Die Pferde wurden erschossen – Schwartz verlor sechzehn, Dresser achtzehn und McAllister dreißig. Die Geschütze wurden erbeutet – Schwartz verlor drei, McAllister zwei und Dresser drei. Die Infanterie konnte ihre Stellung nicht halten. Sie wichen zurück, nahmen eine neue Stellung ein und unternahmen einen weiteren Versuch, ihr Lager zu retten.

Durch die Wälder hallte das Hurra der Rebellen. Der Boden war voll von Toten und Verwundeten, aber sie waren im Vorteil. Sie hatten die größte Armee und der Erfolg spornte sie zu einem weiteren Angriff an. Bragg formierte seine Kolonnen neu.

McClernands zweite Verteidigungslinie befand sich in der Nähe seines Lagers. Seine Männer kämpften tapfer, um sie zu retten. Polks Brigaden rückten nach vorn und griffen die Linie an, wurden jedoch aufgehalten. McClernand griff sie an und wurde seinerseits zurückgeschlagen. So ging der Kampf Stunde um Stunde weiter.

Buckland und McDowell, die unter Shermans Kommando standen, waren durch den langen Kampf am Morgen zu erschöpft und desorganisiert, um an diesem Kampf wesentlich teilzunehmen. Sie dienten als Reserve. Barrett und Taylor hatten ihre gesamte Munition verbraucht und konnten nicht helfen.

McClernands rechte Seite war ungeschützt. Bragg sah das und umging Andersons, Ponds und einen Teil von Stewarts Brigaden. Es kam zu einem kurzen Kampf, und dann gaben die Truppen nach. Die Männer rannten verwirrt über das von der Rebellenartillerie überzogene Feld. Die Verfolger folgten mit jubelndem Geschrei, nicht mehr in der richtigen Reihenfolge, sondern jeder Rebellensoldat rannte hinter den Zelten her, um die Beute zu erbeuten. Der Kampf auf der linken Seite zog sich ein wenig in die Länge, aber das Lager war in den Händen der Rebellen, und McClernand und Sherman zogen sich erneut in Richtung Wallaces Lager zurück.

Wallace war bereits im Kampf. Die Flut, die gegen Sherman und McClernand angeschwollen war, trieb nun mit verstärkter Kraft gegen seine Division. Beauregard zielte auf die Landung, um die Transporter zu erobern, und nutzte seine Truppen als Keil, um die Unionsarmee vom Fluss abzuspalten.

Er hätte seine Truppen nach rechts von Grant ablenken und vermeiden können, was ihn, wie Sie gleich sehen werden, daran hinderte, sein Ziel zu erreichen; aber da er mit seinem Plan bisher erfolgreich war, setzte er den direkten Vormarsch fort.

General Wallace war ein sehr tapferer Mann. Er war ruhig, hatte große Geistesgegenwart und besaß die seltene Fähigkeit, seine Soldaten seine Anwesenheit spüren zu lassen. Er konnte Ordnung ins Chaos bringen und seine Männer mit einem Wort, einem Blick oder einer Tat inspirieren. Er postierte Cavenders drei Batterien in Kommandopositionen auf einem Bergrücken und hielt seine Infanterie gut in Deckung hinter dem Bergrücken. Cavenders Männer hatten unter dem tapferen General Lyon in Wilson's Creek in Missouri gekämpft und an einem halben Dutzend Schlachten teilgenommen. Das Kreischen der Granaten war Musik für sie.

Von elf bis vier Uhr tobte die Schlacht vor Wallace. Die Männer, die ihre erste Schlacht bei Donelson so entschlossen ausgefochten hatten, ließen sich jetzt nicht mehr vertreiben.

Viermal stürmten Hardee, Bragg und Cheatham Wallaces Linie, wurden aber jedes Mal zurückgeschlagen. Zweimal folgte Wallace ihnen, als sie sich nach ihren erfolglosen Versuchen, ihn zu vernichten, zurückzogen, aber er hatte nicht genug Kraft, um ihre dreireihigen Reihen zu durchbrechen. Er konnte seine Stellung halten, aber er konnte die überlegene Streitmacht nicht zurückdrängen. Seine Gelassenheit, Ausdauer, Tapferkeit, Sturheit, seine schnelle Wahrnehmung von allem, was geschah, seine Macht über seine Männer, die jeden Mann zu einem Helden machte, trugen viel zur Rettung der Armee an diesem katastrophalen Tag bei.

General Bragg sagt: „Hindmans Kommando wurde tapfer zum Angriff geführt, wich aber unter mörderischem Feuer zurück. Der edle und tapfere Anführer (Hindman) fiel schwer verwundet. Das Kommando nahm seine Arbeit wieder auf, war aber der schweren Aufgabe nicht gewachsen. Ich brachte Gibsons Brigade heran und schickte sie vorwärts, um denselben Punkt anzugreifen. Bald begann ein sehr schweres Feuer, und nach einem kurzen Kampf zog sich dieses Kommando in beträchtlicher Unordnung zurück. Nachdem meine Stabsoffiziere und meine Eskorte die verschiedenen Regimenter wieder zusammengeführt hatten, wurden sie noch zweimal zum Angriff geschickt, nur um zurückgedrängt zu werden." [9]

Wie Sie sich erinnern, war Breckenridge am Morgen, als die Rebellen den Angriff begannen, mit den Rebellenreserven im Rücken; er zog nach Osten und kam vor Stuarts Brigade zum Fluss herunter. General Johnston und sein Stab befanden sich auf den Hügeln am Ufer des Bachs und untersuchten das Gelände vor Stuart und Hurlburt. Ross, Mann und Walker warfen Granaten über den Bach.

General Breckenridge ritt zu General Johnston und unterhielt sich mit ihm.

„Ich werde Ihre Männer heute in die Schlacht führen, denn ich habe die Absicht, den Menschen in Tennessee und Kentucky zu zeigen, dass ich kein Feigling bin", sagte Johnston zu Breckenridge. [10]

Die Menschen im Südwesten hielten ihn für einen Feigling, weil er Nashville kampflos im Stich gelassen hatte.

Breckenridge führte die Brigaden von Statham und Bowen gegen Hurlburt. Er formierte seine Linie am Waldrand auf der gegenüberliegenden Seite des Feldes. Nach einstündigem Artilleriefeuer rückte er in die Mitte des Feldes vor, stürmte durch den Pfirsichgarten und näherte sich Hurlburts Linie bei der Blockhütte. Aber das Feld war mit Feuer umzäunt. Es blitzte ständig aus den Musketen, und die Artillerie hinterließ breite Flammenwände. Die Rebellen wurden mit zerschmetterten Reihen zurückgeschlagen.

Breckenridge schickte seinen Sonderhelfer zu General Johnston, um Anweisungen einzuholen. [11] Als der Helfer heranritt, explodierte eine Granate über dem General und seinem Stab. Ein Splitter durchtrennte General Johnstons rechten Oberschenkel und durchtrennte eine Arterie. Er wurde von seinem Pferd geholt und starb um halb drei auf dem Schlachtfeld.

General Beauregard übernahm das Kommando und gab den Befehl, den Tod von General Johnston geheim zu halten, damit die Truppen nicht entmutigt würden.

Dreimal versuchte Breckenridge Hurlburt durch einen Angriff von vorne zurückzudrängen, doch so oft er vorrückte, wurde er zurückgedrängt. Es war traurig zu sehen, wie sich die Verwundeten in die Wälder zurückschleppten, um dem Sturm zu entkommen, der schrecklicher war als der Sturm des Samum, der über das Feld fegte. Hurlburts Regimenter verschossen ihre gesamte Munition, und Prentiss, der seine Männer wieder gesammelt hatte, rückte nach vorn vor, während die Patronenkästen nachgefüllt wurden.

Währenddessen übergab General Bragg das Kommando über seine Linie vor Wallace an einen anderen Offizier und ritt vor Hurlburt und Prentiss zum Fluss hinunter. Er sagt:

„Dort fand ich eine starke Truppe, bestehend aus drei Teilen ohne gemeinsame Führung; General Breckenridge mit seiner Reservedivision, die den Feind bedrängte; Brigadegeneral Withers mit seiner Division, die völlig erschöpft war und eine vorübergehende Pause einlegte; und Generalmajor Cheathams Division unter dem Kommando von Generalmajor Polk links und hinten. Die Truppen wurden bald wieder in Bewegung gesetzt und reagierten mit großer Bereitwilligkeit auf den Befehl ‚Vorwärts!'" [12]

Genau in diesem Moment wurde General Wallace auf der rechten Seite tödlich verwundet.

Es war, als ob man seiner Division die Hälfte ihrer Stärke raubte. Die Männer verloren augenblicklich den Mut. Die Kraft, die sie inspiriert hatte, war verschwunden. Der tapfere Mann wurde nach hinten getragen, gefolgt von seiner Division. Das Nachgeben dieser Division und Prentiss' Zurückweichen vor den Massen, die die äußerste Linke flankierten, waren äußerst verheerend. Prentiss wurde umzingelt und mit dem Rest seiner Division gefangen genommen, und Hurlburts Lager fiel in die Hände der Rebellen.

Über diese Bewegung sagt General Bragg: „Der Feind wurde kopfüber aus jeder Stellung vertrieben und in ungeordneten Massen an das Flussufer geworfen, hinter seine schwere Artillerie und unter den Schutz seiner Kanonenboote an der Landung. Er hatte fast seine gesamte leichte Artillerie in unseren Händen gelassen und etwa 3.000 oder mehr Gefangene, die durch das Einrücken unserer Truppen auf der linken Seite unter Generalmajor Polk mit einem Teil seines Reservekorps und Brigadegeneral Ruggles mit Andersons und Ponds Brigaden seiner Division von ihrem Rückzug abgeschnitten wurden." [13]

Durch die Wälder hallten die Jubelrufe der Rebellen, als Prentiss und seine Männer nach Corinth marschierten. Sie hatten die Lager aller Divisionen außer Wallaces besetzt. Beauregard hatte sein Versprechen eingelöst. Sie konnten in den Lagern des Feindes schlafen.

SONNTAG ABEND.

Sehen Sie sich die Lage von General Grants Armee an. Sie ist fast bis zur Landungsstelle zurückgedrängt. Vom Fluss bis ganz rechts ist es nicht mehr als eine Meile, wo Sherman und McClernand versuchen, ihre desorganisierten Divisionen zu sammeln. Alles ist durcheinander. Die Hälfte der Artillerie ist verloren. Viele der verbliebenen Geschütze sind unbrauchbar. Einige gute Geschütze sind von den Artilleristen im Stich gelassen worden. Ein Strom von Flüchtlingen strömt zur Landungsstelle, die nur darüber nachdenken, wie sie entkommen können. Tausende drängen sich am Flussufer in den Transportschiffen. Sie haben traurige Geschichten zu erzählen. Anstatt an ihren Plätzen zu bleiben und wie Männer ihre Stellung zu halten, haben sie ihre tapferen Kameraden im Stich gelassen und sie der Übermacht des Feindes überlassen.

Wenn man sich die Position der Armee und den Zustand der Truppen zu dieser Stunde, kurz vor Sonnenuntergang, ansieht, gibt es nicht viel zu hoffen. Aber es gibt einige Männer, die den Mut nicht verloren haben. „Wir werden sie noch halten", sagt General Grant.

Ein Offizier mit Goldborten an den Ärmeln seines Mantels und einem Goldband an der Mütze geht von der Anlegestelle den Hügel hinauf. Es ist ein Offizier des Kanonenboots Tyler unter dem Kommando von Kapitän Gwin, der glaubt, dass er von Nutzen sein kann. Kugeln und Granaten der Rebellenbatterien sind in den Fluss gefallen, und er würde gern einige davon in den Wald werfen.

„Sagen Sie Captain Gwin, er soll nach seinem eigenen Ermessen und Urteilsvermögen handeln", lautet die Antwort.

Der Offizier eilt zur Tyler zurück. Die Lexington ist an ihrer Seite. Die Männer springen zu den Kanonen, und die Granaten zerfetzen die Schlucht und explodieren in den Reihen der Rebellen, die sich jetzt für den letzten großen Angriff versammelt haben. Den ganzen Tag lang haben die Männer der Kanonenboote das Brüllen des immer näher kommenden Kampfes gehört und hatten keine Gelegenheit, sich zu beteiligen, aber jetzt ist ihre Zeit gekommen. Die Schiffe liegen anmutig auf dem ruhigen Fluss. Sie bedecken sich mit weißen Wolken, und die Kanonen mit den tiefen Mündungen brüllen ihr lautestes Donnern, das meilenweit den gewundenen Fluss entlangrollt. Es ist süße Musik für die entmutigten Männer, die sich formieren, um dem letzten Vorstoß der Rebellen Widerstand zu leisten, die nun fast in Reichweite der begehrten Beute sind.

Colonel Webster, General Grants Stabschef, ein Ingenieur und Artillerist mit scharfem Blick, hat eine Verteidigungslinie ausgewählt. Direkt oberhalb von Pittsburg Landing befindet sich eine tiefe Schlucht, die sich eine halbe Meile nach Nordwesten erstreckt. Auf der Klippe neben der Landung stehen fünf schwere Belagerungsgeschütze, drei 32-Pfünder und zwei 8-Zoll-Haubitzen. Sie stehen dort seit einer Woche, aber es gibt keine Artilleristen, um sie zu bemannen. Freiwillige werden gesucht. Dr. Cornyn, Chirurg der First Missouri Artillery, bietet seine Dienste an. Artilleristen, die ihre Geschütze verloren haben, werden eingesammelt. Vollkugeln und Granaten werden von den Booten heraufgebracht. Flüchtlinge, die ihre Regimenter verloren haben, werden zur Arbeit eingesetzt. Fässer mit Schweinefleisch werden aufgerollt und in einer Reihe aufgestellt. Männer machen sich mit Spaten an die Arbeit und heben einen groben Damm auf. Die schweren Geschütze werden in Position gerollt, um die Schlucht und das gesamte Gelände dahinter freizumachen. Alles wird schnell erledigt. Es gibt keine Zeit für Verzögerungen. Die Männer arbeiten wie nie zuvor. Wenn sie den Feind nicht aufhalten können, ist alles verloren. Energie, Aktivität, Entschlossenheit, Ausdauer und Tapferkeit müssen in diese letzte Anstrengung gebündelt werden.

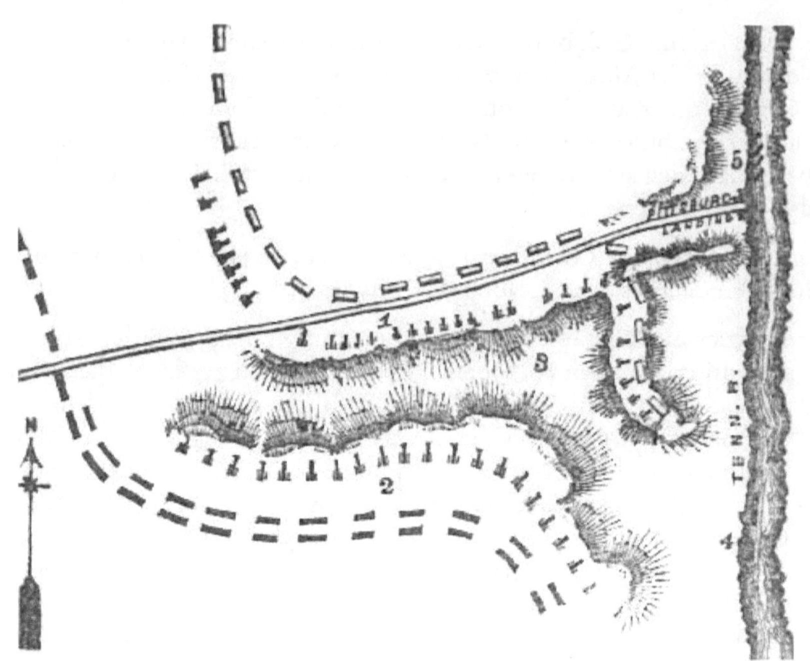

Der Kampf an der Schlucht.

1 Union-Batterien.   4 Kanonenboote.

2 Rebellenbatterien.   5 Transporte.

3 Schlucht.

Wenn man am nächsten zum Fluss beginnt, auf dem Grat der Schlucht, sieht man zwei von McAllisters 24-Pfündern, dann vier von Captain Stones 10-Pfündern, dann Captain Walker mit einem 20-Pfünder, dann Captain Silversparre mit vier 20-Pfünder-Parrott-Geschützen, die gezogene Geschosse verschießen, dann zwei 20-Pfünder-Haubitzen, die Kartätschen und Kartätschen verschießen. Dann kommt man zur Straße, die zur Shiloh-Kirche hinaufführt. Dort sieht man sechs Messing-Feldgeschütze; dann Captain Richardsons Batterie mit vier 20-Pfünder-Parrott-Geschützen; dann ein 6-Pfünder und zwei 12-Pfünder-Haubitzen von Captain Powells Batterie; dann die Belagerungsgeschütze unter Surgeon Cornyn und Captain Madison; dann zwei 10-Pfünder unter Lieutenant Edwards und zwei weitere unter Lieutenant Timony. Dahinter stehen noch mehr Geschütze – Taylors, Willards und die Überreste von Schwartz' Batterie sowie Manns, Dressers und Ross' – insgesamt etwa sechzig Geschütze. Die zerschlagenen Regimenter stehen oder liegen. Die Linie ist jetzt nicht mehr als vier Meilen lang, wie am Morgen, sondern nur noch eine Meile. Die Regimenter sind alle durcheinander. Ein Dutzend Männer sind in einem, aber sie können trotzdem kämpfen.

Die Rebellenkommandeure konzentrieren all ihre Kräfte in der Nähe des Flusses, um durch die Schlucht zu stürmen, die andere Seite zu erklimmen, die Straße hinunterzustürmen und die Dampfschiffe zu erobern. Sie platzieren ihre Batterien entlang des Ufers, bringen all ihre Geschütze herbei, um sich mit Kugeln und Granaten ihren Weg freizukämpfen. Wenn sie nur auf der anderen Seite Fuß fassen können, ist der Tag ihnen gewiss. Die Unionsarmee wird vernichtet, Tennessee gerettet. Buell wird gefangen genommen oder zum Ohio River zurückgedrängt. Das schwächelnde Schicksal der Konföderation wird sich wieder erholen. Die Anerkennung durch andere Nationen wird gesichert. Was für eine bedeutsame Stunde!

Beauregards Truppen waren schwer zerschlagen und völlig desorganisiert. Das Zweite Texas, das durch den Pfirsichgarten vorgerückt war, war vollständig verschwunden und wurde während des Kampfes nicht reorganisiert. Colonel Moore, Kommandeur einer Brigade, sagt: „Der Schock war so unerwartet, dass die ganze Linie von rechts nach links in völlige Verwirrung auswich. Die Regimenter wurden so zerstreut und vermischt, dass alle Bemühungen, sie neu zu formieren, fruchtlos blieben." [14]

Chalmers Brigade war ganz rechts. Was von Jacksons Brigade übrig war, kam als nächstes. Breckenridge mit seinen zerschlagenen Brigaden war hinter Chalmers. Trabue, der eine Brigade aus Kentuckianern befehligte, war verhältnismäßig frisch. Withers', Cheathams und Ruggles' Divisionen waren am oberen Ende der Schlucht. Gibson, der fast vernichtet worden war, war dort. Stewart, Anderson, Stephens und Pond waren auf dem Boden, von dem Wallace vertrieben worden war. Als die Brigaden an Beauregard vorbeimarschierten, sagte er zu ihnen: „Vorwärts, Jungs, und treibt sie in den Tennessee." [15]

Die Kanonen der Rebellen werden abgefeuert. Eine schwefelige Wolke säumt das Ufer. Der wilde Aufruhr beginnt erneut. Gegenüber rollt eine andere Wolke auf. Über den Abgrund erklingen unheimliche Schreie, wildes Geheul von unsichtbaren Wesen. Große Eichen werden entzweigerissen, zerbrochen, zertrümmert, zersplittert. Kanonen werden von unsichtbaren Blitzen umgeworfen. Es gibt Explosionen in der Erde und in der Luft. Männer, Pferde, Wagen werden in die Höhe gehoben, niedergeworfen, in Stücke gerissen und gegen die Bäume geschleudert. Befehle werden abgehackt; denn während die Worte auf den Lippen sind, hört die Zunge auf, sie zu artikulieren, die Muskeln entspannen sich und das Herz hört auf zu schlagen – alle Lebensfedern werden in einem Augenblick zerbrochen.

Der Aufruhr wird wilder, tiefer und lauter. Große Granaten von den Kanonenbooten fliegen die Schlucht hinauf. Die Kanonenschützen zielen auf die Wolke am Südufer. Sie beschießen die Rebellenlinien, während die vor ihnen versammelte Artillerie sie immer weiter zerstückelt.

Bragg befiehlt einen Vormarsch. Die Brigaden betreten die Schlucht, geschützt vor den hohen Bäumen und dem dichten Unterholz darunter. Sie drängen in Richtung Nordhang.

„Trauben und Kanister jetzt!"

„Geben Sie ihnen die doppelte Ladung!"

„Nehmen Sie die Waffen runter!"

„Schnell! Feuer!"

Die Worte laufen die ganze Linie entlang. Augenblicke sind jetzt Zeitalter. Sekunden sind Jahre. Wie schnell die Menschen leben, wenn alles auf dem Spiel steht! Ach! Aber wie schnell sterben sie in dieser Schlucht! Auf, ab, quer, durch, über sie hinweg treiben die vernichtenden Winde, schneiden, reißen, fegen durch die Säule, die bebt, schwankt, wankt, zerbröckelt, verschwindet.

General Chalmers sagt: „Wir erhielten von General Bragg den Befehl, den Feind in den Fluss zu treiben. Meine Brigade marschierte zusammen mit General Jacksons Brigade nach rechts, formierte sich mit dem Gesicht zum Fluss und versuchte, bis ans Wasser vorzudringen. Doch als wir versuchten, den letzten Grat zu erklimmen, wurden wir von einer ganzen Reihe von Batterien beschossen, die von Infanterie geschützt und durch Granaten von Kanonenbooten unterstützt wurden. Unsere Männer kämpften vergeblich, den Hügel zu erklimmen, der sehr steil war, und führten einen Angriff nach dem anderen ohne Erfolg durch. Doch der Kampf ging weiter, bis die Feindseligkeiten in der Nacht ein Ende fanden." [16]

Colonel Fagan vom First Arkansas aus Gibsons Brigade sagt:

„Dreimal sind wir in dieses ‚Tal des Todes' vorgedrungen und wurden ebenso oft von einer Übermacht, die sich in einer starken Stellung verschanzt hatte, zurückgedrängt. Dass alles getan wurde, was getan werden konnte, beweisen die vielen Toten und Verwundeten, die dort zurückgelassen wurden." [17]

Colonel Allen vom Vierten Louisiana-Regiment sagt:

„Aus den getarnten Kartätschen- und Kartätschenbatterien und auch aus den Schützengräben wurde mörderisches Feuer auf uns abgefeuert. Das Regiment zog sich zurück, formierte sich erneut und griff erneut an. Viele meiner tapfersten und besten Männer fielen im dichten Unterholz, ohne jemals den Feind zu sehen." [18]

Es ist Sonnenuntergang. Der Tag ist vorüber. Es war ein wilder, erbitterter, verheerender Kampf. Beauregard ist stetig auf die Landung zugemarschiert. Er ist in Musketenschussweite der Dampfer, der Beute, die er so sehr begehrt. Er hat alle Divisionslager bis auf eines in seiner Gewalt. Er kann sein Versprechen gegenüber seinen Soldaten halten; sie können in den Lagern der Unionsarmee schlafen. Dies ist seine erste ernsthafte Herausforderung. Er hat viele Männer verloren. Sein Oberbefehlshaber ist getötet, aber er ist zuversichtlich, dass er am Morgen die Arbeit beenden kann, die so vielversprechend verlaufen ist, denn Buell ist nicht angekommen.

Er hat einen guten Tag hinter sich. Seine Männer haben gut gekämpft, aber sie sind erschöpft. Morgen früh wird er General Grant erledigen. So argumentiert er. [19]

General Grant hatte recht mit seinen Berechnungen. Die Rebellen sind endlich in Schach gehalten worden. Bei Sonnenuntergang entdecken diejenigen, die auf dem Hügel bei der Landung stehen, am gegenüberliegenden Ufer Männer, die nach Luft schnappend die Straße hinauflaufen. Über ihnen weht die amerikanische Flagge. Unter den Tausenden am Flussufer herrscht ein Summen, ein Tumult.

„Das ist Buells Vorstoß!"

„Hurra! Hurra! Hurra!"

Die Rufe schallen durch den Wald. Die Verwundeten heben ihre müden Köpfe, sehen die vorrückende Linie und weinen Freudentränen. Die Dampfer lösen ihre Verankerungen. Die großen Räder plätschern auf das gurgelnde Wasser. Sie fahren auf die andere Seite. Die keuchenden Soldaten der Ohio-Armee eilen an Bord. Der Dampfer legt mit seiner kostbaren Fracht an Menschenleben bei den Wachen an und überquert den Fluss sicher. Die blaue Linie windet sich das Ufer hinauf. Es ist Nelsons Division. McCooks und Crittendens Divisionen sind in Savannah. Lewis Wallaces Division aus Crump's Landing rückt rechts vor Sherman und McClernand ein. Am Montagmorgen werden vier frische Divisionen im Einsatz sein. Die Armee ist in Sicherheit. Buell wird nicht zum Ohio zurückgedrängt. Frankreich und England werden den großen Sieg der Rebellen bei Shiloh nicht anerkennen.

Die ganze Nacht hindurch schlugen die Granaten der Kanonenboote entlang der Rebellenlinien ein. Das Feuer war so verheerend, dass Beauregard sich von der Position zurückziehen musste, die er sich unter so vielen Menschenopfern erkämpft hatte. An der Landungsstelle herrschte reges Treiben. Die Dampfer fuhren nach

Savannah, nahmen McCooks und Crittendens Divisionen von Buells Armee an Bord und transportierten sie nach Pittsburg. Es wurden nur wenige Worte gesprochen, als sie im Dunkeln den Hügel hinaufmarschierten, mit Tausenden von Verwundeten auf beiden Seiten, aber es gab viele stille Danksagungen, dass sie gekommen waren. Die erschöpften Soldaten legten sich in Schlachtordnung nieder, um mit ihren geladenen Gewehren neben sich einen halbschlafenden Schlaf zu finden. Die Wachposten standen wie Statuen schweigend am Rande dieses Todestals, beobachteten und warteten auf den Morgen.

Die Kampfwolke hing wie ein Leichentuch über dem Wald. Düsternis und Dunkelheit wurden immer tiefer. Die Sterne, die ruhig aus den Tiefen des Himmels herabgeblickt hatten, zogen sich von der Bildfläche zurück. Ein grauenhafter Anblick! Denn die explodierenden Granaten hatten den Wald in Brand gesteckt. Die Flammen verzehrten die verdorrten Blätter und Zweige des Dickichts und krochen bis zu den hilflosen Verwundeten, zu Freund und Feind gleichermaßen. Es gab keine Hand außer Gottes, die sie retten konnte. Er hörte ihre Schreie und ihr Stöhnen. Der Regen kam und löschte die Flammen. Er durchnässte die bewaffneten Männer, die auf den Tagesanbruch warteten, um den Kampf wieder aufzunehmen, aber es gab Hunderte von Verwundeten, ausgetrocknet vom Fieber, ruhelos vor Schmerzen, die Gott für den Regen dankten.

MONTAG.

Beauregard plante, den Angriff bei Tagesanbruch zu beginnen. Grant und Buell beschlossen, dasselbe zu tun – nicht in der Defensive zu bleiben, sondern Beauregard durch Vorrücken in Erstaunen zu versetzen. Nelsons Division wurde auf der linken Seite, am nächsten zum Fluss, platziert, Crittendens Division daneben, McCooks Division dahinter und Lewis Wallace ganz rechts – alles frische Truppen – während Grants andere Divisionen, die so hartnäckigen Widerstand geleistet hatten, in Reserve blieben.

In General Nelsons Division sehen Sie am nächsten am Fluss die Brigade von Colonel Ammen, bestehend aus dem 36. Indiana-, 6. und 24. Ohio-Regiment; als nächstes die Brigade von Colonel Bruer, das 1., 2. und 20. Kentucky-Regiment; als nächstes die Brigade von Colonel Hazen, das 9. Indiana-, 6. Kentucky- und 41. Ohio-Regiment. Colonel Ammens Brigade traf rechtzeitig ein, um am Sonntagabend am Kampf in der Schlucht teilzunehmen.

General Crittendens Division bestand aus zwei Brigaden: General Boyles und Colonel WL Smiths. General Boyle hatte das 19. und 59. Ohio-Bataillon sowie das 9. und 13. Kentucky-Bataillon. Colonel Smiths Division bestand aus dem 13. Ohio-Bataillon sowie dem 11. und 26. Kentucky-Bataillon, zusammen mit Mendenhalls Batterie, die zur regulären US-Armee gehörte, und Bartletts Ohio-Batterie.

General McCooks Division bestand aus drei Brigaden. Die erste wurde von General Rousseau kommandiert und bestand aus dem 1. Ohio-, 6. Indiana- und 3. Kentucky-Regiment sowie Bataillonen des 15., 16. und 19. regulären Infanterieregiments. Die zweite Brigade wurde von Brigadegeneral Gibson kommandiert und bestand aus dem 32. und 39. Indiana-Regiment sowie dem 49. Ohio-Regiment. Die dritte Brigade wurde von Colonel Kirk kommandiert und bestand aus dem 34. Illinois-Regiment, dem 29. und 30. Indiana-Regiment sowie dem 77. Pennsylvania-Regiment.

Die Division von General Lewis Wallace, die nach der Schlacht von Fort Donelson neu organisiert worden war, bestand nun aus drei Brigaden. Die erste wurde von Colonel Morgan L. Smith kommandiert und bestand aus dem 8. Missouri-, 11. und 24. Indiana-Regiment sowie Thurbers Missouri-Batterie. Die zweite Brigade wurde von Colonel Thayer kommandiert und bestand aus denselben Regimentern, die die Rebellen am Bach westlich von Fort Donelson aufgehalten hatten – dem 1. Nebraska-, 23. und 68. Ohio-Regiment sowie Thompsons Indiana-Batterie. Die dritte Brigade wurde von Colonel Whittlesey kommandiert und bestand aus dem 20., 56., 76. und 78. Ohio-Regiment.

Zwei Brigaden aus General Woods Division trafen im Laufe des Tages ein, allerdings nicht zur rechten Zeit, um an der Schlacht teilzunehmen.

Beauregards Brigaden wurden während der Nacht zerstreut. Sie hatten sich in Verwirrung vor dem schrecklichen Feuer der Kanonenboote auf die Schlucht zurückgezogen. Offiziere suchten die ganze Nacht nach ihren Truppen und Soldaten nach ihren Regimentern. Die Reorganisationsarbeiten waren im Gange, als die Posten bei Tagesanbruch durch den Vormarsch der Unionslinie zurückgedrängt wurden.

Beauregard, Bragg, Hardee und Polk schliefen alle in der Nähe der Kirche. Es gab keine regelmäßige Aufstellung der Divisionen, Brigaden oder Regimenter. Ruggles befand sich mit zwei seiner Brigaden westlich der Kirche. Trabues Brigade aus Breckenridges Reserve war dort. Breckenridge befand sich mit seinen anderen Brigaden oder dem, was von ihnen übrig war, östlich der Kirche, ebenso die zerschlagenen Fragmente von Withers Division. Gladdens Brigade war in Stücke zerfallen, und ihr Kommandeur Colonel Deas war gezwungen, Nachzügler aller Regimenter aufzunehmen. Russell und Stewart befanden sich in der Nähe von Prentiss' Lager. Cheatham befand sich in der Nähe, aber seine Regimenter waren auf Kompanien zusammengeschrumpft und über das ganze Gelände verstreut.

Beauregard hatte eine starke Nachhut aufgestellt und den Befehl gegeben, alle Nachzügler zu erschießen. Der Befehl wurde strikt durchgesetzt und die Ausreißer wurden zurückgebracht und in einer Reihe aufgestellt. Obwohl erschöpft, desorganisiert und in Schach gehalten, hatten die Rebellen den Mut nicht verloren. Sie waren siegessicher und sammelten sich sofort, als sie merkten, dass die Unionsarmee vorrückte.

Schauen Sie sich noch einmal die Position der Divisionen an. Nelson befindet sich auf dem Boden, über den Stuart und Hurlburt sich zurückzogen. Crittenden ist der Ort, wo Prentiss gefangen genommen wurde, McCook, wo McClernand verzweifelt Widerstand leistete, und Lewis Wallace, wo Shermans Linie nachgab.

Die Kanonenboote hatten die Rebellen durch ihr ständiges Feuer während der Nacht gezwungen, sich vor Nelson zurückzuziehen. Es war kurz nach fünf Uhr, als Nelson seine Plänkler vorschickte und seine Linie vorrückte. Auf halbem Weg nach Lick Creek, in der Nähe des Pfirsichgartens, traf er auf die Rebellen. Der Kampf begann heftig. Beauregard ließ Brigaden von seiner linken Seite marschieren und brachte sie in Position für einen konzentrierten Angriff, um die Landung zu erreichen. General Crittenden war nicht vorgerückt und Nelson wurde von einer überlegenen Streitmacht angegriffen. Er hielt seine Stellung eine Stunde lang, aber er hatte keine Batterie. Er war gezwungen gewesen, sie in Savannah zurückzulassen. Er schickte General Buell einen Adjutanten mit der Bitte um Artillerie. Mendenhall wurde geschickt. Er kam gerade rechtzeitig, um die Brigade vor einem überwältigenden Ansturm zu retten. Die Rebellen rückten vor, als er seine Kanonen entlud, aber sein schnelles Kartätschenfeuer aus kurzer Entfernung brachte sie in Verwirrung.

General Beauregard war davon überrascht. Er hatte das nicht erwartet. Er sollte Grant angreifen und vernichten, nicht angegriffen und vertrieben werden. [20] Er befahl, frische Truppen aus seinen Reserven heranzuziehen, und der Kampf tobte mit zunehmender Heftigkeit.

Als Nelson die Wirkung von Mendenhalls Feuer sah, schickte er Hazens Brigade vorwärts. Sie stieß auf die Batterie, die sie in Stücke gerissen hatte. Mit lautem Jubel stürzten sie sich auf die Kanonen, nahmen sie in Besitz und begannen, sie gegen den fliehenden Feind zu richten. Die Rebellenlinie sammelte sich und kam zurück, gefolgt von frischen Truppen. Es kam zu einem kurzen, heftigen Kampf, und Hazen war gezwungen, die Einheiten zurückzulassen und zurückzuweichen. Dann grollte es erneut. Die Wälder standen in Flammen. [21] Die Rebellen brachten weitere Reserven heran und zwangen Nelson, seine Stellung aufzugeben. Er fiel ein kurzes Stück zurück und nahm wieder Stellung. Er war ein sturer Mann – ein Seemann aus

Kentucky, der um die Welt gereist war. Seine Disziplin war streng. Seine Männer waren gut ausgebildet und ebenso stur wie ihr Anführer.

„Schicken Sie mir schnell noch eine Batterie!", lautete seine Bitte an General Buell.

Tirrells Batterie, die gerade von einem Dampfer gelandet war, ritt den Hügel hinauf, durch den Wald, über Baumstümpfe und Bäume. Die Pferde sprangen, als hätten sie die Begeisterung des Batteriekommandanten angesteckt. Captain Tirrell hatte ein scharfes Auge.

„In Position. Schnell, Männer! Munitionswagen nach hinten!", waren seine Befehlsworte. Die Kanonenschützen sprangen von den Lafetten und legten sich auf den Boden. Die Munitionswagen wendeten, brachten die Pferdeköpfe zur Landungsstelle, trabten acht oder zehn Ruten weit davon und nahmen im Schutz eines Erdhügels Stellung. Captain Tirrell ritt von Kanone zu Kanone.

„Feuer mit Granate, Zwei-Sekunden-Zündkerzen", sagte er zu den Leutnants, die seine beiden Zehnpfünder-Parrott-Geschütze befehligten.

„Trauben und Kartätschen", sagte er zu den Offizieren, die die vier Messing-Zwölfpfünder befehligten. Das Feuer war furchtbar. Wohin auch immer seine Gewehre sich wandten, herrschte Stille entlang der Rebellenlinien. Ihr Musketenfeuer verstummte. Ihre Kolonnen taumelten zurück. Die ganze Zeit über beschoss Mendenhall sie. Das 19. Ohio-Bataillon aus Crittendens Division eilte ihnen nach, schloss sich der Brigade an, und der Kampf ging von neuem los. Anstatt vorzurücken, begannen die Rebellen das bereits eroberte Terrain wieder zu verlieren.

Crittenden und McCook rückten etwas später vor. Sie trafen auf den Feind, der McClernands und Shermans Lager in aller Ruhe besetzt hielt. Beauregards Hauptquartier befand sich dort. Als die Rebellen angegriffen wurden, unternahmen sie einen verzweifelten Versuch, die vorrückenden Kolonnen zurückzudrängen. Rousseau rückte über das offene Feld vor, über das Gebiet, das McClernand am Tag zuvor so heiß umkämpft hatte. Diese Bewegung ließ eine Lücke zwischen McCook und Crittenden entstehen. Beauregard sah sie und warf Cheatham und Withers in den offenen Raum. Sie schwenkten geradeaus auf Rousseaus Linke und feuerten eine Salve ab, die die vorrückenden Regimenter ins Wanken brachte. Das 32. Indiana-Regiment unter dem Kommando von Colonel Willich befand sich ganz rechts von McCooks Division. Sie hatten bereits zuvor gekämpft und wurden herüberbeordert, um dem Feind entgegenzutreten. Sie sehen sie durch die Wälder hinter Rousseaus Brigade rennen. Sie sind auf der Flucht. Sie halten an, kleiden sich wie bei einer Parade und greifen die Rebellen an. Es folgt das 77. Pennsylvania-Regiment von Colonel Stambough. Dann die gesamte

Brigade von Kirk. Es ist ein Positions- und Frontwechsel, bewundernswert ausgeführt, genau zum richtigen Zeitpunkt, denn Rousseau hat keine Munition mehr und muss zurückweichen. McCooks dritte Brigade, General Gibson, rückt vor. Rousseau ist wieder bereit, und um elf Uhr sieht man jeden verfügbaren Mann dieser Division um das Gelände rund um die Kirche kämpfen. Unterdessen bewegt sich Wallace über das Gelände ganz rechts, wo Sherman so tapfer gekämpft hat. Sherman, Hurlburt und die zerschlagenen Regimenter von WHL Wallaces Division, die jetzt von McArthur kommandiert wird, folgen in Reserve. Von Nelson zurückgetrieben, sammeln sich die Rebellentruppen noch einmal rund um die Kirche für einen letzten Kampf. Wallace wartet auf seine Gelegenheiten. Er gewinnt einen Hügel. Seine Männer fallen zu Boden, feuern Salve um Salve ab, erheben sich, stürmen näher an den Feind heran, fallen erneut zu Boden, während die Kartätschen und Kanister über sie hinwegfegen. So kommen sie bis auf den letzten Platz, und dann erhebt sich ein Regiment nach dem anderen und feuert. Es ist wie die Breitseiten eines Kriegsschiffs.

Die Zeit für einen allgemeinen Vorstoß war gekommen. Nelson, Crittenden, McCook und Wallace griffen den Feind fast gleichzeitig an. Er war zu stark, um Widerstand zu leisten. Die Rebellen gaben nach, zogen sich aus den Lagern zurück, die sie eine Nacht lang besetzt hatten, flohen an der Kirche vorbei, über den Bach, durch die alten Baumwollfelder auf der Südseite hinauf in den Schutz des Waldes auf dem Gipfel des dahinterliegenden Bergrückens. Die Schlacht war für sie verloren. Jubelrufe über den errungenen Sieg schallten durch den Wald.

Wenn ich alle Einzelheiten durchgehen sollte, was ich könnte, und schreiben würde, wie Crittendens Brigaden vorrückten und Batterien der Rebellen eroberten; wie die Rebellen versuchten, ihn zu überwältigen; wie das Gefechtsgeschehen von Hügel zu Hügel wogte; wie die Rebellen versuchten, McCook in Stücke zu hauen; wie Wallaces Division den Feind bei Owl Creek flankierte; wie Rousseaus Brigade vor McClernands Lager kämpfte; wie das Fünfte Kentucky-Regiment eine Batterie stürmte und zwei Geschütze erbeutete, die sie mit Kartätschen und Kartätschen in Stücke rissen, und vier weitere, die außer Gefecht gesetzt waren und vom Feind nicht weggezerrt werden konnten; wie Colonel Willich, der Kommandeur des 32. Indiana-Regiments, merkte, dass einige seiner Männer aufgeregt wurden, das Feuer einstellte und sie drillte, Befehle erteilte, Waffen präsentierte und unterstützte, während die Kugeln durch seine Reihen pfiffen; wie die Männer ruhig und gefasst wurden und schließlich mit einem wilden Hurra und einem Bajonettstoß zum Angriff übergingen, der die Rebellen zwang, McClernands Lager aufzugeben; wie Colonel Ammen seelenruhig Maiskolben für sein Pferd entschälte, während er dem Kampf zusah, während um ihn herum Granaten einschlugen; wie Colonel Kirk eine Flagge ergriff und sie vor seiner

Brigade trug; wie Color-Sergeant William Ferguson vom 13. Missouri abgeschossen wurde, wie Sergeant Beem von der Kompanie C die Flagge ergriff, bevor sie den Boden berührte, und sie noch weiter vorrückte; wie Beauregard wie verrückt die Linien bei der Kirche entlang ritt und versuchte, seine Männer zu sammeln, als Thurbers Batterie das Feuer eröffnete und sie erneut auflöste; wie er am Mittag sah, dass es sinnlos war; wie er seine Männer abzog, sein eigenes Lager niederbrannte und besiegt mit entmutigten Truppen nach Corinth zurückkehrte und seine eigenen Toten und Hunderte seiner Verwundeten auf dem Schlachtfeld zurückließ; wie die Unionsarmee alle am Sonntag verlorenen Kanonen zurückholte; – wenn ich alles aufschreiben sollte, hätte ich nicht genug Platz, um Ihnen zu erzählen, was Commodore Foote die ganze Zeit am Mississippi tat.

Es war ein schrecklicher Kampf. Die Verluste auf beiden Seiten waren nahezu gleich: etwa 13.000 Tote, Verwundete und Vermisste, also insgesamt 26.000.

Einer meiner Freunde fiel am Sonntag im Kampf, Captain Carson, der die Späher von General Grant befehligte. Er war groß und schlank und hatte funkelnde schwarze Augen. Er war durch ganz Missouri, Kentucky und Tennessee gereist und war oft in den Rebellenlagern gewesen. Er war mutig, fast furchtlos und sehr geschickt. Als die Schlacht am Morgen begann, sagte er zu einem Freund, er würde den Tag nicht überleben. Aber er war sehr aktiv und ritt rücksichtslos durch den Kugelhagel. Es war gerade Sonnenuntergang, als er mit einer Depesche von General Buell zu General Grant ritt. Er stieg ab und setzte sich auf einen Baumstamm, um sich auszuruhen, aber im nächsten Moment wurde sein Kopf von einer Kanonenkugel weggerissen. Er erfüllte seine Pflichten treu und gab sein Leben bereitwillig seinem Land.

Sie haben gesehen, wie überrascht die Armee war, wie verzweifelt sie kämpfte, wie die Schlacht fast verloren war, wie die Kanonenboote die jubelnden Rebellen zurückschlugen, wie der Sieg errungen wurde. Beauregard war vollständig besiegt; aber er telegraphierte Jefferson Davis, dass er einen großen Sieg errungen hatte. Dies ist, was er telegraphierte:

„ KORINTH , 8. April 1862.

„AN DEN KRIEGSMINISTER RICHMOND :—
„Wir haben einen großen und glorreichen Sieg errungen. Acht- bis zehntausend Gefangene und sechsunddreißig Kanonen. Buell verstärkte Grant und wir zogen uns in unsere Verschanzungen in Corinth zurück, die wir halten können. Schwere Verluste auf beiden Seiten.

„ BEAUREGARD. “

Sie sehen, dass er, nachdem er seinem Land einen Eid geschworen hatte, nicht zögerte, eine falsche Depesche zu schicken, um die Bevölkerung des Südens in die Irre zu führen und seine demütigende Niederlage zu vertuschen.

Die Rebellenzeitungen glaubten Beauregards Bericht. Eine begann ihren Bericht folgendermaßen:

„Ruhm! Ruhm! Ruhm! Sieg! Sieg! Ich schreibe aus Yankee-Zeitungen. Von allen Siegen, die jemals verzeichnet wurden, ist unserer der vollständigste. Bull Run war nichts im Vergleich zu unserem Sieg bei Shiloh. General Buell ist getötet, General Grant verwundet und gefangen genommen. Bald werden wir ihnen zu viel sein, und sie werden gezwungen sein, uns in Ruhe zu lassen. Unsere tapferen Jungs haben sie zum Fluss getrieben und sie gezwungen, zu ihren Kanonenbooten zu fliehen. Der Tag gehört uns." [22]

Die Menschen im Süden glaubten das alles, doch als die Wahrheit ans Licht kam, sank ihre Hoffnung noch mehr als je zuvor, denn sie erkannten, dass es eine verheerende Niederlage war.

Am Sabbat nach der Schlacht hielten die Regimentsgeistlichen religiöse Übungen ab. Wie anders war die Szene! Statt Kanonade wurden Gebete zu Gott gesprochen. Statt Musketenschüssen wurden Lobgesänge gesungen. Es wurden Tränen für die Gefallenen vergossen, aber es gab auch fromme Danksagungen dafür, dass sie ihr Leben so freiwillig für ihr Land gegeben hatten und für den Sieg, den sie durch ihr Opfer errungen hatten.

Einer der Geistlichen las während des Gottesdienstes ein Kirchenlied vor, das mit den Worten beginnt:

„Schau herab, oh Herr, oh Herr, vergib;
lass einen reuigen Rebellen am Leben."

Doch plötzlich wurde er von einem patriotischen Soldaten unterbrochen, der rief: „Nein, Sir, es sei denn, sie legen ihre Waffen nieder, und zwar jeder Einzelne von ihnen."

Er glaubte, der Kaplan habe sich auf die besiegten Rebellen bezogen.

Nach der Schlacht besuchten viele Männer und Frauen das Schlachtfeld und suchten nach den Leichen gefallener Freunde. Leutnant Pfieff, ein Offizier eines Illinois-Regiments, wurde getötet und seine Frau kam, um seine Leiche abzuholen. Niemand wusste, wo er begraben war. Die arme Frau wanderte durch den Wald und untersuchte alle Gräber. Plötzlich sprang ein armer und abgemagerter Hund auf sie zu, seine Augen funkelten vor Freude und er bellte vor Freude, seine Herrin zu sehen. Als ihr Mann zur Armee ging, folgte ihm der Hund und war während der gesamten Schlacht bei ihm, wachte während des schrecklichen Kampfes über seinen toten Körper und blieb nach seiner Beerdigung Tag und Nacht ein Trauernder! Er führte seine Herrin an die Stelle. Der Körper wurde exhumiert. Die beiden Trauernden, die ergebene Frau und das treue Tier, wachten neben dem kostbaren Staub, bis er an seiner letzten Ruhestätte unter den Prärieblumen abgelegt wurde.

KAPITEL IX.

EVAKUIERUNG VON COLUMBUS.

Zu Beginn des Krieges befestigten die Rebellen Columbus in Kentucky, das zwanzig Meilen unterhalb von Cairo am Mississippi liegt. Dort sind die Steilküsten sehr hoch und werden an ihrer Basis von dem mächtigen Strom umspült. Die auf dem Gipfel aufgestellten Kanonen haben eine große Reichweite. Es wurde viel Arbeit aufgewendet, um diesen Ort uneinnehmbar zu machen. Es gab Batterien mit schweren Geschützen dicht am Wasser unter dem Hügel. Entlang der Seite der Steilküste wurde ein Gang gegraben, ein gewundener, zickzackförmiger Gang, der mit vielen Biegungen und Windungen auf die Spitze des Hügels führte. Sie hatten zahlreiche Geschütze auf dem Gipfel in Stellung gebracht, um Schüsse und Granaten auf Commodore Foote abzufeuern, sollte er versuchen, den Fluss hinabzusteigen. Sie bauten eine lange Reihe von Erdwerken, um die Rückseite zu schützen, Verschanzungen und Palisaden – das sind starke Pfosten, die in den Boden eingelassen sind und einen dichten Zaun bilden, mit Löchern hier und da, durch die die Schützen und Scharfschützen schießen konnten.

Sie fällten Bäume und bauten *Abatis* . Es gab mehrere Verteidigungslinien. Sie spannten eine große Eisenkette über den Fluss und stützten sie auf im Strom verankerte Lastkähne. Sie gaben bekannt, dass der Fluss für den Handel gesperrt sei, bis die Unabhängigkeit der Konföderation anerkannt sei.

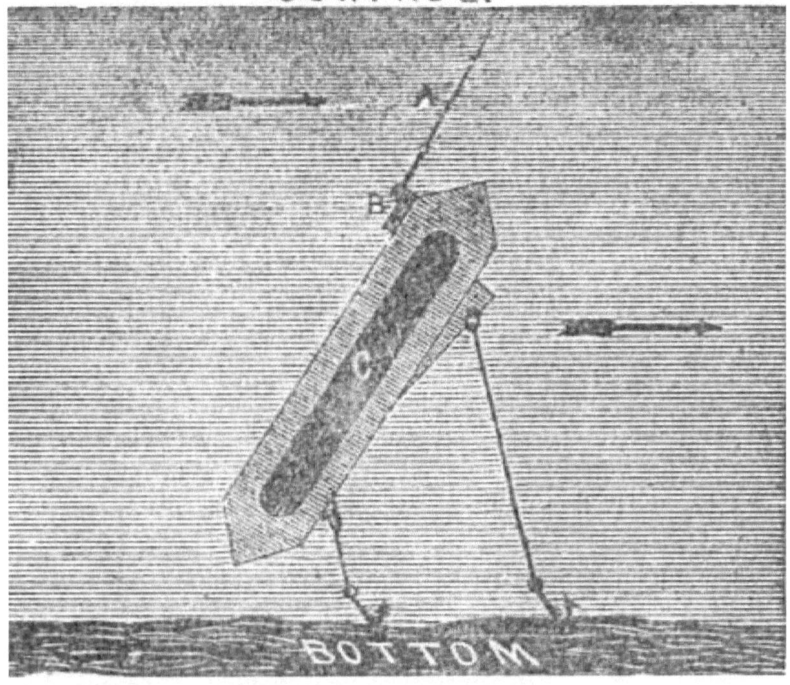

Ein Rebellen-Torpedo.

Als der Krieg begann, gab es einen Mann namens Maury, einen Leutnant im Dienst der Vereinigten Staaten, der mit dem National Observatory in Washington in Verbindung stand. Er galt als wissenschaftlicher, praktischer Mann. Er war von der Regierung erzogen worden, hatte ein hohes Gehalt erhalten und eine hohe Stellung inne; aber das alles vergaß er und schloss sich den Rebellen an. Er imitierte General Floyd und stahl öffentliches Eigentum, indem er aus dem National Observatory wertvolle wissenschaftliche Papiere entwendete, die ihm nicht gehörten. Er wurde von der Rebellenregierung beauftragt, Torpedos und Höllenmaschinen zu konstruieren, um Commodore Footes Kanonenboote in die Luft zu jagen. Er ließ mehrere Tausend davon herstellen – einige für das Land, die um Columbus hinter der Stadt herum angelegt und durch ein Telegrafenkabel mit einer galvanischen Batterie verbunden wurden, um im richtigen Moment explodieren zu können, wodurch er hoffte, Tausende von Unionstruppen zu vernichten. Er versenkte mehrere Hundert davon im Fluss gegenüber von Columbus. Es waren längliche Zylinder aus Schmiedeeisen, vier oder fünf Fuß lang; im Inneren befanden sich zwei- oder dreihundert Pfund Pulver. Zwei kleine Anker hielten den Zylinder an seinem richtigen Platz. Er war luftdicht und schwamm daher im Wasser. Am oberen Ende befand sich eine hervorstehende Eisenstange, die mit einem Perkussionsgewehrschloss verbunden war. Wenn irgendetwas mit großer Kraft gegen die Stange schlug, würde das Schloss auslösen und das Pulver explodieren lassen. Zumindest dachte Mr. Maury das. Der obige Stich zeigt die Konstruktion der Torpedos und wie sie im Wasser platziert wurden. Der Buchstabe A steht für die Eisenstange, die fast bis zur Wasseroberfläche reicht. Bei B ist er mit dem Schloss verbunden, das sich im Inneren des Zylinders befindet und nicht dargestellt ist. C steht für das Pulver. Die Pfeile zeigen die Strömungsrichtung.

Eines Tages versuchte er ein Experiment. Er versenkte einen Torpedo und ließ ein Flachboot los, das mit der Strömung herunterkam und die Eisenstange traf. Das Pulver explodierte und schleuderte das Flachboot hoch in die Luft. Tausende von Rebellensoldaten standen auf den Klippen und sahen es. Sie riefen Hurra und schwangen ihre Hüte. Mr. Maury war so erfreut, dass der Fluss über, vor und unter der Stadt mit ihnen besät war. Er dachte, dass Commodore Foote und alle seine Kanonenboote aus dem Wasser geblasen würden, wenn sie versuchten, den Fluss hinabzufahren.

Aber die Verarbeitung war grob. Die Teile waren nicht mit viel Geschick zusammengesetzt. Mr. Maury zeigte, dass seine Wissenschaft nicht praxistauglich war. Er vergaß, dass der Fluss ständig stieg und fiel, dass der Wasserstand manchmal so hoch war, dass die Kanonenboote mit mehreren Fuß Abstand über die Eisenstangen gleiten konnten, er vergaß, dass das Pulver Feuchtigkeit anzog und die Schlösser rosteten.

Nach einiger Zeit stellte sich heraus, dass die Torpedos leckten, dass das Pulver feucht wurde und sich in eine tintenartige Masse verwandelte und dass die Hunderttausende von Dollar, die Mr. Maury ausgegeben hatte, allesamt verschwendet waren. Dann sagten diejenigen, die ihn für einen Wissenschaftler gehalten hatten, er sei ein Schwindler.

Die Einnahme von Fort Donelson zwang die Rebellen, Columbus zu räumen – das Gibraltar des Mississippi, wie sie es nannten – und alle geleistete Arbeit war umsonst. Nashville wurde am 27. Februar geräumt. Am 4. März fuhr Commodore Foote, der Anzeichen dafür sah, dass die Rebellen Columbus verließen, mit sechs Kanonenbooten, begleitet von mehreren Transportschiffen und Truppen unter General Sherman, den Fluss hinunter, um sich darum zu kümmern. Die reparierte Cincinnati war das Flaggschiff. Commodore Foote bat mich, ihn zu begleiten, wenn ich dies wünschte.

„Vielleicht wird es heiße Arbeit geben", sagte er, als ich am Abend des 3. an Bord ging.

„Wir brechen um vier Uhr auf", sagte Kapitän Stemble, der das Schiff kommandierte, „und werden bei Tagesanbruch in Columbus sein."

Es war eine neue und seltsame Erfahrung, diese erste Nacht auf einem Kanonenboot, und es war durchaus möglich, dass ich bei Tagesanbruch unter dem Feuer von hundert Rebellenkanonen stehen würde. Im schwachen Licht der Lampe konnte ich das große Geschütz knapp zwei Meter von mir entfernt sehen, sowie glänzende Entermesser und blitzende Musketen. Als ich aus der Offiziersmesse blickte, sah ich die Männer in ihren Hängematten schlafen, wie Pirol in ihren hängenden Nestern. Die Wachposten gingen auf dem Deck auf und ab, und alles war still bis auf das Geräusch des großen Rades des Dampfers, das sich träge im Strom drehte, und das Gurgeln des Wassers um den Bug.

„Wir nähern uns Columbus", sagte ein Offizier. Es war noch eine Weile bis zum Sonnenaufgang, aber die Männer waren alle auf den Beinen. Ihre Hängematten waren verstaut. Sie machten das Deck einsatzbereit, holten die Kanonen heraus, brachten Kugeln und Granaten herauf, zerrten und zogen an den Seilen. Als ich an Deck ging, konnte ich im Dämmerlicht die Umrisse der Klippe bei Columbus erkennen. Weit stromaufwärts hingen dunkle Rauchwolken von den anderen Dampfern.

Commodore Foote war auf dem Oberdeck und ging an Krücken. Er war immer noch hinkend aufgrund der Verletzung, die er sich in Donelson zugezogen hatte.

„Bevor ich in einen Kampf ziehe, fühle ich mich immer in Hochstimmung. Ich sehe nicht gern, wie Menschen getötet werden, aber wenn ich eine Pflicht wie diese für mein Land zu erfüllen habe, bin ich mit all meiner Energie dabei", sagte der Kommodore.

Direkt gegenüber, am Ufer des Missouri, lag das Schlachtfeld von Belmont, wo General Grant seine erste Schlacht schlug und wo die Kanonenboote die Armee retteten.

Da stand ein Haus, das von Kanonenkugeln durchsiebt war. Im Dach war ein Loch so groß wie ein Scheffelkorb, durch das die Granate eindrang, und im Giebel eine Öffnung, groß genug für einen Karren mit Ochsen, durch die sie wieder austrat. Sie explodierte und riss das Ende des Gebäudes in Stücke.

Ein Boot nach dem anderen kam herunter. Der Morgen hellte sich auf. Wir konnten Männer auf der Klippe sehen und eine wehende Flagge. Waren die Rebellen dort? Wir konnten die Flagge nicht erkennen. Wir gingen etwas näher heran. Weitere Männer kamen in Sicht.

„Vorgestern wurden vier Kavalleriekompanien von Paducah zu einer Erkundung ausgesandt. Vielleicht sind alle Rebellen weg und haben den Ort in ihren Händen", sagte General Sherman.

„Ich werde mit einer Gruppe Soldaten eine Erkundung durchführen“, fügte er hinzu. Er sprang an Bord seines Schleppers und machte sich auf den Weg, um seine Soldaten zu holen.

„Captain Phelps, Sie würden bitte meinen Schlepper nehmen und ebenfalls abtauchen“, sagte Commodore Foote. „Wenn Sie bereit sind, das Risiko einzugehen, steht es Ihnen frei, Captain Phelps zu begleiten“, waren seine Worte an mich. Was ist eine Sache wert, die nichts kostet?

Langsam und vorsichtig gleiten wir den Bach hinunter.

„Wir sind in Reichweite. Wenn die Rebellen da sind, könnten sie uns Ärger machen“, sagt Captain Phelps.

Wir kommen näher. Die Flagge weht noch immer. Der Mann, der sie hält, schwingt seinen Hut.

Das sind keine Rebellen, sondern Kavallerie der Union! Los geht's. Der andere Schlepper mit General Sherman ist dicht dahinter.

„Ein bisschen mehr Dampf! Schnell Gas geben!“, sagt Kapitän Phelps.

Er lässt sich nicht unterkriegen. Wir springen an Land, klettern vor allen Soldaten das Ufer hinauf, erreichen die oberen Werke und hissen die amerikanische Flagge in die helle Morgensonne auf den verlassenen Werken der Rebel Gibraltar!

Die Besatzungen der Boote drängen sich auf den oberen Decks und stoßen ihre Freudenrufe aus. Die Soldaten weiter flussaufwärts stoßen wilde Hurrarufe aus. Um uns herum rauchen Ruinen – abgebrannte Kasernen und Lagerhäuser, Fässer mit Mehl und Speck, die im Feuer köcheln. Haufenweise Schrot und Granaten. Die große Kette ist durch ihr eigenes Gewicht gerissen. An der Anlegestelle liegen Hunderte von Mr. Maurys Torpedos – jetzt altes Eisen. Wir wandern durch die Stadt, entlang der Befestigungen, sehen die starken Verteidigungsanlagen und wundern uns, dass die Rebellen sie – verteidigt durch 120 Kanonen – kampflos aufgaben, aber der Fall von Fort Donelson zwang sie, den Ort zu räumen. Sie nahmen etwa die Hälfte der Kanonen mit und warfen viele der zurückgelassenen Kanonen den Damm hinunter in den Fluss. Die geflohene Truppe zählte etwa 16.000 Mann. 5.000 fuhren mit Dampfschiffen den Fluss hinunter, und die anderen wurden mit den Autos nach Corinth geschickt.

Durch die Aufgabe von Columbus wurde Kentucky von den Rebellen befreit. Es war seit etwa sechs Monaten besetzt und Jeff Davis hoffte, es als einen der Konföderierten Staaten zu sichern, aber seine Erwartungen wurden enttäuscht. Die Mehrheit der Bevölkerung dieses edlen Staates ließ sich nicht dazu bewegen, aus der Union auszutreten.

KAPITEL X

Betrieb in New Madrid.

Es gibt viele Inseln im Mississippi, so viele, dass die Lotsen sie von Cairo bis New Orleans nummeriert haben. Die erste liegt gleich unterhalb von Cairo. Nr. 10 liegt etwa sechzig Meilen weiter unten, wo der Fluss eine scharfe Kurve macht, um eine Landzunge herum nach Westen und Nordwesten fließt, dann bei New Madrid wieder abbiegt und eine große Biegung nach Südosten macht, wie Sie auf der Karte sehen können. Die Insel ist weniger als eine Meile lang und nicht mehr als eine Viertelmeile breit. Sie liegt zehn bis fünfzehn Fuß über der Hochwassermarke. Die Grenze zwischen Kentucky und Tennessee schneidet hier in den Fluss. Die Strömung fließt schnell an der Insel vorbei, und Dampfschiffe, die den Fluss hinunterfahren, werden bis auf einen Steinwurf an das Ufer von Tennessee herangetragen. Das Ufer auf dieser Seite des Stroms liegt ebenfalls etwa fünfzehn bis zwanzig Fuß über dem Hochwasser.

Bevor die Rebellen ihre Arbeiten in Columbus begannen, erkannten sie, dass die Insel Nr. 10 eine sehr starke Stellung war, und begannen dort mit den Befestigungen. Als sie Columbus räumten, zogen sie sich dorthin zurück und montierten die Kanonen, die sie mitgebracht hatten, auf der Insel und an der Küste von Tennessee wieder. Sie dachten, es sei ein Ort, der nicht eingenommen werden könne. Sie hielten New Madrid, acht Meilen unterhalb, auf der Missouri-Seite, das von zwei Forts verteidigt wurde. Sie hielten die Insel und die Küste von Tennessee. Östlich ihrer Stellung, an der Küste von Tennessee, lag der Reelfoot Lake, ein großes Gewässer, umgeben von Hunderten Morgen unpassierbaren Sumpfes, der sich bis zur unteren Biegung erstreckte und ein Vordringen der Unionstruppen aus dem Inneren des Staates an ihrer Flanke verhinderte. Die Garnison auf der Insel und in den Batterien entlang der Küste war für ihre Versorgung auf Dampfschiffe angewiesen.

Die Entfernung über die untere Landzunge von der Insel nach Tiptonville entlang des Ufers des Reelfoot Lake beträgt etwa fünf Meilen, aber die Entfernung von der Insel am Fluss entlang nach Tiptonville beträgt über zwanzig Meilen.

Am 22. Februar verließ General Pope mit mehreren tausend Mann die kleine Stadt Commerce oberhalb von Cairo am Mississippi und marschierte in das sechzig Kilometer entfernte New Madrid. Es war ein langsamer, mühsamer Marsch. Der Schlamm war sehr tief und er konnte kaum fünf Meilen pro Tag zurücklegen, aber er erreichte New Madrid am 3. März, dem Tag, an dem wir auf den Höhen von Columbus die Flagge hissten.

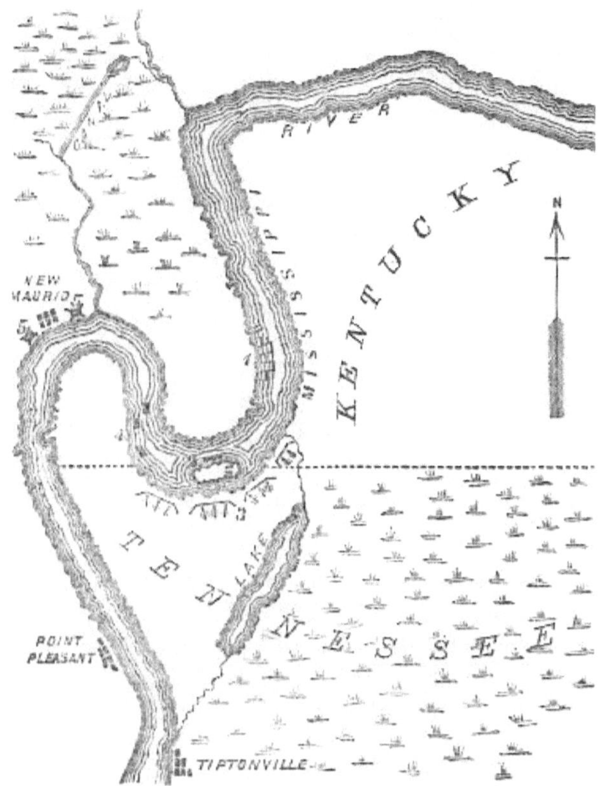

INSEL NR. 10.

1 Die Flotte von Commodore Foote.

2 Insel Nr. 10 und schwimmende Batterie der Rebellen.

3 Landbatterien.

4 Rebellenboote.

5 2 Festungen in New Madrid.

Die Rebellen hatten ihre Festungen fertiggestellt. Die Festung oberhalb der Stadt war mit vierzehn schweren Kanonen ausgestattet, die Festung unterhalb mit sieben. Beide waren starke Festungen mit Bastionen und Winkeln sowie Gräben, die mit Flankenfeuer überwunden werden konnten. Zwischen den beiden Festungen befand sich eine Reihe von Schützengräben, die die Stadt umschlossen.

In New Madrid befanden sich fünf Infanterieregimenter und mehrere Artilleriebatterien unter dem Kommando von General McCown. General Mackall wurde von Beauregard dorthin geschickt, um die Verteidigung dort und auf Insel Nr. 10 zu leiten. Als er ankam, richtete er eine Ansprache an die Soldaten. Er sagte:

„Soldaten: Wir sind Fremde, Kommandant und Untergebener, einander.
Lassen Sie mich Ihnen sagen, wer ich bin. Ich bin ein General, der von
Beauregard ernannt wurde – ein General, der von Beauregard und Bragg für
dieses Kommando ausgewählt wurde, als sie wussten, dass es in Gefahr war.

„Sie kennen mich seit zwanzig Jahren. Gemeinsam haben wir die Felder
Mexikos bevölkert. Schenken Sie ihnen jetzt Ihr Vertrauen. Schenken Sie es
mir, wenn ich es mir verdient habe.

„Soldaten: Das Mississippi-Tal ist eurem Mut, eurer Disziplin und eurer
Geduld anvertraut. Zeigt die Ruhe und Wachsamkeit, die ihr bisher an den
Tag gelegt habt, und behaltet sie.“ [23]

Sie dachten, sie könnten die Stellung halten. Ein Rebellenoffizier schrieb am
11. März an seine Freunde: „General Mackall hat die Nachhut wirksam
verteidigt. Die Forts sind uneinnehmbar. Alle sind zuversichtlich und bereit.
Wir werden dies, wenn nötig, zu einer amerikanischen Thermopyle machen.“
[24]

Damit wollte er sagen, dass sie alle eher sterben würden, als den Ort
aufzugeben, und er wollte New Madrid in der Geschichte ebenso berühmt
machen wie jenen schmalen Gebirgspass in Griechenland, wo die
unsterblichen Dreihundert unter Leonidas gegen das persische Heer
kämpften.

Die Rebellen hatten mehrere Kanonenboote auf dem Fluss, jedes mit drei
oder vier Kanonen. Der Fluss war sehr hoch und seine Ufer traten über die
Ufer. Das Land ist meilenweit eben und es war ein Leichtes für die
Kanonenboote, Granaten über die Stadt hinweg in die Wälder auf General
Popes Armee abzuwerfen. Die Rebellen hatten über sechzig schwere
Geschütze, während General Pope nur seine leichte Feldartillerie hatte; aber
er ließ Belagerungsgeschütze aus Kairo holen, während er in der
Zwischenzeit die feindlichen Posten eintrieb und den Ort einschloss.

Er entsandte Colonel Plummer vom Elften Missouri mit drei Regimentern
und einer Batterie gezogener Parrott-Geschütze, um Point Pleasant, zehn
Meilen weiter unten, einzunehmen. Der Befehl wurde hervorragend
ausgeführt. Colonel Plummer stellte seine Geschütze auf, errichtete
Schützengräben und verblüffte die Rebellen, indem er seine Granaten auf ein
Dampfschiff abfeuerte, das mit Vorräten vorbeifuhr.

Commodore Hollins, der Befehlshaber der Kanonenboote der Rebellen,
beeilte sich, nach unten zu kommen, um herauszufinden, was los war. Er ließ
den ganzen Tag lang Kugeln und Granaten auf Colonel Plummers Batterien
niederprasseln, konnte ihn aber nicht von der gewählten Position vertreiben.
Er hatte Löcher in den Boden gegraben, um seine Artillerie zu beschießen,
und die Schüsse der Rebellen fügten ihm keinen Schaden zu. Hollins begann

aus großer Entfernung und näherte sich dann den Batterien, aber Plummers Artilleristen zwangen ihn durch ihre ausgezeichnete Zielgenauigkeit zum Rückzug. Am nächsten Tag versuchte Hollins es erneut, aber ohne größeren Erfolg. Der Fluss war wirksam blockiert. Kein Rebellentransporter konnte an Land gehen, und die auf Insel Nr. 10 und New Madrid liegenden Schiffe konnten nicht landen, ohne schwerem Beschuss ausgesetzt zu werden.

General Mackall beschloss, New Madrid zu halten, und verstärkte die Stellung von Insel Nr. 10 aus, bis er etwa 9.000 Soldaten hatte. Am 11. März wurden General Pope vier Belagerungsgeschütze geschickt. Er erhielt sie bei Sonnenuntergang. Colonel Morgans Brigade wurde mit Spaten und Schanzwerkzeugen ausgestattet. General Stanleys Division wurde unter Waffen beordert, um Morgan zu unterstützen. Die Truppe rückte bei Einbruch der Dunkelheit auf die Stadt zu, trieb die Rebellenposten zurück und sicherte sich eine günstige Stellung 800 Yards vom Fort entfernt. Die Männer arbeiteten die ganze Nacht und hatten am Morgen zwei Brustwehren errichtet, jede 18 Fuß dick und 5 Fuß hoch, mit einer kleineren Brustwehr, einem sogenannten Vorhang, die die beiden verband. Dieser Vorhang war 900 Fuß lang, 9 Fuß dick und 3 Fuß hoch. Auf jeder Seite der Brustwehren befand sich eine Reihe von Schützengräben, die wie Flügel ausgeworfen waren. Hinter den Brustwehren wurden hölzerne Plattformen aufgestellt und die Geschütze bei Tageslicht aufgestellt. Colonel Bissell von den Pionieren leitete das Ganze. Innerhalb von 34 Stunden, nachdem er die Geschütze in Cairo erhalten hatte, hatte er sie über den Mississippi verschifft, auf Eisenbahnwaggons geladen, sie nach Sykestown gebracht, zwanzig Meilen entfernt, sie auf Kutschen montiert, sie dann weitere zwanzig Meilen durch fast unpassierbaren Schlamm geschleppt und sie 800 Yards vom Fluss entfernt in Stellung gebracht! Die Arbeit wurde so leise erledigt, dass die Rebellenposten nicht misstrauisch waren. Bei Tagesanbruch eröffneten sie das Feuer auf etwas, das sie für eine Schützenstellung der Union hielten, und wurden mit einer Granate aus einer gezogenen 32-Pfünder-Kanone beantwortet.

Es war ein nebliger Morgen. Die Luft war still und das tiefe Donnern rollte weit weg entlang des bewaldeten Flusses. Es weckte die schlafende Garnison. Commodore Hollins hörte es und sofort herrschte Tumult unter den Kanonenbooten der Rebellen. Sie kamen nach New Madrid. Hollins brachte sie in Position über der Stadt, um das Feuer zu eröffnen. Der Nebel lichtete sich und alle Kanonen der Flotte und der Forts begannen, auf die Brustwehren zu feuern. General Pope holte seine schweren Feldgeschütze hervor und antwortete. Er schenkte dem Fort kaum Beachtung, sondern feuerte seine Schüsse und Granaten auf die Kanonenboote ab. Captain Mower von der First United States Artillery kommandierte die Batterien und sein Feuer war so präzise, dass die Kanonenboote neue Positionen einnehmen mussten. Kurz nachdem das Kanonenfeuer begonnen hatte, traf ein Schuss aus dem Fort eine von Captain Mowers 32-Pfündern in die Mündung und machte sie kampfunfähig; aber er hielt sein Feuer den ganzen Tag über aufrecht, baute drei Kanonen im unteren Fort ab und machte zwei der Kanonenboote kampfunfähig. Fast alle Granaten der Rebellenbatterien fielen harmlos in die weiche Erde. Nur sehr wenige von General Popes Männern wurden verletzt. Sie gewöhnten sich schnell an das Geschehen und schenkten dem Geschrei der Schüsse und den Explosionen der Granaten kaum Beachtung. Sie lachten viel und herzhaft, da die Granaten, die im Boden explodierten, sie häufig mit Schlamm bespritzten.

In einem der Ohio-Regimenter gab es einen Soldaten, der sonst ein gottloses und böses Wesen war. Doch die Tatsache, dass bei einem so schrecklichen Feuer so wenige Menschen verletzt wurden, beeindruckte ihn zutiefst. Nachts sagte er ernst zu seinen Kameraden: „Jungs, es hat keinen Sinn, es zu leugnen. Gott hat heute über uns gewacht."

Auch seinen Kameraden fiel auf, dass er in dieser Nacht nicht fluchte.

Gerade in der Nacht demonstrierte General Paines Division in Richtung des unteren Forts und vertrieb die feindlichen Posten. General Paine rückte fast bis zum Graben vor dem Fort vor. Es wurden Vorbereitungen getroffen, um das Gelände zu halten, aber in der Nacht kam es zu einem schrecklichen Gewitter und Hurrikan, der alle Operationen stoppte.

Das 27. und 39. Ohio-Geschwader sowie das 10. und 16. Illinois-Geschwader bildeten die Hauptwache für die Nacht. Sie hatten den ganzen Tag unter Beschuss gelegen. Sie hatten die Nervenbelastung ertragen, aber während der langen Nachtstunden standen sie im strömenden Regen unter den grellen Flammen und blickten mit schlaflosen Augen zur Front, bereit, einen Ausfall abzuwehren oder Spione herauszufordern.

Bei Tagesanbruch war kein Feind zu sehen. Das Fort war verlassen. Ein Bürger der Stadt kam mit einer Waffenstillstandsfahne heraus. Der General, der seine Männer mit hochtrabenden Worten zusammengerufen hatte, der Offizier, der Neu-Madrid zu einer Thermopyle machen wollte, und er selbst ein Leonidas in der Geschichte – die neuntausend Infanteristen waren verschwunden! Zwei oder drei Soldaten wurden schlafend aufgefunden. Sie rieben sich die Augen und starrten wild, als man ihnen sagte, dass sie Gefangene seien und dass ihre Kameraden und ihr Kommandant geflohen seien.

Während des Gewitters hatten die Kanonenboote und Dampfer der Rebellen die Truppen an Bord genommen und sie zur Küste von Tennessee in der Nähe der Insel Nr. 10 gebracht. Sie machten ihre schweren Kanonen unbrauchbar, aber Colonel Bissells Ingenieure machten sich rasch an die

Arbeit und hatten die Kanonen innerhalb weniger Stunden wieder einsatzbereit.

Die Rebellen ließen riesige Mengen Getreide in Säcken und eine große Menge Munition zurück. Sie warfen ihre Wagen in den Fluss.

General Pope ließ seine Männer an die Arbeit gehen, und noch vor Einbruch der Dunkelheit wurden die Geschütze, die landeinwärts gerichtet waren, in die andere Richtung gedreht. Er schickte einen Boten mit folgender Depesche zu Commodore Foote:

„Alles klar! Der Fluss ist gesperrt! Der Feind kann nicht über das Wasser entkommen."

All dies wurde mit dem Verlust von sieben Toten und dreiundvierzig Verwundeten erreicht. Durch diese Operationen gegen New Madrid und durch die Schlacht bei Pea Ridge im südwestlichen Teil des Staates, die etwa zur selben Zeit stattfand, wurden die Rebellen aus Missouri vertrieben!

KAPITEL XI.

OPERATIONEN AUF INSEL NUMMER ZEHN.

Commodore Foote reparierte die in Fort Donelson außer Gefecht gesetzten Kanonenboote und segelte an dem Tag, als New Madrid in die Hände von General Pope fiel, von Kairo aus los. Er hatte sieben Kanonenboote und zehn Mörser sowie mehrere Schlepper und Transporter. Colonel Buford begleitete die Expedition mit 1.500 Mann.

Die Mörser waren unerprobt. Sie waren die größten, die zu dieser Zeit je in Gebrauch kamen. Sie wogen 19.000 Pfund und verschossen Granaten mit einem Durchmesser von 13 Zoll. Die beigefügte Abbildung gibt Ihnen vielleicht eine Vorstellung von ihrem Aussehen. Sie sehen den Mörser auf seinem Wagen oder Bett, wie es genannt wird. Die Zahlen 1, 1 stellen eine Wange des Betts dar, eine dicke schmiedeeiserne Platte. Die Zahlen 2, 2 stellen die Köpfe der Bolzen dar, die die Wange in der Abbildung mit der auf der anderen Seite verbinden. Das Bett steht auf dicken Balken, dargestellt durch 3, und die Balken ruhen auf schweren Schwellen, 4. Zahl 5 stellt einen dicken Eisenriemen dar, der den Zapfen oder die Achse des Mörsers umklammert und an seinem Platz hält. Dieser Riemen wird von zwei anderen Riemen gehalten, 6, 6, die alle aus Eisen und sehr stark sind. Die Zahl 7 stellt einen sogenannten Polster dar. Sie sehen, dass er die Form eines Keils hat. Er wird verwendet, um die Mündung des Mörsers anzuheben oder abzusenken. Die Zahl 8 stellt einen sogenannten Eckstein dar und hält den Polster an seinem Platz. Die Zahl 9 stellt einen der vielen Bolzen dar, mit denen das Ganze auf dem Boot an seinem Platz gehalten wird.

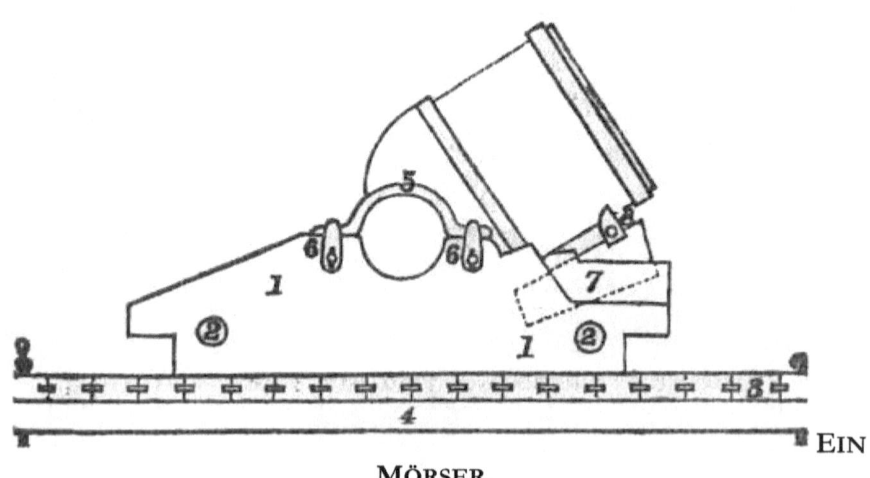

MÖRSER.

Das Boot ist wie ein Floß gebaut, aus dicken, kreuzweise gelegten und fest zusammengeschraubten Balken. Es ist etwa neun Meter lang und 4,6 Meter breit und hat an den Seiten Eisenplatten, um die Männer vor den Scharfschützen der Rebellen zu schützen. Der Mörser hat einen Durchmesser von über vier Metern. Er ist dicker als lang. Um einen Mörser genau abzufeuern, sind gute mathematische Kenntnisse erforderlich, nämlich Kenntnisse über das Verhältnis von Kurven zu geraden Linien, denn die Granate wird in einem Winkel von dreißig oder vierzig Grad in die Luft abgefeuert. Der Schütze muss die Entfernung vom Mörser zum Feind in einer geraden Linie berechnen und dann die Mündung anheben oder absenken, um seine Granate weder zu nah noch zu weit weg fallen zu lassen. Er muss die Zeit berechnen, die die Granate braucht, um die Kurve durch die Luft zu beschreiben. Dann muss er seine Zünder auf die richtige Länge bringen, damit die Granate zum richtigen Zeitpunkt explodiert, entweder hoch in der Luft, damit ihre Fragmente auf das Lager des Feindes regnen, oder dicht am Boden zwischen den Männern, die die Kanonen bedienen. All dies erfordert Geschick und viel Übung.

Die Mörserflottille wurde von Captain Henry E. Maynadier kommandiert, der von Captain EB Pike von den Pionieren unterstützt wurde. Es gab vier Artilleriemeister, die jeweils vier Mörser kommandierten. Jedes Mörserboot hatte eine Besatzung von fünfzehn Mann; drei von ihnen waren Mississippi-Flachbootfahrer, die sich mit dem Fluss, den Strömungen und den Sandbänken bestens auskannten.

Commodore Footes Flottille bestand aus der Benton (16 Kanonen), seinem Flaggschiff, das vollständig mit Eisenplatten bedeckt war und von Captain Phelps kommandiert wurde; der Mound City (13 Kanonen), kommandiert von Captain Kelty; der Carondelet (13 Kanonen), Lieutenant Walke; der Cincinnati (13 Kanonen), Captain Stemble; der St. Louis (13 Kanonen), Captain Dove; der Louisville (13 Kanonen), Lieutenant Paulding; der Pittsburg (13 Kanonen), Lieutenant Thompson; der Conestoga (9 Kanonen), Lieutenant Blodgett; insgesamt 103 Kanonen und 10 Mörser. Die Conestoga wurde zum Schutz der Munitionsboote eingesetzt und nahm nicht an den aktiven Operationen teil. Commodore Foote verfügte über mehrere kleine Dampfschlepper, die als Beiboote eingesetzt wurden, um Befehle von Boot zu Boot zu transportieren.

Die Südstaatler glaubten, dass die Insel Nr. 10 nicht eingenommen werden könne. Am 6. März hieß es in einer Zeitung in Memphis:

„Um Memphis und das Mississippital in Besitz zu nehmen, bräuchte der Feind eine Armee von größerer Stärke, als Minister Stanton an den Ufern des Mississippi aufstellen kann. Die Kanonenboote, in die sie so viel Vertrauen setzen, haben sich als schwach erwiesen. Sie können unseren schweren Kanonen nicht standhalten. Die Annäherung des Feindes über Land an New Madrid lässt uns glauben, dass die Flottille ein einziger großer Schwindel ist und dass sie nicht bereit ist und nicht beabsichtigt, den Fluss hinabzufahren. Foote, der Kommandant der Bundesflotte, diente seine Zeit unter Kommodore Hollins, und sollte er versuchen, den Fluss hinabzufahren, wird Hollins ihm beibringen, dass manche Dinge genauso gut gemacht werden können wie andere." [25]

Am Samstag, dem 15. März, näherte sich die Flotte der Insel. Die Wolken hingen dick und tief. Der Regen prasselte auf die Decks der Kanonenboote, der Nebel legte sich über den Fluss. Als die Boote um eine Landspitze herumfuhren, rief der alte Flusslotse, der Wache hielt und jede Biegung, jede Sandbank und alle Objekte am Ufer kannte, „Boot voraus!"

Die Matrosen kletterten zu den Bullaugen; Kapitän Phelps sprang aus der Kabine auf das Deck.

Da war sie, ein Dampfer, der eine Meile vor uns durch den Nebel gerade noch zu erkennen war. Es war die Grampus, die Kapitän Chester vom Dampfer Alps gehörte, der zwei der Mörserboote im Schlepptau hatte. Er stammte aus Pittsburgh und transportierte Kohle nach Memphis. Als der Krieg ausbrach, beschlagnahmten die Rebellen seine Dampfschiffe und seine Kohlekähne und weigerten sich, ihm die Kohle zu zahlen, die sie bereits gekauft hatten. Diese Tat erregte seinen ganzen Zorn. Er war ein großer, athletischer Mann und war seit dreißig Jahren dem Fluss gefolgt. Obwohl er von Feinden umgeben war, sagte er ihnen klare Worte.

„Ihr seid Diebe und Gauner! Ihr seid Feiglinge, jeder einzelne von euch!", schrie er.

Er zog seinen Mantel aus, krempelte die Hemdsärmel hoch, entblößte seine großen, muskulösen Arme und warf seinen Hut auf den Boden.

„Jetzt kommt schon! Ich werde gegen jeden von euch kämpfen, ihr teuflischen Schurken! Ich werde euch alle verprügeln! Ich fordere euch heraus, gegen mich zu kämpfen! Ihr nennt euch ritterliche Leute. Ihr sagt, ihr glaubt an Fairplay. Wenn ich euch verprügele, müsst ihr meine Boote hergeben, aber wenn ich besiegt werde, könnt ihr sie gerne haben."

Sie lachten ihm ins Gesicht und sagten: „Lass dich in die Luft jagen, alter Junge. Wir haben deine Boote. Bedien dich, wenn du kannst."

Ein hitzköpfiger Sezessionist schrie: „Hängt die Yankees!"

Die Menge drängte ihn herum, doch einige alte Freunde standen ihm bei, und so gelang ihm die Flucht.

Kapitän Phelps blickte einen Moment auf die Grampus. Er sah, wie sich ihre Räder bewegten. Sie fuhr los.

„Raus mit der Steuerbordkanone! Gib ihr einen Schuss!"

Lieutenant Bishop lässt seinen Blick über das Visier des großen Elf-Zoll-Geschützes gleiten, das im Handumdrehen geladen und aus der Bullauge geschossen wurde.

Es gibt einen Blitz. Eine große Wolke bauscht sich im Nebel auf, und der Schuss pfeift durch die Luft und verschwindet aus dem Blickfeld. Wir können nicht sehen, wo er einschlug. Noch einer – noch einer. Bumm! – Bumm! – Bumm! – von der Cincinnati und der Carondelet. Aber die Grampus hat leichte Fersen. Die Entfernung wird größer. Man kann sie kaum noch sehen, und schließlich verschwindet sie wie ein Geist aus dem Blickfeld.

Wir waren nicht mehr als vier oder fünf Meilen von der Spitze der Insel entfernt. Ein Boot nach dem anderen lief an der Küste von Kentucky entlang. Die Matrosen sprangen an Land, trugen die starken Leinen heraus und banden uns an den Stämmen der Buttonwood-Bäume fest.

In der Nähe gab es eine Lichtung und eine armselige Blockhütte. Die Familie war geflohen, erschrocken durch das Kanonenfeuer. Wir fanden sie im Wald zusammengekauert – einen Mann, seine Frau und seine Tochter. Das Land um sie herum war außerordentlich reich, aber sie waren sehr arm. Sie hatten nur Schweinefleisch und Maisbrei zu essen. Man hatte ihnen gesagt, dass die Unionstruppen sie alles rauben würden, was sie besaßen, was aber unwahrscheinlich war, denn sie besaßen nichts, was es wert war, gestohlen zu werden! Sie zitterten vor Angst, aber als sie feststellten, dass die Soldaten und Matrosen sich gut benahmen und friedlich waren, vergaßen sie ihre Angst.

Endlich lichtet sich der Nebel, und wir können die weißen Zelte der Rebellen an der Küste von Tennessee sehen. Dort stehen die Batterien, deren Kanonen grimmig und schwarz flussaufwärts gerichtet sind. Rund um die Landspitze liegt die Insel. Ein halbes Dutzend Dampfschiffe liegen im Fluss darunter. Manchmal fahren sie bis zur Biegung und dann wieder zurück – sie irren hin und her wie Ratten in einem Käfig. Sie können nicht an General Popes Kanonen in New Madrid vorbeikommen. Auf der Nordseite der Insel liegt eine große schwimmende Batterie mit acht Kanonen, die aus New Orleans heraufgeschleppt wurde. General Mackall hat in einem schmalen Teil des Kanals auf der Nordseite der Insel ein Dampfschiff versenkt, so dass Commodore Foote, wenn er versucht, die Blockade zu durchbrechen, gezwungen ist, den südlichen Kanal entlang zu fahren, und dabei dem Feuer aller Kanonen der vier Batterien an der Küste von Tennessee sowie denen auf der Insel ausgesetzt ist.

Zwei der Mörserboote wurden zwei Meilen von den Rebellenbatterien entfernt in Position gebracht. Wir warteten fieberhaft, während Kapitän Maynadier alles fertig machte, denn 13-Zoll-Mörser waren noch nie im Krieg eingesetzt worden. Die größten, die von den Franzosen und Engländern beim Beschuss von Sebastopol eingesetzt wurden, waren viel kleiner.

Es ertönte ein Donnergrollen. Es war kein scharfer, durchdringender Knall, sondern ein tiefer, schwerer Knall, der den mächtigen Fluss entlangrollte und von Ufer zu Ufer widerhallte – ein lang anhaltender Nachhall, der fünfzig Meilen weit zu hören war. Bei der einzigen Explosion wurde ein Pulverfass verbrannt. Die Granate erhob sich in einer schönen Kurve, explodierte fünfhundert Fuß hoch und fiel in Fragmenten rund um das entfernte Lager nieder.

Unter den dunklen Bäumen des Waldes in der Nähe des Lagers blitzte es auf, eine weiße Rauchwolke stieg auf, ein Donnern antwortete, und eine Kugel fiel eine halbe Meile flussabwärts von den Mörsern ins Wasser. Die Rebellen hatten die Herausforderung angenommen.

Der Sonntag kam. Die Boote mit den Mörsern im Schlepptau warfen sie an der Küste von Missouri ab. Die Kanonenboote schwenkten in den Strom ein. Die Benton feuerte mit ihren gezogenen Kanonen über der Landspitze auf die Dampfschiffe der Rebellen unterhalb der Insel. Es gab einen plötzlichen Tumult. Sie verschwanden schnell flussabwärts in Richtung New Madrid, außer Reichweite. Im Laufe des Morgens erklang ein tiefes Dröhnen aus Richtung Point Pleasant. Die Kanonenboote der Rebellen versuchten, Colonel Plummer von seiner Position zu vertreiben.

Zehn Uhr kam, die Stunde des Gottesdienstes. Die Kirchenflagge wurde am Fahnenmast der Benton gehisst, und alle Kommandanten riefen ihre Mannschaften zum Gottesdienst zusammen. Ich war mit Kapitän Thompson an Bord der Pittsburg. Die Mannschaft versammelte sich auf dem Oberdeck. Es waren Männer aus Maine, New Hampshire, Massachusetts und Rhode Island, aus den östlichen wie auch den westlichen Staaten. Einige von ihnen waren Schüler und Lehrer in Sonntagsschulen zu Hause. Sie waren dunkelblau gekleidet, und jeder Matrose erschien in seinem Sonntagsanzug. Ein kleiner Tisch wurde aus der Kajüte heraufgebracht, und die Flagge unseres Landes war darauf ausgebreitet. Eine Bibel wurde gebracht. Wir standen mit unbedecktem Kopf um den Kapitän herum, während er den 27. Psalm las. Schön und angemessen war dieser Gottesdienst:

„Der Herr ist mein Licht und mein Heil; vor wem sollte ich mich fürchten? Der Herr ist die Kraft meines Lebens; vor wem sollte ich Angst haben?"

Nach dem Psalm das Gebet: „Vater unser im Himmel."

Wie beeindruckend! Die unverhüllte Gruppe, die um die aufgeschlagene Bibel stand, und die leisen Stimmen von hundert Männern im Gebet. Zu unserer Rechten, den mächtigen Fluss hinunterblickend, waren die Mörser im Einsatz und ließen mit ihrem schweren Donnern die Erde erzittern. Die Granaten fegten in anmutigen Kurven durch die Luft. Zu unserer Linken bedeckten sich die Benton und die Carondelet mit weißen Wolken, die langsam über die Wälder hinwegschwebten, die nach den ersten Knospen und Blüten des Frühlings dufteten. Die Rebellenbatterien unter uns flammten und rauchten. Volle Kugeln zischten an uns vorbei, Granaten explodierten über uns. Weit hinter der Insel, hinter dem Dunkelgrün des Waldes, erhob sich die Wolke eines weiteren Bombardements, wo Commodore Hollins vergeblich versuchte, Colonel Plummer von seiner Position zu vertreiben. So vermischte sich das Gebet mit dem tiefen, wilden Donnern der Kanonade.

Ein leichter Nebel lag wie ein dünner Schleier über dem Fluss. Nach dem Gottesdienst sahen wir diese seltsame und eigenartige optische Täuschung namens Fata *Morgana* , die man so oft in Wüsten sieht, wo der durstige Reisende Seen und schattige Orte, Städte, Dörfer und Schiffe sieht. Ich blickte flussaufwärts und sah etwas schwimmen, das um die bewaldete Landzunge herumschwamm. Es schien ein Boot oder eine schwimmende Batterie zu sein. Es gab Schornsteine, einen Fahnenmast, ein Bullauge. Es schien zweihundert Fuß lang zu sein und kam quer auf uns zu.

„Captain Thompson, sehen Sie dort!"

Er sah es sich an, sprang auf das Ruderhaus und musterte es immer wieder. Die anderen Offiziere hoben ihre Gläser.

„Es sieht aus wie eine schwimmende Batterie!", sagte einer.

„Da ist sicherlich ein Bullauge!", sagte ein anderer.

Es kam näher. Seine Ausmaße vergrößerten sich.

„Pilot, geben Sie Dampf! Steuern Sie das Schiff flussaufwärts!", sagte Kapitän Thompson.

„Leutnant, eilen Sie zur Stelle! Zünden Sie das Magazin an! Wir werden sehen, was in ihr steckt."

An Deck herrschte Betriebsamkeit. Die Kanonen wurden ausgefahren, Schüsse und Granaten heraufgebracht. Das Boot fuhr flussaufwärts. Das unbekannte Schiff kam seitlich auf uns zu.

Plötzlich verschwand die Illusion. Das dreihundert Fuß lange Ungeheuer verwandelte sich in einen alten Kohlenkahn. Die Schornsteine wurden zu zwei Balken, der Fahnenmast zu einem kleinen Stück Brennholz. Der Nebel und die Luftströmungen hatten die Verwandlung bewirkt. Wir lachten herzlich über unsere Vorbereitungen für eine Begegnung mit dem Feind in unserem Rücken. Dieser Feind war schneller zu besiegen als der vor uns.

Die Rebellen in der oberen Batterie schwenkten eine weiße Fahne. Das Feuer hörte auf. Commodore Foote schickte Lieutenant Bishop mit einem Schlepper und wehender weißer Fahne nach unten, um zu sehen, was das bedeutete. Er näherte sich der Batterie.

„Sollen wir das so verstehen, dass Sie mit uns kommunizieren möchten?“, fragte er.

„Nein, Sir“, sagte ein Offizier in einem mit Gold bestickten Mantel.

„Warum hissen Sie dann eine weiße Flagge?“

„Das ist ein Fehler, Sir. Es ist eine Signalflagge. Ich bedauere, dass sie Sie getäuscht hat.“

"Guten Morgen mein Herr."

"Guten Morgen mein Herr."

Der Schlepper fährt zurück zur Benton, die weiße Flagge wird eingeholt und der Aufruhr beginnt erneut. Leutnant Bishop nutzte seine Augen gut aus. In der oberen Batterie befanden sich sieben 32-Pfünder und ein schweres gezogenes Geschütz.

Commodore Foote war erst am Montagmittag, dem 17. März, bereit, ernsthaft mit dem Bombardement zu beginnen.

Die Benton, Cincinnati und St. Louis fuhren Seite an Seite flussabwärts und gingen etwa eine Meile von den oberen Batterien entfernt in Position. Am Heck jedes Kanonenboots wurden Anker geworfen, damit sie mit ihren schweren gezogenen Kanonen frontal kämpfen konnten. Ihre Position befand sich auf der Ostseite des Flusses. Die Mound City und die Carondelet nahmen Position nahe dem Westufer ein, direkt unterhalb der Mörser . Die Boote waren so positioniert, dass sie ein Kreuzfeuer auf die obere Rebellenbatterie eröffnen konnten.

„Achten Sie nicht auf die Insel, sondern richten Sie Ihr Feuer auf die obere Batterie!“ lautet der Befehl.

Auf dem Flaggschiff wird ein Signal gehisst. Wir verstehen die Bedeutung der Flagge nicht, aber während wir sie betrachten, eröffnen die zehn Mörser in rascher Folge nacheinander das Feuer. Die Kanonenboote folgen. Zehn Granaten mit einem Durchmesser von dreizehn Zoll steigen hoch in die Luft. Rauchschwaden triefen über den Himmel, und ein anhaltendes, unbeschreibliches Krachen, Rollen und Grollen ist zu hören. Sie haben Schlachtschiffe der großen Maler gesehen, aber die höchste künstlerische Kunst kann diese Szene nicht darstellen. Es ist ein Frühlingstag, so schön wie nie zuvor. Die Kanonenboote sind in Flammen und Rauch gehüllt. Die sich entfaltenden Wolken werden langsam von der sanften Brise fortgeweht. Riesige Säulen erheben sich majestätisch aus den Mörsern. Eine weiße Linie – ein fadenartiges Gewebe – überspannt den Himmel. Es ist die momentane und verschwindende Markierung der Granate in der unsichtbaren Luft. Es gibt kleine Spritzer im Strom, wo die Eisensplitter fallen. Vor dem Erdwerk schießen Wassersäulen in die Höhe, die in Gischt zerspringen, die vom hellen Sonnenschein in Regenbogenfarben bemalt wird. Ein Geschoss saust über die Oberfläche und durchbohrt die Böschung. Ein anderes rauscht gerade so über die Brustwehr und fällt dahinter einen Baum. Die Luft ist erfüllt von Stöcken, Balken, Ästen und Erde, als ob ein Dutzend Blitze aus wolkenlosem Himmel auf die Stelle gefallen wären. Tief unter der Erde ereignen sich Explosionen, wo sich die großen Granaten auf ihrem Abwärtsflug vergraben haben. Rauchwolken steigen auf wie der Nebel eines Sommermorgens.

Hinter dieser Brustwehr stehen ein paar tapfere Kerle. Mitten in diesem Sturm kommen sie aus ihrem Schutzraum und laden ein Gewehr. Da kommt es! Ein Blitz, eine Wolke, ein Zischen, ein Krachen! Der Schuss trifft das Oberdeck der Benton, zerreißt die Eisenplatten, zertrümmert das dicke Holz in Kleinholz, fällt auf das Unterdeck, springt wieder hinauf zu den darüber liegenden Balken und landet in Commodore Footes Schreibtisch!

Überall, von den Kanonenbooten, den Mörsern und allen Batterien, sind Blitze, Rauchwolken und Donner zu hören, die an die prachtvollen Bilder der Offenbarung des Johannes im Neuen Testament erinnern, in denen die Szenen des Jüngsten Gerichts beschrieben werden.

Bei Sonnenuntergang wurde das Feuer eingestellt. Die Benton wurde viermal getroffen, die Cincinnati einmal. Bei diesen Schüssen wurde niemand verletzt, aber eine der Kanonen der St. Louis explodierte, tötete zwei Männer auf der Stelle und verwundete dreizehn.

Als der Bombenhagel seinen Höhepunkt erreichte, erhielt Commodore Foote einen Brief aus Kairo mit der traurigen Nachricht, dass ein geliebter Sohn plötzlich gestorben war. Es war ein schwerer Verlust, aber für ihn war es keine Zeit, der Trauer nachzugeben, keine Zeit, über sein großes Leid nachzudenken.

Nachdem das Feuer aufgehört hatte, saß ich mit ihm in der Kajüte der Benton. Tränen liefen ihm über die Wangen. Er dachte an seinen Verlust.

Würde er noch leben, hätte ich kein Recht, das Gespräch mit ihm zu schildern, aber er hat seinen Lohn erhalten und uns sein leuchtendes Beispiel hinterlassen. So lauten seine Worte, soweit ich mich erinnere:

„Es ist ein schrecklicher Schlag, aber der Herr hat ihn versetzt und der Herr hat ihn wieder genommen; gepriesen sei sein Name. Für mich ist er schwer zu ertragen, aber nicht schwerer als für die Väter der edlen Männer, die auf der St. Louis getötet wurden. Die Armen! Die Verwundeten tun mir leid."

Er rief den Pfleger, der vor der Kabine stand.

„Pflegekraft, sagen Sie dem Chirurgen, dass ich ihn sprechen möchte."

Der Chirurg kam herein.

„Herr Chirurg, ich möchte, dass Sie alles für die armen Kerle auf der St. Louis tun, was Sie können. Lassen Sie nichts aus, was zu ihrem Wohlbefinden beiträgt."

„Es wird gemacht, Sir", sagte der Chirurg, als er die Kabine verließ.

„Die armen Kerle! Ich muss sie selbst sehen. Es ist viel schlimmer, wenn ein Gewehr explodiert, als wenn die Männer durch einen Schuss des Feindes verwundet werden, denn sie verlieren das Vertrauen. Ich habe beim Ministerium immer wieder gegen den Einsatz dieser alten 32-Pfünder protestiert, die durch das Ziehen geschwächt wurden; aber ich musste sie nehmen oder keine. Ich musste sie aufsammeln, wo immer ich sie finden konnte. Ich habe mein Bestes getan, um die Flotte in einen guten Zustand zu bringen, und es ist zu schlimm, wenn die Männer auf diese Weise abgeschlachtet werden. Ich werde versuchen, meine Pflicht zu tun. Das Land braucht die Dienste eines jeden Mannes. Wir werden einen langen Krieg haben. Ich würde mich gerne ausruhen und eine kleine Verschnaufpause einlegen, aber ich werde nicht darum bitten. Ich werde versuchen, meine Pflicht gegenüber meinem Land und Gott zu erfüllen. Er führt diese Nation auf eine Weise, die wir nicht kennen. Mein Glaube an ihn ist unerschütterlich. Er wird uns schließlich aus allen Schwierigkeiten herausführen."

So sprach er in der Stunde des Gefechts, während er seinen Pflichten nachkam und die Nachricht vom Tod seines geliebten Sohnes erduldete, ruhig, heiter und hoffnungsvoll von der Zukunft und bewies den Verwundeten gegenüber die Fürsorge und Zärtlichkeit eines Vaters.

Obwohl die Kanonenboote bei Sonnenuntergang aufhörten zu schießen, waren die Mörser die ganze Nacht im Einsatz. Es war wunderschön, den großen Blitz zu sehen, der die ganze Landschaft erhellte, die weiße Wolke, die nach oben und außen rollte, sich entfaltete, ausdehnte und sich über den breiten Fluss ausbreitete, und den hellen Funken, der hoch in die Luft stieg, sich mit der rotierenden Granate drehte, seine Höhe erreichte und geradewegs entlang des Bogens der Parabel segelte, dann mit zunehmender Geschwindigkeit herabstieg und in einem hellen Blitz und einer Explosion endete, die weithin widerhallt. Am nächsten Tag ging ich mit Captain Maynadier über die Landzunge, um die Batterien auf der Insel zu erkunden und die Explosionen der Granaten zu beobachten. Wir kamen an einem verlassenen Bauernhaus vorbei und sahen eine Gruppe von Colonel Bufords Soldaten, die Schweine und Hühner jagten. Als wir auf einer Cordbrücke einen Bach überquerten, kamen wir zu einer zweiten Gruppe. Einer spielte Geige und mehrere tanzten; sie waren glücklich wie Lerchen. Wir standen am Ufer des Flusses gegenüber der Insel. Vor uns lag die schwimmende Batterie, die früher das Trockendock von New Orleans war. Sie war mit acht Kanonen bestückt. Es gab vier Batterien an der Küste von Tennessee und mehrere auf der Insel. Wir konnten die Artilleristen an ihren Kanonen sehen. Sie sahen uns und schickten eine Granate über unsere Köpfe hinweg, die in ein Maisfeld einschlug und eine tiefe Furche für den Bauern pflügte, dem es gehörte. Wir gingen dorthin, wo sie uns nicht sehen konnten, und kletterten auf einen Zaun, um die Wirkung des Mörserfeuers zu beobachten. Es war interessant, dort zu sitzen und die großen Granaten fünfhundert Fuß über uns durch die Luft segeln zu hören. Es war wie das Geräusch einer fernen, unsichtbaren Maschinerie, die sich in ständiger Bewegung drehte, nicht das scharfe, schrille Pfeifen eines gezogenen Bolzens, sondern ein Surren und Rollen, wie man es manchmal bei einem Gewitter über den Wolken hört. Eine Granate fiel wie ein Mühlstein in den Fluss. Das Wasser löschte die Zündschnur nicht, und eine große Säule wurde fünfzehn Fuß hoch aufgeworfen. Eine andere grub sich tief in den Boden, bevor sie platzte, und grub ein großes Loch. Ich erfuhr, dass nach der Kapitulation ein Mann durch ein Zelt fiel, in dem mehrere Offiziere saßen und Karten spielten, und dass im nächsten Moment das Zelt, die Möbel, die Offiziere und fünfzig Wagenladungen Erde durch die Luft flogen! Keiner von ihnen war verletzt, aber sie waren zerschrammt und zerrissen, und ihre schönen Kleider waren mit Schmutz bedeckt.

Nachts gab es einen Sturm mit grellen Blitzen und heftigem Donner. Die Mörser hielten ihr Feuer aufrecht. Es war ein erhabenes Schauspiel – Erde gegen Himmel, aber die Artillerie des Himmels war am besten.

Sie hätten, glaube ich, viel darum gegeben, das alles gesehen zu haben; aber die Geschichte hat noch eine andere Seite. Können Sie Dreck essen? Können Sie Fett in all seinen Formen essen – gebacken, gekocht, gebraten, geschmort? Können Sie bunte Butter ertragen, die in Geschmack und Geruch unterschiedlich ist? Können Sie Woche für Woche Schinken, Hasch und Bohnen zum Frühstück, Bohnen, Hasch und Schinken zum Mittag und Hasch, Schinken und Bohnen zum Abendbrot vertragen, mit Fett in all seinen Formen, mit Kuchen, die so fest sind, dass man mit Kartätschen auf

die Rebellen schießen könnte, mit schwärzestem Kaffee und der nächsten
verfügbaren Kuh fünfzig Meilen entfernt? – mit saurer Melasse, fettigen
Bratkuchen, mit Mississippi-Wasser, das voll ist vom Schmutz des großen
Tals des Westens, mit Schlamm aus den Schlachthäusern von Cincinnati,
Kehricht von den Straßen, Abwasch von den Dampfschiffen, mit all dem
Miasma und Schimmel der Wälder? Selbst das schönste Gesicht nimmt bald
eine milchig-melassefarbene Farbe an, die Energie lässt nach und aus Kraft
wird Schwäche, wenn man so lebt.

Wie raste mir als Junge das Blut durch die Adern, wenn ich ein Signalhorn,
eine Trommel oder das Dröhnen einer Kanone hörte! Aber das ist längst
Vergangenheit. Ich war nur einen Steinwurf von den Mörsern entfernt
untergebracht, die die ganze Nacht feuerten, und wurde durch die
Explosionen nicht gestört. Man wird gegenüber allem gleichgültig. Man wird
es leid, der Kanonade zuzusehen, und gewöhnt sich so sehr an das Feuer des
Feindes, dass man nach einer Weile keinen Schuss mehr bemerkt, der den
Boden aufwühlt oder ins Wasser in der Nähe einschlägt.

General Pope ließ ausrichten, dass er, wenn er Transportschiffe und ein
Kanonenboot hätte, an die Küste von Tennessee übersetzen und die
Batterien im Rücken einnehmen könne. Der Fluss war sehr hoch und das
Land überschwemmt. In der Nähe von New Madrid gibt es einen Bayou, den
Auslauf eines kleinen Sees. Man beschloss, einen Kanal durch den Wald zum
See zu graben. Colonel Bissell und sein Pionierregiment machten sich an die
Arbeit. Vier Dampfschiffe wurden ausgerüstet, zwei Kähne mit Kanonen an
Bord ins Schlepptau genommen und die Expedition startete. Sie segelten
über ein Maisfeld, dessen hohe Stängel im Wasser wogten und schwangen,
dampften über Zäune und kamen in den Wald. Dort standen große Bäume,
die gefällt werden mussten. Die Pioniere rüsteten ihre Sägen für die Arbeit
unter Wasser aus. Der Weg war fünfzig Fuß breit und die Bäume wurden
vier Fuß unter der Oberfläche gefällt. In acht Tagen bahnten sie sich ihren
Weg nach New Madrid, eine Entfernung von zwölf Meilen. An einer Stelle
fällten sie fünfundsiebzig Bäume, die alle einen Durchmesser von über zwei
Fuß hatten.

Währenddessen hielt Commodore Foote die Rebellen durch regelmäßiges
und anhaltendes Bombardement, vor allem auf die obere Batterie, wach. Er
war entschlossen, diese einzunehmen.

In der Nacht des 1. April wird eine bewaffnete Expedition aus dem
Geschwader und den Landstreitkräften zusammengestellt. Es sind fünf
Boote, bemannt von ausgewählten Mannschaften der Kanonenboote, mit
vierzig Männern des 42. Illinois-Regiments unter dem Kommando von
Colonel Roberts. Die Gruppe zählt einhundert Mann. Es ist eine stürmische
Nacht. Der Wind weht stürmisch aus dem Süden, wiegt die großen Bäume

des Waldes und wirft Wellen auf den schnell fließenden Fluss, der im Sturm brodelt, brodelt, spritzt und schäumt. Es gibt grelle Blitze, Grollen und tiefes, schweres Donnergrollen. Die Boote legen von der Flotte ab. Die Ruder sind gedämpft. Es wird kein Wort gesprochen. Die Soldaten sitzen da, jeder mit seinem Gewehr halb an der Schulter und der Hand auf dem Schloss. Die Gischt spritzt über sie hinweg, Flammenwände blitzen in ihren Gesichtern. Die ganze Landschaft ist für einen Moment taghell, und dann ist alles stockfinster.

Immer schneller sausen sie vorwärts, getrieben von den starken Armen der Ruderer und der Strömung. Es ist ein heimliches, geräuschloses, schnelles, stürmisches, gefährliches und gewagtes Unterfangen. Sie werden von den Wellen hin und her geworfen, aber sie gleiten mit der Geschwindigkeit eines Rennpferdes dahin. Zwei Wachposten stehen auf der Brüstung. Ein paar Meter dahinter steht ein Regiment Rebellen. Ein breiter Blitz zeigt die herabfahrenden Boote. Die Wachposten feuern ihre Gewehre ab, aber es sind nur nachgeahmte Blitze.

„Legen Sie schnell los!", ruft Colonel Roberts.

Die Ruder biegen sich in den Dollen. Ein Schlag, und sie sind neben der Brustwehr und klettern das rutschige Ufer hinauf. Die Wachen rennen. Es knattert aus Pistolen und Musketen, aber die Schüsse treffen harmlos im Wald. Einen Moment – und alle Gewehre sind mit Nägeln versehen. Es herrscht Tumult im Wald. Die schlafenden Rebellen sind aufgewühlt. Sie sammeln sich nicht, um die Eindringlinge zurückzudrängen, sondern fliehen in der Dunkelheit.

Colonel Roberts geht von Kanone zu Kanone, um zu prüfen, ob die Arbeit erfolgreich erledigt wurde.

„Alles klar! Alle an Bord! Abstoßen!" Er ist der letzte, der geht. Die Boote fahren flussaufwärts. Die Ruderer legen sich in die Riemen. In einer Minute sind sie außer Reichweite der Musketen. Ihre Arbeit ist getan, und es wird kein Feuer mehr von dieser Sechs-Kanonen-Batterie geben. Jetzt können die Kanonenboote näher heranfahren und mit ihrem Angriff auf die übrigen Batterien beginnen.

Am Morgen war General Mackall sehr betrübt, als er herausfand, was die Yankees getan hatten. Es heißt, er habe einige harte Worte gebraucht. Er geriet in Rage und wurde rot im Gesicht, was der Sache nicht im Geringsten half.

In der Nacht des 3. Aprils fuhr die Carondelet unter dem Kommando von Kapitän Walke um Mitternacht an den Batterien und der Insel vorbei. Es war eine dunkle, stürmische Nacht. Aber die Wachen sahen sie in der Dunkelheit sinken und richteten alle Kanonen auf das Schiff. Granaten explodierten um sie herum; Vollkugeln, Kartätschen und Kartätschen fegten über sie hinweg; aber sie wurde nicht getroffen, obwohl sie dreißig Minuten lang dem schrecklichen Feuer ausgesetzt war. Wir, die wir bei der Flotte blieben, warteten in atemloser Spannung auf ihre drei Signalkanonen, die abgefeuert werden sollten, wenn sie sicher vorbeikam. Sie kamen – bumm! bumm! bumm! Sie war in Sicherheit. Wir jubelten, hurra und legten uns schlafen, um alles noch einmal zu träumen.

Die Carondelet erreichte New Madrid. Die Soldaten von General Popes Armee stürmten ans Ufer und zeigten sich in wildester Begeisterung.

„Ein dreifaches Hoch auf das Carondelet!", rief einer. Ihre Mützen flogen in die Luft, sie schwangen ihre Arme und tanzten in Ekstase.

„Noch drei für Commodore Foote!"

„Jetzt noch drei für Kapitän Walke!"

„Noch drei für die Marine!"

„Noch drei für den Schiffsjungen!"

Also jubelten und schrien sie weiter, bis sie heiser waren.

Am nächsten Tag fuhr die Carondelet den Fluss hinunter bis Point Pleasant, geriet dort in ein Gefecht mit mehreren Batterien an der Küste von Tennessee, brachte sie zum Schweigen, landete und machte die Kanonen kaputt. In der nächsten Nacht durchbrach die Pittsburg unter Kapitän Thompson die Blockade sicher. Die vier Dampfschiffe, die sich durch den Kanal gearbeitet hatten, waren alle bereit. Das zehnte, sechzehnte, einundzwanzigste und einundfünfzigste Illinois-Regiment wurde an Bord genommen. Die Rebellen hatten eine schwere Batterie auf der anderen Seite des Flusses, an einem Ort namens Watson's Landing. Die Carondelet und die Pittsburg fuhren vor, eröffneten das Feuer und brachten sie zum Schweigen. Die Dampfschiffe rückten vor. Die Rebellen sahen die Vorbereitungen und flohen nach Tiptonville. Gegen Mitternacht hatte General Pope alle seine Truppen an der Küste von Tennessee. General Paine, der die vorgeschobenen Truppen befehligte, rückte nach Tiptonville vor und nahm alle verlassenen Lager in Besitz. Die Rebellen waren in Verwirrung geflohen und hatten ihre Waffen, Rucksäcke, Kleidung und alles andere weggeworfen, um zu entkommen. Als die Truppen in den Batterien hörten, was in ihrem Rücken vor sich ging, flohen auch sie nach Tiptonville. General Pope holte sie am nächsten Morgen ein und nahm alle gefangen, die nicht entkommen waren. General Mackall und zwei weitere Generäle, fast siebentausend Gefangene, einhundertdreiundzwanzig Geschütze, siebentausend Handfeuerwaffen und eine riesige Menge an Munition und Vorräten fielen in die Hände von General Pope. Die Truppen auf der Insel stellten fest, dass sie desertiert waren und ergaben sich Commodore Foote. Es war ein fast unblutiger Sieg, aber einer von großer Bedeutung, der den Mississippi River bis nach Fort Pillow, vierzig Meilen oberhalb von Memphis, öffnete.

Als der Staat Tennessee durch den Verrat von Gouverneur Harris und anderen Männern in hohen Ämtern aus der Union gedrängt wurde, gab es im Westen wie im Osten des Staates einige Männer, die loyal blieben. Diejenigen, die verdächtigt wurden, die Union zu lieben, wurden schrecklich verfolgt. Unter ihnen war ein Bürger von Purdy. Sein Name war Hurst. Er erzählte mir die Geschichte seiner Ungerechtigkeiten.

Bald nach der Abspaltung des Staates bekam er Besuch von einer Anzahl von Männern, die sich selbst als Wachsamkeitskomitee bezeichneten. Es waren grimmig aussehende Kerle, bewaffnet mit Pistolen und Messern.

„Wir wollen, dass du mit uns kommst“, sagte der Anführer der Bande.

"Was willst du von mir?"

„Wir sagen Ihnen Bescheid, wenn Sie dort sind.“

Mr. Hurst wusste, dass sie ihn vor ihr selbstgewähltes Gericht bringen wollten, und tat dies ohne zu zögern.

Er wurde befragt, wollte sich jedoch auf keine positive Antwort festlegen und da man ihm seine Befürwortung der Union nicht beweisen konnte, durfte er nach Hause gehen.

Aber die Raufbolde waren nicht zufrieden und hatten ihn nach ein paar Tagen wieder aufgehängt. Sie versuchten mit aller Kraft zu beweisen, dass er gegen die Konföderation war, aber er hatte sich um seine eigenen Angelegenheiten gekümmert, hatte sich zurückgehalten, zu reden, und sie konnten ihn nicht verurteilen. Sie ließen ihn mehrere Monate lang laufen. Eines Tages im September 1861, als er auf seinem Feld arbeitete, kamen die Raufbolde wieder. Ihr Anführer hatte ein rotes Gesicht, war aufgedunsen vom Whisky, kaute Tabak, hatte zwei Pistolen im Gürtel und ein langes Messer in einer Scheide. Er trug einen Schlapphut und sah aus wie ein Schurken.

„Komm, du Schurke. Diesmal werden wir dich kriegen“, sagte der Anführer der Bande.

"Was willst du von mir?"

„Sie sind ein Abolitionist – ein Yankee-Spion. Das sind Sie. Diesmal werden wir Sie Hanf strecken lassen“, sagten sie, packten ihn und schleppten ihn mit gespannten Pistolen in die Stadt. Sechs oder acht von ihnen waren bereit, ihn zu erschießen, sollte er versuchen zu fliehen. Sie nannten alle, die nicht für die Sezession waren, Abolitionisten.

„Ich bin kein Abolitionist", sagte Hurst.

„Nicht so frech. Wir wissen, was Sie sind, und wenn Sie nicht die Klappe halten, werden wir es für Sie stoppen."

Sie führten ihn durch das Dorf, und die ganze Bevölkerung war gekommen, um ihn zu sehen. Er wurde ins Gefängnis gebracht und in einen Käfig gesteckt, der so klein war, dass er sich nicht hinlegen konnte – ein abscheulicher, schmutziger Ort. Der Gefängniswärter war ein brutaler, hartherziger Mann – ein fanatischer Sezessionist. Er kicherte vor Vergnügen, als er Hurst den Schlüssel umdrehte. Er wurde zwei Tage im Käfig festgehalten und dann nach Nashville gebracht, wo er vor einem Militärgericht angeklagt wurde.

Ihm wurde vorgeworfen, er sei ein Gegner der Konföderation und ein Befürworter der Union; außerdem wurde ihm vorgeworfen, er sei ein Spion.

Zu seinen Anklägern gehörten einige Sezessionisten, die einen Groll gegen ihn hegten. Sie erfanden Lügen, schworen, dass Hurst mit den Yankees in Verbindung stand, und gaben ihnen Informationen über alle Bewegungen der Rebellen. Dies geschah Monate, bevor General Grant Donelson angriff, und Hurst befand sich zweihundert Meilen vom nächsten Posten der Unionsarmee entfernt. Doch der Hass der Sezessionisten war so groß und sie waren so blutrünstig, dass sie bereit waren, jeden zu hängen, der nicht für Jeff Davis und die Konföderation jubelte. Er war weit weg von zu Hause. Er durfte keine Zeugen haben, und sein eigenes Wort hatte in ihren Augen keinen Wert. Er wurde als Spion zum Tode durch den Strang verurteilt.

Sie brachten ihn zu einem Baum und legten ihm den Strick um den Hals, als einige seiner alten Bekannten, die nicht ganz so abgebrüht waren wie seine Ankläger, meinten, die Beweise reichten nicht aus, um ihn zu hängen. Sie brachten ihn zurück zum Gericht. Er wurde unter schwere Fesseln gezwungen, sich oft zu melden und seinen Aufenthaltsort zu beweisen.

Er wurde freigelassen und ging nach Hause, aber seine alten Feinde folgten ihm und verfolgten ihn Tag und Nacht.

Er erfuhr, dass er erneut verhaftet werden würde. Er befahl seinem Jungen, sein Pferd schnell anzuspannen und ihn in eine Seitenstraße in der Nähe einer Apotheke zu bringen. Er schaute aus dem Fenster und sah eine Reihe Soldaten näher kommen, um ihn zu verhaften. Er schlüpfte durch die Hintertür, erreichte die Straße und marschierte mutig durch die Stadt.

„Da geht er!", sagte ein Kerl, der auf den Stufen des Hotels eine Zigarre rauchte. Eine Menschenmenge strömte aus der Bar, um ihn zu sehen. Sie wussten, dass er verhaftet werden sollte; sie erwarteten, dass er gehängt würde.

Als er den Apothekerladen betrat, sah er seinen Jungen mit seinem Pferd die Gasse herunterkommen. Er wagte es nicht, ihm entgegenzugehen, denn die Menge hätte seinen Fluchtversuch mitbekommen. Sie sahen ihn durch die Tür kommen und rannten über die Straße, um den Spaß zu sehen, als die Soldaten eintrafen.

„Kommen Sie herein", sagte er zum Apotheker, als er einen Raum im hinteren Teil betrat, von dem eine Tür auf die Gasse hinausging.

Der Apotheker folgte ihm und fragte sich, was er wollte.

Hurst zog eine Pistole aus der Tasche, hielt sie dem Apotheker an den Kopf und sagte: „Wenn Sie ein Geräusch machen, blase ich Ihnen das Gehirn raus!" Er öffnete die Tür und winkte seinem Jungen, der heranritt. „Ich habe vier Freunde, die mir bei der Flucht helfen", sagte er. „Sie werden Ihr Todesurteil sein, wenn Sie Alarm schlagen; aber wenn Sie ruhig bleiben, werden sie Ihnen nichts tun." Er sprang auf sein Pferd, galoppierte die Gasse hinunter und war verschwunden.

Der Apotheker wagte nicht, Alarm zu schlagen, und war mit seiner Arbeit sehr beschäftigt, als die Soldaten kamen, um Hurst zu verhaften.

Als sie bemerkten, dass er weg war, nahmen sie die Verfolgung auf, konnten ihn jedoch nicht einholen. Er lief in den Wald und erreichte schließlich die Unionsarmee.

Als die Division von General Lewis Wallace die Stadt Purdy betrat, begleitete Hurst sie. Er bat General Wallace um eine Wache, um eine wichtige Verhaftung vorzunehmen. Seine Bitte wurde erfüllt. Er ging zum Gefängnis, fand den Gefängniswärter und verlangte seine Schlüssel. Der Gefängniswärter gab sie heraus. Hurst schloss den Käfig auf und fand dort einen halb verhungerten Sklaven, der ohne Verbrechen eingesperrt worden war, sondern um zu verhindern, dass er zur Unionsarmee floh.

Er ließ den Sklaven frei und sagte ihm, er solle gehen, wohin er wolle. Der farbige Mann konnte kaum stehen, so verkrampft und erschöpft war er durch die lange Gefangenschaft und den Mangel an Nahrung.

„Treten Sie da rein!", sagte Hurst zum Gefängniswärter. Der Gefängniswärter wich zurück.

„Treten Sie da rein, Sie Schurke!", sagte Hurst entschlossener.

„Sie wollen mich da nicht hineinsperren, Hurst!", sagte der Gefängniswärter fast jammernd.

„Treten Sie ein, sage ich, oder ich lasse Tageslicht durch Sie!" Er nahm einem der Soldaten ein Gewehr ab und stach dem Gefängniswärter ein wenig mit dem Bajonett, um ihm zu zeigen, dass er es ernst meinte. Die anderen Soldaten umringten ihn mit einer glitzernden Reihe scharfer Stahlspitzen. Sie kicherten und fanden es einen Riesenspaß.

Der Gefängniswärter trat ein, jammerte und bettelte und sagte, er habe Hurst nie etwas antun wollen. Nachdem er ihn hineingebracht hatte, schloss Hurst die Tür ab, steckte den Schlüssel in die Tasche, entließ die Soldaten und ging weg. Er war zwei Tage weg und als er zurückkam, *hatte er den Schlüssel verloren*!

Der Käfig war aus Eichenstämmen gebaut und mit Eisen so fest verriegelt, dass es einen halben Tag dauerte, den Gefängniswärter mit Äxten herauszuholen. Er belästigte Hurst nie wieder, der sich der Unionsarmee als Kundschafter anschloss und hervorragende Dienste leistete, da er das Land gut kannte.

Während auf Insel Nr. 10 Operationen durchgeführt wurden, fuhr ich eines Tages den Fluss hinauf und besuchte die Krankenhäuser in Mound City und Paducah. In einem der Krankenzimmer verband ein Chirurg den Arm eines tapferen jungen Iren, der sehr fröhlich war. Sein Arm war von einem Granatsplitter zerfetzt worden, aber das machte ihm nicht viel aus. Der Chirurg führte eine Operation durch, die schmerzhaft war.

„Tut es weh, Patrick?", fragte er.

„Ah! Doktor, Sie stellen eine solche Frage nicht. Aber wenn Sie mir nur einen guten Schluck Whiskey geben, können Sie ihn den ganzen Tag lang auspressen."

Er machte ein so komisches Gesicht, dass die Kranken und Verwundeten um ihn herum lachten. Es tat ihnen gut, und Patrick wusste das, und so machte er in der Güte seines Herzens weiter Grimassen und äußerte kein einziges Wort der Klage.

„Er ist ein erstklassiger Patient", sagte der Chirurg im Vorbeigehen. „Er ist immer gut gelaunt, und das hilft allen anderen."

In einem anderen Teil des Krankenhauses war einer von Birges' Scharfschützen, der, wie Sie sich erinnern, in Fort Donelson so hervorragende Dienste geleistet hatte. Er war ein tapferer und edler Junge. Es gab mehrere freundliche Damen, die sich um die Kranken kümmerten. Ihre Anwesenheit war wie Sonnenschein. Wohin sie auch gingen, folgten ihnen die Blicke der Leidenden. Eine dieser Damen sprach folgendermaßen über den kleinen Frankie Bragg:

„Viele werden sich an ihn erinnern; an den fünfzehnjährigen Jungen, der in Donelson tapfer kämpfte, einer der tapfersten Scharfschützen von Birges war und dessen Antwort auf meine Frage, ob er zur Armee gehen sollte, es wert war, hier erwähnt zu werden.

„ Ich trat ein, weil ich so jung und stark war und weil mir mein Leben nichts wert wäre, wenn ich es nicht für mein Vaterland einsetze! " [26]

Wie edel! Es gibt viele starke Männer, die nichts für ihr Land getan haben, und es gibt einige, die alle Segnungen einer guten Regierung genießen, die bereit sind, sie zerstört zu sehen, anstatt einen Finger zu rühren, um sie zu retten. Ihre Namen werden in Vergessenheit geraten, aber der kleine Frankie Bragg wird ewig leben! Sein Körper liegt auf dem Krankenhausgelände in Paducah, aber der reine Patriotismus, der ihn beseelte, und die Worte, die er sprach, werden niemals sterben!

Die gute Dame, die sich um ihn gekümmert hat, schreibt:

„Ich sah ihn sterben. Ich werde nie den flehenden Blick seiner violetten Augen vergessen, die Stirn, von der fremde, im Todestau getauchte Finger hellbraune Haarlocken strichen, den Wunsch, dass sich jemand um ihn kümmerte, ihn in seinen letzten Stunden liebte. Ich trat an seine Seite, und er ergriff meine Hand, die schnell kalt und steif wurde.

„„Oh, ich werde sterben, und es gibt niemanden, der mich liebt', sagte er. ‚Bis jetzt dachte ich nicht, dass ich sterben würde, aber es kann nicht mehr lange dauern. Wenn meine Schwestern nur hier wären, aber ich habe jetzt keine Freunde in meiner Nähe, und es ist so hart!'

„„Frankie', sagte ich, ‚ich weiß, es ist hart, von deinen Verwandten getrennt zu sein, aber du bist nicht ohne Freunde; ich bin dein Freund. Frau S. und der freundliche Doktor sind deine Freunde, und wir werden uns alle um dich kümmern. Mehr noch, Gott ist dein Freund, und er ist dir jetzt näher, als jeder von uns es je sein kann. Vertrau ihm, mein Junge. Er wird dir helfen.'

„Ein schwaches Lächeln huschte über die Züge des blassen Leidenden.

„„Oh, glauben Sie, dass er das tun wird?', fragte er.

„Dann, als er meine Hände fester hielt, drehte er sein Gesicht noch mehr zu mir und sagte: ‚Meine Mutter hat mir das Beten beigebracht, als ich noch ein ganz kleiner Junge war, und ich habe es nie vergessen. Ich habe immer jeden Tag gebetet und versucht, nicht schlecht zu sein. Glaubst du, Gott hat mich immer erhört?'

„Ja, ganz bestimmt. Hat er nicht in seinem guten Buch, aus dem deine Mutter dich unterrichtet hat, versprochen, dass er immer die Gebete seiner Kinder erhören wird? Bittet, und ihr werdet empfangen. Erinnerst du dich nicht daran? Eines der schlimmsten Dinge, die wir tun können, ist, an Gottes Treue zu zweifeln. Er hat es versprochen, und er wird es erfüllen. Fühlst du das nicht auch, Frankie?"

„Er zögerte einen Moment und antwortete dann langsam: ‚Ja, das glaube ich. Ich habe keine Angst vor dem Tod, aber ich möchte, dass mich jemand liebt.'

„Der alte Schrei nach Liebe, die starke Sehnsucht nach dem Mitgefühl verwandter Herzen. Er ließ sich nicht unterdrücken.

„‚Frankie, ich liebe dich. Armer Junge! Du wirst nicht allein gelassen. Ist das nicht ein Trost für dich?'

„‚Liebst du mich? Wirst du bei mir bleiben und mich nicht verlassen?"

„‚Ich werde dich nicht verlassen. Sei beruhigt, ich bleibe, solange du es wünschst.'

„Ich küsste die blasse Stirn, als wäre es die meines eigenen Kindes. Ein freudiges Licht blitzte über sein Gesicht.

„‚O, küssen Sie mich noch einmal; das war wie bei meiner Schwester. Frau S., wollen Sie mich nicht auch küssen? Ich glaube nicht, dass es so schwer sein wird zu sterben, wenn Sie mich beide lieben.'

„Es dauerte nicht lange. Sein Gesicht schmiegte sich an meines, und seine großen blauen Augen blickten mich bis zum letzten Moment in vollkommener Gelassenheit an, dann hauchte er sein Leben aus."

So starb er für sein Land. Er schläft an den Ufern des schönen Ohio. Die Menschen arbeiten hart für Reichtum, Ehre und Ruhm, aber nur wenige hinterlassen am Ende ihres Lebens ein edleres Erbe als dieser junge christliche Patriot.

KAPITEL XII.

VON FORT PILLOW NACH MEMPHIS.

Am 6. Mai 1861 beschloss die Legislative von Tennessee in geheimer Sitzung, dass der Staat aus der Union austreten sollte. Am nächsten Tag ernannte Gouverneur Harris drei Kommissare, die sich mit Herrn Hilliard aus Alabama treffen sollten, der von Jefferson Davis geschickt worden war, um ein Bündnis mit dem Staat zu schließen. Diese Kommissare einigten sich darauf, dass alle Truppen des Staates unter die Kontrolle des Präsidenten der Konföderation gestellt werden sollten. Auch sämtliches öffentliches Eigentum sowie Marinevorräte und Kriegsmunition wurden der Konföderation übergeben. Die Bevölkerung hatte damit nichts zu tun. Die Verschwörer wagten nicht, ihnen die Angelegenheit anzuvertrauen, denn sehr viele Menschen in Ost-Tennessee waren glühende Anhänger der Union. In West-Tennessee entlang des Mississippi war dagegen fast die gesamte Bevölkerung für eine Sezession.

In Memphis waren sie sehr wild und grimmig. Unionisten wurden bedrängt, geteert und gefedert, auf Schienen geritten, ihnen wurden die Köpfe rasiert, sie wurden ausgeraubt, niedergeschlagen und aufgefordert, den Ort zu verlassen, andernfalls würden sie gehängt. Ein Mann wurde in einem Oxhoft in den Fluss geworfen, weil er sich für die Union eingesetzt hatte! Memphis war eine Brutstätte der Sezessionisten; es war fast so schlimm wie in Charleston.

In einer Zeitung aus Memphis hieß es am 6. Mai:

„Tennessee ist endlich befreit. Die Freiheit hat es wieder mit einem frischen und unvergänglichen Kranz gekrönt. Es wird seine volle Pflicht erfüllen. Große Opfer werden von ihm verlangt und sie werden freudig erbracht. Sein Blut und sein Schatz werden ohne Einschränkung am Schrein der Freiheit des Südens geopfert. Es zählt nicht den Preis, zu dem die Unabhängigkeit erkauft werden kann. Der tapfere freiwillige Staat des Südens, seine tapferen Söhne, die jetzt unter die Fahne der Südstaaten-Konföderation eilen, werden durch ihre unerschütterliche Tapferkeit und unsterbliche Hingabe seinen alten Ruhm aufrechterhalten, den er auf so vielen Schlachtfeldern erworben hat.

„Tatsächlich hat sich unser gesamtes Volk – Männer, Frauen und Kinder – an diesem Kampf beteiligt und ist beseelt von dem einzigen heroischen und unbezwingbaren Entschluss, lieber zu sterben, als sich dem verabscheuungswürdigen Eindringling zu unterwerfen, der uns jetzt mit Unterwerfung bedroht. Sie werden die Verordnung zur Sezession im Rauch und Blutbad der Schlacht ratifizieren; sie werden ihre Billigung mit dem Blut ihres Feindes unterschreiben; sie werden sie mit Bajonett und Schwert durchsetzen.

„Willkommen, dreimal willkommen, herrliches Tennessee, in der blühenden Familie der Südlichen Konföderierten Staaten!" [27]

Am selben Tag rissen die Bürger von Memphis die amerikanische Flagge von der Fahnenstange am Gerichtsgebäude, bildeten eine Prozession und trugen die Flagge unter musikalischer Begleitung wie eine Leiche zu einer Grube, wo sie mit gespielter Feierlichkeit begraben wurde. Sie gingen auf den öffentlichen Platz, wo die Statue von General Jackson steht, und meißelten aus dem Sockel seine denkwürdigen Worte: „Die Federal Union – sie muss erhalten bleiben." Sie gingen zum Flussufer und beschlagnahmten alle Dampfschiffe, die sie in die Hände von Nordstaatlern bekommen konnten.

Sie beschlossen, eine Flotte von Kanonenbooten zu bauen, die den Fluss bis nach St. Louis, Cincinnati und Pittsburgh hinauffahren sollten. Von den Einwohnern dieser Städte sollten sie Tribut zahlen für das Privileg, den Fluss bis zum Golf befahren zu dürfen.

Die gesamte Bevölkerung beteiligte sich an dem Unternehmen. Die Damen veranstalteten Jahrmärkte und verschenkten ihren Schmuck. Die Bürger gründeten eine Kanonenbootvereinigung. Als die Boote zu Wasser gelassen wurden, weihten die Damen sie in gebührender Zeremonie der Konföderation. Sie forderten ihre Ehemänner, Brüder, Söhne und Freunde auf, sich dem Dienst anzuschließen, und der junge Mann, der zögerte, erhielt Reifröcke, Unterröcke und andere Kleidungsstücke für Frauen als Geschenke.

Es wurden acht Kanonenboote gebaut. Wie Sie gesehen haben, wurde ihr Befehl von Commodore Hollins übernommen. Er versuchte, General Pope in New Madrid zurückzudrängen, scheiterte jedoch. Er ging nach New Orleans und Captain Montgomery wurde zum Befehlshaber ernannt.

Als Commodore Foote und General Pope die Insel Nr. 10 einnahmen, zogen sich die den Rebellen Entkommenen nach Fort Pillow zurück, etwa sechzig Kilometer oberhalb von Memphis. Es war eine starke Stellung, und Commodore Foote unternahm nur wenig Anstrengungen, sie einzunehmen, sondern wartete auf den Vormarsch von General Hallecks Armee auf Corinth. Während sie so warteten, griffen an einem nebligen Morgen mehrere Kanonenboote der Rebellen die Cincinnati plötzlich an und machten sie beinahe kampfunfähig, bevor sie zurückgeschlagen wurden. In der Zwischenzeit wurde Commodore Foote, der feststellte, dass seine in Donelson erlittene Verletzung schlimmer wurde, vom Marineminister zurückgerufen und Commodore Charles Henry Davis aus Cambridge, Massachusetts, zum Kommandeur ernannt.

Neben den Kanonenbooten auf dem Mississippi gab es noch Colonel Ellets Flotte von Rammbooten – insgesamt neun. Es waren alte Dampfschiffe mit drei Fuß dicken Schanzkleidern aus Eichenholz zum Schutz der Kessel und Maschinen. Ihr Bug war mit kräftigen Balken und Eisenbolzen verstärkt, und sie hatten einen eisernen Bug, der unter Wasser ragte. Sie trugen keine Kanonen, wurden aber von Scharfschützen bemannt. In den Balken befanden sich Schießscharten für die Schützen. Das Ruderhaus war durch Eisenplatten geschützt. Sie schlossen sich der Flotte in Fort Pillow an.

Der Fluss ist vor dem Fort sehr schmal – nicht mehr als ein Drittel seiner üblichen Breite. Er macht eine scharfe Biegung. Der Kanal ist tief und die Strömung rauscht wie ein Mühlgraben vorbei. Das Ufer des Tennessee war mit Batterien auf der Klippe gesäumt, was es zu einem viel stärkeren Ort machte als Columbus oder Insel Nr. 10. Aber als General Beauregard gezwungen war, Corinth zu räumen, waren auch die Rebellen gezwungen, Fort Pillow zu verlassen. Zwei oder drei Tage vor der Räumung hielten sie ein schweres Feuer auf die Flotte aufrecht.

Am 3. Juni, einem heißen, schwülen Tag, zog kurz vor Einbruch der Dunkelheit eine riesige Wolkenbank aus dem Süden auf. Den ganzen Tag war kaum ein Lüftchen geweht worden, aber jetzt blies der Wind wie ein Orkan. Die Luft war voller Staub, der von den Sandbänken aufgewirbelt worden war. Als der Sturm seinen Höhepunkt erreichte, sah ich zu meiner Überraschung, wie zwei der Rammböcke an der Landzunge vorbeiliefen, die sie vor den Batterien schützte, und in den fernen Wolken aus dem Blickfeld verschwanden. Sie gingen los, um herauszufinden, was die Rebellen taten. Plötzlich erwachten schwere Geschütze. Die Batterien standen in Flammen. Die Wolke war dick und schwer, und die Rammböcke kehrten zurück, aber die Kanonen der Rebellen donnerten noch immer und feuerten wahllos Schüsse in den Fluss, zwei oder drei auf einmal, als ob die Konföderation Tonnen von Munition übrig hätte.

Die Staubwolke mit ihrem feinen, nebligen Regen verzog sich. Die Sonne schien noch einmal und überspannte den Fluss mit einem prächtigen Bogen aus Grün und Gold, der einen Moment lang erschien und dann verschwand, als die Sonne hinter den westlichen Wäldern unterging. Während wir dastanden und die Szene bewunderten, kam ein Rebellendampfer um die Landzunge, um zu sehen, was wir vorhatten. Es war ein schwarzes Schiff, das die Flagge der Konföderation am Bug trug. Es wendete gemächlich, stoppte seine Räder und sah uns kühn an. Die Kanonenboote eröffneten das Feuer. Der Rebellendampfer ließ sich Zeit, ohne auf die Schüsse und Granaten zu achten, die um ihn herum einschlugen und explodierten, und verschwand dann langsam hinter der Landzunge. Es war eine Herausforderung zum Kampf. Sie wurde nicht angenommen, denn

Commodore Davis war nicht geneigt, sich von den Küstenbatterien zerstückeln zu lassen.

Am nächsten Tag herrschte im Fort ein reges Treiben. Auf die Flotte von Commodore Davis wurde ein Kanonenfeuer abgefeuert, das heftig beantwortet wurde. Wir dachten nicht, dass wir dadurch blind dafür werden sollten, was vor sich ging. Bei Sonnenuntergang steckten die Rebellen ihre Kasernen in Brand. Im Fort und um das Fort herum gab es große Flammen- und Rauchsäulen. Der südliche Himmel war ganz glühend. Gelegentlich gab es Blitze und Explosionen, plötzliche Rauchwolken, die sich wie Baumwollflocken oder Vliese aus weißer und purpurfarbener Wolle ausbreiteten. Es war ein herrlicher Anblick.

Am Morgen stellten wir fest, dass die Rebellen abgezogen waren. Sie hatten ihre Kanonen mit Nägeln vernagelt und ihre Vorräte verbrannt. Was sie monatelange harte Arbeit gekostet hatte, war aufgegeben worden, und der Fluss war nach Memphis offen.

Am 5. Juni verließ die Flotte von Commodore Davis Fort Pillow in Richtung Memphis. Ich saß gerade mit dem Commodore und Captain Phelps an Bord der Benton beim Abendessen, als ein Ordonnanzoffizier seinen Kopf in die Kabine steckte und sagte: „Sir, vor uns liegt ein schöner großer Dampfer.“

Wir sind sofort an Deck. Der Bootsmann pfeift allen Mann die Signale, sich zu versammeln. Es herrscht große Aufregung.

„Raus mit dem Geschütz! Schnell!“, rief Leutnant Bishop. Die tapferen Soldaten packen die Seile, die Lastwagen knarren, und das große, bereits geladene Elf-Zoll-Geschütz ist im Handumdrehen draußen. Männer bringen Kugeln und Granaten herauf. Das Deck wird von allen überflüssigen Möbeln befreit.

Da ist sie, eine Meile entfernt, ein wunderschöner Dampfer, stromaufwärts. Sie sieht uns und dreht den Bug. Ihre Breitseite kommt herum und wir lesen „Sovereign“ auf ihrem Steuerhaus. Wir sind auf dem Oberdeck und die Mündung der Elf-Zoll-Kanone ist direkt unter uns. Ein großer Blitz trifft unsere Gesichter. Wir sind in einer Wolke, erstickt, betäubt, schnappen nach Luft, unsere Ohren klingeln; aber die Wolke wird weggeblasen und wir sehen, wie der Schuss das Wasser eine Meile hinter der Sovereign aufwirbelt. Herrlich! Wir werden sie haben. Noch eine, nicht so gute. Noch eine, noch schlimmer.

Die Louisville, die Carondelet und die Cairo eröffnen das Feuer. Doch die Sovereign ist ein schneller Segler und vergrößert die Distanz.

„Die Spitfire wird sie fangen!“, sagt der Pilot. Ein Wink mit der Hand und die Spitfire ist längsseits und rennt wie ein Hund auf ihren Herrn zu.

Lieutenant Bishop, Pilot Bixby und eine Geschützmannschaft springen an Bord des Schleppers, der eine Bootshaubitze transportiert. Los geht's, der Schlepper schnauft und keucht, als hätte er Asthma.

„Durch die *Rinne* !", ruft Kapitän Phelps. „ *Rinne* " ist ein französisches Wort und bezeichnet eine schmale Passage, nicht den Hauptkanal des Flusses. Die Sovereign befindet sich im Hauptkanal, aber die Spitfire hat die kürzeste Strecke. Der Schlepper schneidet durch das Wasser wie ein Messer. Er kommt direkt hinter dem Dampfer heraus.

Peng! macht die Haubitze. Der Schuss verfehlt sein Ziel. Peng! im Nu noch mal. Besser. Peng! Er geht über die Sovereign hinweg.

„Hurra! Bishop wird sie holen!" Die Mannschaften der Kanonenboote tanzen vor Freude und schwingen ihre Mützen. Peng! Mitten durch ihre Kabine. Die Sovereign wendet sich dem Ufer zu und prallt platt gegen das Ufer. Die Mannschaft, bis auf den Koch, flüchtet in die Wälder, und der Dampfer gehört uns.

Es würde Sie erstaunen, wie schnell eine gut ausgebildete Bootsbesatzung eine Haubitze laden und abfeuern kann. Commodore Foote teilte mir mit, dass er im Chinesischen Meer von den Eingeborenen angegriffen wurde und seine Bootsbesatzung viermal pro Minute feuerte!

Die Jagd nach dem Sovereign war sehr aufregend – aufregender als jedes Pferderennen, das ich je gesehen habe.

Die Besatzung der Sovereign hatte an allen Bauernhöfen entlang des Flusses Halt gemacht und die Baumwolle auf den Plantagen angezündet. Sie taten es im Namen der Konföderiertenregierung, damit sie nicht in die Hände der Yankees fiele. An vielen Stellen hatten sie die Baumwolle in den Fluss geworfen, und der Bach war mit weißen Flocken bedeckt. Die Büsche waren damit übersät.

Sobald die Menschen am Ufer die Dampfschiffe der Union sahen, machten sie sich sofort an die Arbeit, um ihr Eigentum zu retten. Einige von ihnen gaben vor, Unionsmitglieder zu sein. Ich unterhielt mich mit einem alten Mann, der hinkte und kaum noch humpeln konnte. Er sprach bitter über Jeff Davis, weil er seine Baumwolle verbrannt und sein gesamtes Eigentum gestohlen hatte.

Als wir den Fluss hinunterfuhren, sahen wir ein Kanu mit zwei Männern an Bord aus einem dichten Schilfrohr hervorfahren. Sie kamen bis zur Benton. Zuerst dachten wir, es seien Rebellen, aber bald erkannten wir, dass es zwei Lotsen der Flotte waren, die am Tag zuvor nach Vicksburg aufgebrochen waren, um Commodore Farraguts Flotte nach Memphis zu lotsen. Sie hatten sich tagsüber versteckt und wagten nicht, sich zu bewegen. Die Evakuierung von Fort Pillow machte es für sie unnötig, die Reise fortzusetzen. Sie sagten, dass acht Kanonenboote der Rebellen ein kurzes Stück unter uns waren.

Wir fuhren langsam weiter und ankerten etwa um neun Uhr in der Nähe eines Ortes, den alle Flussschiffer „Paddy's Hen and Chickens" nannten, etwa drei Kilometer oberhalb von Memphis.

KAPITEL XIII.

DIE SEESCHLACHT VOR MEMPHIS.

Am Abend des 5. Juni, als wir über Memphis lagen, hielt Commodore Montgomery, der Befehlshaber der von den Bürgern und Damen von Memphis gebauten Rebellen-Kanonenboote, eine Rede in der Gayoso Hall dieser Stadt. Es herrschte große Aufregung. Am Mittag war bekannt, dass Fort Pillow evakuiert worden war. Die Läden wurden sofort geschlossen. Einige Leute begannen, ihre Waren für die Abreise einzupacken – in der Erwartung, dass die Stadt niedergebrannt würde, wenn die Yankees sie in Besitz nehmen würden. Commodore Montgomery sagte:

„Ich habe nicht die Absicht, noch weiter zurückzuweichen. Ich bin hierhergekommen, damit Sie sehen können, wie Lincolns Kanonenboote von der Flotte, die Sie gebaut und bemannt haben, auf den Meeresgrund geschickt werden.“

Der Pöbel jubelte ihm zu und glaubte seinen Worten. Am Morgen des 6. versicherte eine Zeitung dem Volk, dass die Bundesflotte die Stadt nicht erreichen würde. Darin hieß es:

„Noch sind nicht alle Hindernisse aus dem Weg geräumt und werden es wahrscheinlich auch nicht. Die Aussichten auf eine große Seeschlacht, die alles bisher Dagewesene in den Schatten stellen wird, sind sehr gut. Viele würden sich wünschen, dass die Schlacht stattfindet, aber die Aussicht, dass sie in der Nähe der Stadt stattfindet, ist ihnen nicht sehr angenehm. Sie glauben, dass weiter flussaufwärts tieferes Wasser und genügend Spielraum für eine solche Begegnung zu finden sind. Alle sind jedoch erfreut zu erfahren, dass Memphis nicht fallen wird, bis die Entscheidung auf dem Wasser und an der Mündung der Kanonen gefällt wird.“ [28]

Ich war früh genug wach, um zu sehen, wie der Morgen heller wurde. Nie hatte es einen schöneren Tagesanbruch gegeben. Die Wälder waren voller Singvögel. Die Luft war mild. Ein paar leichte, golden gesäumte Wolken lagen am östlichen Horizont.

Die Flotte von fünf Kanonenbooten lag in einer Linie quer über den Fluss vor Anker. Die Benton lag am nächsten am Ufer von Tennessee, dann folgten die Carondelet, dann die Louisville, die St. Louis und schließlich die Cairo. Nahe der Cairo, am Ufer von Arkansas festgemacht, lagen die Queen City und die Monarch – zwei von Colonel Ellets Rammbooten. Die Schlepper Jessie Benton und Spitfire lagen in der Nähe der Benton, dem Flaggschiff von Commodore Davis. Sie mussten in Rufweite sein und Befehle an die anderen Boote der Flotte überbringen.

Vor Sonnenaufgang wurden die Anker gelichtet und die Boote hielten durch die langsame Arbeit der Motoren ihre Position im Strom.

Commodore Davis winkte ab und im Nu lag die Jessie Benton neben dem Flaggschiff.

„Gehen Sie in Richtung Stadt und sehen Sie, ob Sie die Rebellenflotte entdecken können", lautete der Befehl.

Ich sprang an Bord des Schleppers. Unter uns lag die Stadt. Die ersten Sonnenstrahlen vergoldeten die Kirchtürme. Eine Menschenmenge stand auf dem breiten Deich zwischen der Stadt und dem Fluss. Sie kamen aus allen Straßen, zu Fuß, zu Pferd, in Kutschen – Männer, Frauen und Kinder – zehntausend, um zu sehen, wie Lincolns Kanonenboote auf den Grund geschickt wurden. Über dem Gerichtsgebäude und an Fahnenmasten wehte die Flagge der Konföderation. Ein halbes Dutzend Flussdampfer lagen an der Anlegestelle, aber die Rebellenflotte war nicht zu sehen. Zu unserer Rechten lag das weite Marschland auf der Landzunge, wo der Wolfe River in den Mississippi mündet. Zu unserer Linken lagen die Baumwollbäume und Knopfwälder und das Dorf Hopedale an der Endstation der Little Rock and Memphis Railroad. Wir fuhren langsam den Fluss hinunter, der Schlepper trieb in der schnellen Strömung, die tief und stark an der Stadt vorbeizog.

Die Menschenmenge wuchs. Der Damm war schwarz von der Menschenmenge. Die Fenster waren gefüllt. Die Flachdächer der Lagerhäuser waren mit der aufgeregten Menge bedeckt, die hin und her wogte, als wir auf dem Schlepper in die Kurve kamen und fast in Gesprächsweite waren.

Plötzlich kam ein Boot vom Ufer von Arkansas, wo es verborgen hinter dem Wald gelegen hatte – noch eines, noch eines, acht Stück. Sie formierten sich in zwei Reihen vor der Stadt.

In der ersten Reihe, am nächsten zur Stadt, befand sich die General Beauregard, dann die Little Rebel, dann die General Price und die Sumter. In der zweiten Reihe, hinter der Beauregard, befand sich die General Lovell, hinter der Little Rebel die Jeff Thompson, hinter der General Price die General Bragg und hinter der Sumter die Van Dorn.

Diese Boote waren wie folgt bewaffnet:—

General Beauregard,	4 Kanonen
Little Rebel (Flaggschiff),	2

Allgemeiner Preis, 4

Sumter, 3

General Lovell, 4

General
Thompson, 4

General Bragg, 3

General Van
Dorn, 4

—

Gesamt, 28

Die Kanonen waren fast alle gezogen und hatten eine große Reichweite. Sie waren schwenkbar und konnten in alle Richtungen geschwenkt werden. Die Kessel der Boote waren kasemattiert und durch Eisenplatten geschützt, aber die Kanonen waren ungeschützt.

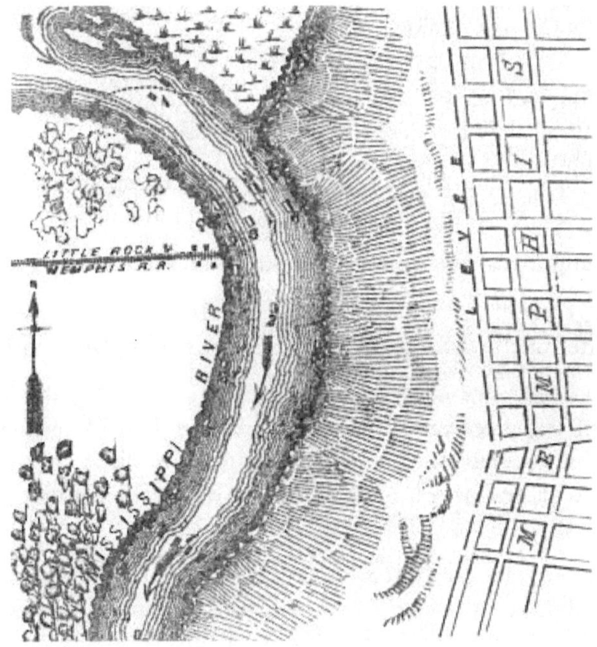

SEESCHLACHT BEI MEMPHIS , 6. Juni 1862.

1 Kanonenboote der Bundesregierung. 7,7 General Thompson.

2,2 General Beauregard.

3,3 Kleiner Rebell.

4,4 4,4 Allgemeiner Preis.

5,5 Sumter.

6,6 General Lovell.

8,8 General Bragg.

9, General Van Dorn.

Q Königinstadt.

M Monarch.

Das beigefügte Diagramm zeigt Ihnen die Position beider Flotten zu Beginn und am Ende des Gefechts.

Langsam und stetig reihten sie sich in eine Linie ein. Die Little Rebel bewegte sich durch die Flotte und Commodore Montgomery erteilte jedem Kapitän persönlich seine Befehle.

Die Benton und die St. Louis fuhren in Richtung Stadt, um den Schlepper zu schützen. Ein Signal brachte uns zurück und die Boote fuhren wieder flussaufwärts in ihre Ausgangsposition.

Es gab ein weiteres Signal vom Flaggschiff, und dann ertönte an Bord aller Boote ein schriller Pfiff. Es war der Bootsmann, der alle Mann in die richtige Position pfiff. Der Trommler schlug seinen Wirbel, und die Marinesoldaten griffen nach ihren Musketen. Die Matrosen öffneten die Luken, holten die Kanonen heraus, holten Schrot und Granaten herauf, verstauten Möbel, holten Rammen und Schwämme herunter, ergriffen ihre Handspikes, zogen ihre Mäntel aus, krempelten die Ärmel hoch, luden die Kanonen und stellten sich neben ihre Geschütze. Entermesser und Enterspiken wurden verteilt. Die letzten Worte wurden gesprochen. Sie warteten auf Befehle.

„Lasst die Männer frühstücken", lautete der Befehl vom Flaggschiff.

Commodore Davis war davon überzeugt, dass man mit vollem Magen kämpfen sollte. Den Männern wurden heißer Kaffee, Brot und Rindfleisch gereicht.

Die Rebellenflotte beobachtete uns eine Weile. Die Menschenmenge am Ufer wurde immer größer. Vielleicht dachten sie, die Yankees würden es nicht wagen zu kämpfen. Schließlich begann die Rebellenflotte, flussaufwärts zu schwimmen.

„Rund umdrehen, flussabwärts fahren, in Linie mit dem Flaggschiff bleiben", lautete der Befehl, den wir an Bord der Jessie Benton an jedes Linienboot weitergaben. Wir kehrten um und nahmen unsere Position zwischen der Benton und der Carondelet ein.

Ich stand auf dem Dach des Schleppers neben dem Steuerhaus. Stehen Sie mit mir dort und betrachten Sie die Szene. Die Sonne steht eine Stunde hoch und ihre hellen Strahlen liegen in einem breiten silbernen Lichtstreifen auf dem wirbelnden Strom. Sie blicken den Fluss hinunter zur Stadt und sehen die Dächer, die Fenster, den Deich, voll mit Männern, Frauen und Kindern. Die Flagge der Konföderation weht trotzig. Die Rebellenflotte bewegt sich langsam auf uns zu. Eine dichte Rauchwolke steigt aus den Schornsteinen der Dampfer auf und schwebt über der Stadt.

Es gibt einen Blitz, einen Stoß von der Little Rebel, ein Geräusch von etwas Unsichtbarem in der Luft, und eine Meile hinter uns wird eine Wassersäule hochgeschleudert. Ein zweiter Schuss von der Beauregard fällt neben der Benton. Ein dritter Schuss von der Price, der auf die Carondelet zielt, verfehlt sie um ein oder zwei Fuß und schießt zwischen der Jessie Benton und dem Flaggschiff ins Wasser. Es ist eine 64-Pfünder-Kanone. Wenn sie uns getroffen hätte, wäre unser Boot im Nu in Kleinholz zersplittert.

Commodore Montgomery sieht, dass die Boote der Bundesflotte ihre eisenbewehrten Buge stromaufwärts haben. Er kommt schnell näher, um sie am Heck zu zerquetschen, wo es keine Eisenplatten gibt. Ein Signal wird von der Benton gesendet, und die Breitseiten beginnen, sich dem Feind zuzuwenden. Die Menge auf dem Deich glaubt, dass die Bundesboote sich zurückziehen, und schreit nach Commodore Montgomery.

An Bord der Kanonenboote der Union herrscht tiefe Stille. Die Männer warten auf die Nachricht. Sie kommt.

„Eröffnen Sie das Feuer und gehen Sie auf engem Raum vor."

Die Cairo beginnt. Ein 25-cm-Geschoss pfeift durch die Luft und hüpft über das Wasser auf die Little Rebel zu. Ein weiteres von der St. Louis. Ein drittes von der Louisville. Ein weiteres von der Carondelet und schließlich von der Benton. Die Kanonenschützen kauern neben ihren Kanonen, um die Schüsse zu verfolgen. Manche sind zu hoch, manche zu niedrig. Von allen Rebellenbooten kommt ein Brüllen als Antwort. Die Luft ist voll unbeschreiblicher Geräusche. Das Wasser brodelt und sprudelt um uns herum. Es wird in Säulen und Strahlen hochgeschleudert. Über uns gibt es plötzliche Blitze, Explosionen und schwefelige Wolken und das Surren von zerfetzten Eisenstücken. Der Lärm wird lauter. Das Kanonendonner hallt von der hohen Klippe hinter der Stadt bis zum dunkelgrünen Wald an der Küste von Arkansas und hallt von Biegung zu Biegung.

Der Abstand zwischen den Flotten wird allmählich kleiner. Die Yankees ziehen sich nicht zurück, sondern rücken vor. Ein Schuss trifft die Little Rebel. Einer durchschlägt die General Price. Ein anderer die General Bragg. Commodore Montgomery befindet sich über der Stadt und beginnt zurückzuweichen. Er ist nicht bereit, auf Nahkampf zu gehen. Fünfzehn Minuten vergehen, aber es kommt einem vor wie nicht mehr als zwei. Wie schnell man in so einer Zeit lebt! Alle Sinne sind geschärft. Man sieht alles, hört alles. Das Blut rauscht durch die Adern. Der Puls wird schneller. Man sehnt sich danach, an den Feind heranzukommen – den Zwischenraum zu überqueren, sein Boot längsseits zu legen, eine Breitseite abzufeuern und ihn im Handumdrehen in Stücke zu reißen! Das Kreischen der Schüsse, das Platzen der Granaten kümmern einen nicht. Das alles hat man überwunden. Man hat nur noch einen Gedanken – *diese verhasste, protzige Flagge herunterzureißen, die Feinde des eigenen Landes in den Staub zu schlagen* !

Während dieses Kanonenfeuer weiterging, bemerkte ich, wie sich die beiden Rammboote vom Ufer losmachten. Ich hörte das Klingeln der Lokführerglocke, die nach mehr Feuer und voller Kraft verlangte. Die Scharfschützen nahmen ihre Plätze ein. Die Queen kam aus dem Schutz der großen Pappeln hervor, überquerte den Fluss und fuhr zwischen der Benton und der Carondelet hindurch. Colonel Ellet stand neben dem Lotsen und winkte uns an Bord der Jessie Benton zu. Die Monarch kam etwas später und fuhr, anstatt der Queen zu folgen, zwischen der Cairo und der St. Louis hindurch.

Seht die Königin! Ihre großen Räder wirbeln Gischtwolken auf und hinterlassen eine schäumende Spur. Sie trägt einen silbernen Zug, der im Morgenlicht funkelt. Sie pflügt eine Furche, die sich über die Breite des Flusses erstreckt. Unser Boot tanzt wie eine Feder auf den Wellen. Sie gewinnt den Zwischenraum zwischen den Flotten. Niemals hat eine Königin so entschlossen bewegt, nie eine Flotte mehr – sie sprang fast aus dem Wasser. Die Stars and Stripes wehen im Wind unter dem schwarzen Banner, das sich entfaltet, ausdehnt und weit weg von ihren Schornsteinen schleift. Es gibt ein Wogen, Zischen und ersticktes Schreien des in ihren Kesseln aufgestauten Dampfes, als hätten sie für den Moment alle Energie eingesetzt. Sie hatten – Fleisch, Blut, Knochen, Eisen, Messing, Stahl – belebt und unbelebt – waren für die Prüfung der Stunde gestärkt!

Offiziere und Mannschaften betrachten sie voller Erstaunen und Bewunderung. Einen Moment lang herrscht Schweigen. Die Männer stehen wie gebannt vor ihren Gewehren und vergessen ihre Pflichten. Dann richten die Kanonenschützen der Rebellen, als ob sie von einem gemeinsamen Impuls getrieben würden, ihre Gewehre auf sie. Sie ist rechts, links und von vorn ungeschützt. Es ist ein schreckliches Kreuzfeuer. Volle Kugeln sausen vorbei. Granaten explodieren um sie herum. Sie ist durch und durch durchbohrt. Ihre Balken knacken. Sie zittert unter dem Schock, wankt aber nicht. Weiter – weiter – schneller – direkt auf die General Beauregard zu.

Der Kommandant dieses Schiffes weicht dem Angriff geschickt aus. Die Queen verfehlt ihr Ziel. Sie rast wie ein Rennpferd vorbei und wird auf der einen Seite von der Beauregard und auf der anderen von der Little Rebel beschossen. Sie macht eine anmutige Kurve und legt sich fast auf die Seite, als wolle sie ihre heißen Schornsteine im Strom abkühlen. Die Heckkanonen der Beauregard schießen ihre Kugeln durch die Schanzkleider der Queen. Ein Splitter trifft den tapferen Kommandanten, Colonel Ellet. Er ist niedergeschlagen, verletzt und für einen Moment betäubt, springt aber auf die Füße, stützt sich am Ruderhaus ab und gibt seine Anweisungen so kühl, als wäre nichts geschehen.

Die Königin geht um den Little Rebel herum und nähert sich dem General Price.

„Bringen Sie sie hinter das Steuerhaus", sagt Colonel Ellet zum Lotsen. Der Kommandant der Price wendet sich dem sich nähernden Gegner zu. Ihre Räder drehen sich. Sie schießt nach vorn, um dem schrecklichen Schlag zu entgehen. Zu spät. Es splittert, knistert und kracht das Holz. Die Breitseite des Bootes wird eingedrückt. Vor dem schrecklichen Schlag ist es nicht mehr als eine Schachtel Karten oder dünnes Seidenpapier.

Aus den Schießscharten der Queen schießen Flammen und Rauch. Die Scharfschützen sind dabei. Man hört das knatternde Feuer und sieht die Besatzung der Price wie wild über das Deck rennen und mit den Waffen herumfuchteln. Das unaufhörliche Donnern der Kanonade übertönt ihre Schreie. Einen Moment später wird eine weiße Flagge gehisst. Die Price kapituliert.

Doch die Queen hat einen weiteren Gegner: die Beauregard. Die Queen ist regungslos, doch die Beauregard stürzt mit aller Kraft herab. Es gibt einen weiteren Krach. Die Bollwerke der Queen zittern vor dem Schlag. In ihrem Rumpf klafft eine große Öffnung. Doch keine weiße Flagge wird gehisst. Es gibt keine Gnadenschreie, keine Kapitulationsgedanken. Die Scharfschützen schießen die Kanonenschützen der Beauregard ab und zwingen sie, in ihren Kasematten Schutz zu suchen.

Wir, die wir es sehen, halten den Atem an. Wir nehmen die Explosionen um uns herum nicht wahr. Wie wird es enden? Wird die Queen mit all ihren tapferen Männern an Bord sinken?

Doch ihr Gefährte, die Monarch, ist zur Stelle, kommandiert von Kapitän Ellet, dem Bruder von Oberst Ellet. Er war fünf oder zehn Minuten hinter der Queen, als er losfuhr, aber er ist im richtigen Moment erschienen. Auch er hat die Kugeln und Granaten, die um ihn herum einschlugen, nicht beachtet. Er zielt pfeilgerade auf die Beauregard. Die Beauregard ist steif, robust und stark, aber ihre Balken, Planken, Knie und Streben sind vor dem mächtigen Schlag der Monarch nicht mehr als Latten. Die Scharfschützen feuern los. Der Ingenieur der Monarch setzt seine Druckpumpen ein und durchnässt die Decks der Beauregard mit kochend heißem Wasser. Ein

Offizier der Beauregard hebt ein weißes Tuch über einen Rammer. Es ist das Signal zur Kapitulation. Die Scharfschützen hören auf zu schießen. Da sind die vier Boote, drei von ihnen treiben hilflos im Strom, das Wasser strömt durch die zersplitterten Planken in die Rümpfe.

Kapitän Ellet sah, dass die Queen manövrierunfähig war, und schleppte sie an die Küste von Arkansas. Aus humanitären Gründen griff er jedoch nicht die anderen Schiffe der Flotte an, sondern brachte die General Price an Land.

Der Rumpf der Little Rebel wurde von einem halben Dutzend Schüssen durchbohrt. Commodore Montgomery sah, dass der Tag verloren war. Er lief neben der Beauregard her und nahm, obwohl sich das Schiff ergeben hatte, die Besatzung an Bord, um zu fliehen. Doch ein Schuss der Cairo durchschlug die Kessel. Der Dampf strömte heraus wie das Zischen von Schlangen. Das Boot war nahe am Ufer, und die Besatzung sprang ins Wasser, kletterte das Ufer hinauf und floh in den Wald. Die Cairo feuerte auf sie eine Breitseite mit Granaten ab, als sie flüchteten.

Die Beauregard sank rasch. Die Jessie Benton lief längsseits. Bis auf die Verwundeten waren alle geflohen. Auf dem Deck war eine Blutlache. Die Wände der Kasematte waren mit purpurroten Tropfen befleckt, die jedoch vom Herzen eines Mannes herrührten, der von einer Granate getötet worden war.

„Hilfe, schnell!", rief Kapitän Maynadier.

Wir eilten rechtzeitig an Bord, um einen verwundeten Offizier zu retten. Das Schiff sank langsam auf den Grund.

„Ich danke Ihnen", sagte der Offizier, „dass Sie mich vor dem Ertrinken gerettet haben. Sie sind meine Feinde, aber Sie waren freundlicher zu mir als diejenigen, die ich meine Freunde nannte. Einer meiner Offizierskollegen hatte bei seiner Flucht die Gemeinheit, mir meine Tasche zu klauen und meine Uhr zu stehlen!"

Diejenigen, die mit dem Diebstahl öffentlichen Eigentums, Festungen und Arsenalen begannen, zögerten nicht, deren Ehre zu verletzen: Sie flohen, nachdem sie sich ergeben hatten, ließen ihren verwundeten Kameraden im Stich, raubten ihn seiner Wertsachen und ließen ihn dem Ertrinken überlassen!

Das Kanonenfeuer hört nicht auf. Der Kampf geht weiter. Die Benton ist mit der General Lovell im Kampf. Sie sind nur wenige Ruten voneinander entfernt und beide nur einen Steinwurf von der Menschenmenge am Ufer entfernt.

Kapitän Phelps steht neben einem der gezogenen Geschütze der Benton. Er wartet, um einen Schrägschuss abzugeben, lässt seinen Blick über das Visier gleiten und gibt das Feuerkommando. Die Kugel mit der Stahlspitze dringt an Steuerbord in den Rumpf ein, an der Wasserlinie. Balken, Streben, Planken, anscheinend die ganze Seite des Bootes, werden herausgerissen.

Das Wasser strömt herein. Das Schiff legt sich an die Wachen, an die Luken, an die Spitze der Kasematte, taumelt und verschwindet mit einem Ruck. Es ist die Arbeit von drei Minuten.

Die Strömung setzt sich schnell am Ufer fort. Das Lot gibt 75 Fuß Wasser ab. Das Schiff sinkt wie ein Klumpen Blei. Seine angsterfüllte Mannschaft wird in die Strömung geschleudert. Es ist ein entsetzlicher Anblick. Ein Mann mit zerrissenem, gebrochenem, blutendem und an seiner Seite baumelndem linken Arm rennt wild über das Deck. Sein Gesicht zeigt unsägliches Entsetzen. Er winkt mal denen an Land, mal seinen Freunden an Bord der Boote. Er blickt flehend zum Himmel und ruft um Hilfe. Sein Schrei verhallt. Er verschwindet im wirbelnden Strudel. Hundert Menschen kämpfen um ihr Leben, toben gegen die Strömung, strecken die Arme aus, klammern sich an Stöcke, Strohhalme, Bretter und Balken. „Hilfe! Hilfe! Hilfe!", schreien sie. Es ist ein wildes Schmerzensgeheul, vermischt mit dem Kanonendonner.

An Land gibt es für sie keine Hilfe. Dort, im Umkreis von einem Dutzend Ruten, sind ihre Freunde, ihre Väter, Mütter, Brüder, Schwestern, Frauen, Kinder, diejenigen, die sie zum Militärdienst gedrängt und gezwungen haben, sich zu melden. Alle sind machtlos, ihnen zu helfen!

Wer am Ufer steht, sieht, wie die Menschen, die er liebt, besiegt, niedergeschlagen, ertrinkend und um Hilfe rufend sind! Es ist eine Stunde, in der die Herzen gespannt sind. Tränen, Schreie, Gebete, Anstrengungen – alles ist vergebens.

Commodore Davis sieht sie. Sein Herz ist gerührt. „Rettet sie, Jungs", sagt er.

Die Besatzungen der Benton und der Carondelet eilen zu ihren Booten. Sie sind so erpicht darauf, die kämpfenden Männer zu retten, dass eines der Boote beim Stapellauf vollläuft. Sie machen sich auf den Weg und nehmen hier einen, dort einen anderen auf – insgesamt zehn oder zwölf. Einige erreichen das Ufer und werden von Zuschauern auf das Ufer geholfen; aber fünfzig oder sechzig sinken und kommen nicht mehr hoch. Was für eine edle Tat! Wie herrlich! Hell wird diese Tat der Menschlichkeit inmitten all der Not, all des Schreckens, all des schändlichen Verhaltens von Männern, die sich selbst abgeschworen haben, für immer leuchten wie ein Stern am Himmel!

Die General Price, General Beauregard, Little Rebel und General Lovell – die Hälfte der Rebellenflotte – wurden vernichtet. Die anderen Schiffe versuchten zu fliehen. Die Unionsflotte war in einer ununterbrochenen Linie weitergezogen. Trotz all der entsetzlichen Szenen dieser Stunde gab es keine Ruhepause im Kanonadenfeuer. Während diejenigen gerettet wurden, die jegliche Widerstandskraft verloren hatten, gab es keine Unterbrechung der Bemühungen, diejenigen zu vernichten, die noch Widerstand leisteten.

Ein kurzes Stück unterhalb der Little Rebel strandete die Jeff Thompson, durchsiebt von Schüssen und in Flammen stehend. Etwas weiter flussabwärts wurde die General Bragg verlassen, ebenfalls in Flammen stehend durch die Explosion einer 9-Zoll-Granate, die von der St. Louis abgefeuert worden war. Die Besatzung sprang an Land und flohen in die Wälder. Die Sumter strandete in der Nähe der Little Rebel. Nur die Van Dorn entkam. Sie war ein schneller Dampfer und war bald außer Reichweite der Kanonen der Flotte.

Der Kampf ist vorbei. Der Donner des Morgens verstummt und die Vögel beginnen wieder zu singen. Die verlassenen Boote werden geborgen. Die Jeff Thompson kann nicht mehr gerettet werden. Die Flammen lodern um die Schornsteine. Die Kessel werden bis zur Rotglut erhitzt. Eine Feuersäule schießt in langen Lichtlanzen empor. Das Innere des Bootes – Kessel, Eisenbalken, brennende Planken, brennendes Holz, Kanonenschüsse, Granaten – wird 150 Meter in die Luft gehoben, in einer sich ausdehnenden, sich entfaltenden Wolke voller lauter Explosionen. Die verstreuten Trümmer regnen auf Wald, Feld und Fluss, als wären Meteoriten von gewaltigem Ausmaß vom Himmel auf die Erde gefallen und hätten bei ihrem Fall Feuer gefangen. Es gibt einen Schock, der ganz Memphis erschüttert und der enttäuschten, angsterfüllten, weinenden, gedemütigten Menge verkündet, dass das Drama, das sie ein Jahr lang so verrückt gespielt haben, vorbei ist, dass endlich die Vergeltung für das Verbrechen gekommen ist!

So war die Rebellenflotte innerhalb einer Stunde vernichtet. Commodore Montgomery hätte die Unionsboote auf den Grund schicken sollen, doch seine Erwartungen erfüllten sich nicht, seine Versprechen wurden nicht eingehalten. Es ist nicht bekannt, wie viele Männer auf Seiten der Rebellen verloren gingen, aber wahrscheinlich zwischen achtzig und hundert. Colonel Ellet war der einzige Verletzte an Bord der Unionsflotte. Die Kanonenboote blieben unverletzt. Die Queen of the West war das einzige Boot, das außer Gefecht gesetzt war. In krassem Gegensatz dazu standen die Schäden an Montgomerys Flotte:

Versunken, Allgemeiner Preis,   4 Kanonen

„   General Beauregard, 4 „

„   General Lovell,   4 „

Verbrannt,	Jeff Thompson,	4 „
„	General Bragg,	3 "
Gefangen,	Sumter,	3 "
„	Kleiner Rebell,	2 „
		—
		24

Bei dem Angriff wurden nur die Buggeschütze der Flotte von Commodore Davis eingesetzt, so dass insgesamt sechzehn Geschütze auf die Rebellenflotte gerichtet waren. Die Cairo und die St. Louis feuerten Breitseiten auf die Besatzungen ab, als diese in die Wälder flohen.

Der Rückzug der Rebellenflotte trieb die Kanonenboote der Union mehrere Meilen unterhalb der Stadt, bevor der Kampf vorbei war. Um zehn Uhr dampfte Commodore Davis zurück in die Stadt. Dort stand die Menge, verwirrt über das, was geschehen war. Ein Boot kam vom Ufer, gezogen von zwei Ruderern, und brachte einen Bürger, Dr. Dickerson, der ein weißes Taschentuch schwenkte. Er war ein Bote des Bürgermeisters, der die Kapitulation der Stadt anbot. Es gab einige Männer in der Menge, die ihre Fäuste gegen uns schüttelten und schrien: „Oh, ihr blaubäuchigen Yankees! Ihr Teufel! Ihr Schurken!" Nach den Ereignissen des Morgens konnten wir es sehr gut ertragen. Einige jubelten Jeff Davis zu, aber die Menge machte keine Demonstration.

Ein Regiment landete und marschierte die Monroe Street hinauf zum Gerichtsgebäude. Ich hatte das Vergnügen, die Soldaten zu begleiten. Die Band spielte Yankee Doodle und Hail Columbia. Wie stolz die Soldaten marschierten! Sie hielten vor dem Gerichtsgebäude an. Ein Offizier ging auf das Dach des Gebäudes, riss die Rebellenflagge herunter und schwenkte die Stars and Stripes.

Der Jubel der Truppen war wild und herzlich. Die vergrabene Flagge war aus ihrem Grab gestiegen, um für immer zu wehen – das Symbol der Macht, Gerechtigkeit, Freiheit und des Gesetzes!

So wurde der Oberlauf des Mississippi wieder für den Handel und friedliche Handelstätigkeiten geöffnet. Wie wunderbar wurde er zurückerobert. Die Flotte verlor durch das Feuer der Rebellen nicht einen Mann auf Insel Nr. 10, nicht einen Mann in New Madrid, nicht einen Mann in Fort Pillow, nicht einen Mann in Memphis! Wie oft hatte man uns erzählt, die Festungen der

Rebellen seien uneinnehmbar! Wie oft, dass die Kanonenboote der Union durch Torpedos in die Luft gesprengt oder von den Batterien oder der Rebellenflotte auf den Grund getrieben wurden! Wie oft, dass der Fluss erst wieder geöffnet werden würde, wenn die Konföderation als unabhängige Macht anerkannt würde! General Butler war im Besitz von New Orleans, Memphis wurde von Commodore Davis gehalten und der mächtige Fluss war auf seiner gesamten Länge für Handel und Schifffahrt fast geöffnet. In einem Jahr wurde dies erreicht. So bewegt sich eine Nation in einer in der Geschichte beispiellosen Laufbahn, indem sie den in Jahrhunderten angehäuften Reichtum aus den Fängen von Piraten und Plünderern befreit.

Als Tennessee 1861 austrat, war der Dampfer Platte Valley, der in St. Louis der St. Louis and Memphis Steamboat Company gehörte, das letzte Schiff, das in Richtung Norden aufbrechen durfte. Alle anderen wurden von den Sezessionisten gestohlen, die ihre Schulden bei den Nordstaatlern nicht einforderten. Die Platte Valley unter dem Kommando von Kapitän Wilcox gehörte zur Transportflotte von Kommodore Davis. Kapitän Wilcox erkannte einige seiner alten Bekannten in der Menge und teilte ihnen mit, dass er in ein oder zwei Tagen seine regelmäßigen Fahrten zwischen St. Louis und Memphis wieder aufnehmen würde! Sie waren bereit, Ladungen mit Zucker und Baumwolle zu verschicken. So begleitet der Handel die Flagge unseres Landes, wohin sie auch geht.

Die Erzählung, die ich Ihnen gegeben habe, ist sehr harmlos. Sehen Sie sich die Szene noch einmal an – den frühen Morgen, den wolkenlosen Himmel, den majestätischen Fluss, die feindlichen Flotten, die schwarze Rauchwolke über der Stadt, den Wald, den Strom, die sich bewegenden Boote, die schreckliche Kanonade, die versammelten Tausende, den glorreichen Vormarsch der Königin und des Monarchen, das Krachen und Splittern der Balken, die Gewehrschüsse, das Sinken der Schiffe, die Schreie der Ertrinkenden, die Tapferkeit der Besatzungen der Benton und der Carondelet, das Weinen und Wehklagen der Menge, die Brände, die Explosionen, das Erdbeben, das die Stadt bis in ihre Grundfesten erschüttert! Dies sind die Ereignisse einer einzigen Stunde. Denken Sie an die Umstände: Der Kampf findet vor der Stadt statt, vor Tausenden von Menschen, die zu dem Fest eingeladen wurden. Die Unionsflotte sinkt. Sie werden die Tapferkeit ihrer Ehemänner, Brüder und Freunde sehen, ihre Stärke ist völlige Schwäche. Nach dreizehn Monaten des Raubes, der Gewalttätigkeit und der Schurkerei erhebt sich die verachtete, beleidigte Flagge der Union aus ihrer Grabstätte und weht wieder in makelloser Reinheit und Pracht über ihnen! Berücksichtigen Sie all dies, wenn Sie die moralische Erhabenheit der Stunde spüren möchten!

Auf diesen Seiten, meine jungen Freunde, habe ich versucht, einen Beitrag an Fakten zur Geschichte dieses großen Kampfes unseres geliebten Landes um das nationale Überleben zu leisten. Ich hatte das Privileg, weitere Gefechte in Antietam, Fredericksburg und Gettysburg mitzuerleben, und wenn Ihnen dieses Buch gefällt, hoffe ich, die Geschichten dieser schrecklichen Schlachten erzählen zu können.

DAS ENDE

FUßNOTEN:

[1] Steinbruch.

[2] Richmond Enquirer.

[3] Rebellenberichte im Rebellion Record.

[4] Estvan.

[5] Charleston Mercury.

[6] Mobile Tribune.

[7] Lynchburg Republikaner.

[8] „Dreizehn Monate im Dienst der Rebellen.“

[9] Braggs Bericht.

[10] Stevenson.

[11] Stevenson.

[12] Braggs Bericht.

[13] Braggs Bericht.

[14] Bericht von Colonel Moore.

[15] Ruggles' Bericht.

[16] Chalmers-Bericht.

[17] Bericht von Colonel Fagan.

[18] Bericht von Colonel Allen.

[19] Beauregards Bericht.

[20] Beauregards Bericht.

[21] Nelsons Bericht.

[22] Kapitän Geer.

[23] Aufzeichnung der Rebellion.

[24] Memphis Berufung.

[25] Memphis Argus.

[26] Hospital Incidents, New York Post, 22. Oktober 1863.

[27] Memphis-Lawine.

[28] Memphis Avalanche, 6. Juni 1862.

www.ingramcontent.com/pod-product-compliance
Lightning Source LLC
LaVergne TN
LVHW042107190726
843493LV00006B/1389